COLLECTION

DES

MEILLEURS OUVRAGES

DE LA LANGUE FRANÇAISE

EN PROSE ET EN VERS.

THÉATRE
DE
VOLTAIRE.

PARIS. — DE L'IMPRIMERIE DE RIGNOUX,
rue des Francs-Bourgeois-S.-Michel, n° 8.

THÉATRE

DE

VOLTAIRE,

PRÉCÉDÉ

D'UNE NOTICE HISTORIQUE

PAR M. BERVILLE.

TOME V.

PARIS.

BAUDOUIN FRÈRES, ÉDITEURS,
RUE DE VAUGIRARD, N° 17.

M DCCC XXIX.

ROME SAUVÉE,

OU

CATILINA,

TRAGÉDIE EN CINQ ACTES,

Représentée pour la première fois le 24 février 1752.

(Elle avait été représentée à Sceaux le 21 juin 1750.)

AVERTISSEMENT

DES ÉDITEURS DE L'ÉDITION DE KEHL.

Cette pièce, ainsi que *la Mort de César*, est d'un genre particulier, le plus difficile de tous peut-être, mais aussi le plus utile. Dans ces pièces, ce n'est ni à un seul personnage, ni à une famille qu'on s'intéresse, c'est à un grand événement historique. Elles ne produisent point ces émotions vives que le spectacle des passions tendres peut seul exciter. L'intérêt de curiosité qu'on éprouve à suivre une intrigue est une ressource qui leur manque. L'effet des situations extraordinaires ou des coups de théâtre y peut difficilement être employé. Ce qui attache dans ces pièces, c'est le développement de grands caractères placés dans des situations fortes, le plaisir d'entendre de grandes idées exprimées dans de beaux vers, et avec un style auquel l'état des personnages à qui on les prête permet de donner de la pompe et de l'énergie sans s'écarter de la vraisemblance; c'est le plaisir d'être témoin, pour ainsi dire, d'une révolution qui fait époque dans l'histoire, d'en voir sous ses yeux mouvoir tous les ressorts. Elles ont surtout l'avantage précieux de donner à l'ame de l'élévation et de la force: en sortant de ces pièces, on se trouve plus disposé à une action de courage, plus éloigné de ramper devant un homme accrédité, ou de plier devant le pouvoir injuste et absolu. Elles sont plus difficiles à faire: il ne suffit pas d'avoir un grand talent pour la poésie dramatique, il faut y joindre une connaissance approfondie de l'histoire, une tête faite pour combiner des idées de politique, de morale et de philosophie. Elles sont aussi plus difficiles à jouer; dans les autres pièces, pourvu que les principaux personnages soient bien remplis, on peut être indulgent pour le reste; mais on ne voit pas sans dégoût un Caton, un Clodius même, dire d'une manière gauche des vers qu'il a l'air de ne pas entendre. D'ailleurs un acteur qui a éprouvé des passions, qui a l'ame sensible, sentira toute les nuances de la passion dans un rôle d'amant, de père ou d'ami; mais comment un acteur qui n'a point reçu une éducation soignée, qui ne s'est point occupé des grands objets qui ont animé les personnages qu'il va représenter, trouvera-t-il le ton, l'action, les accens qui conviennent à Cicéron et à César?

Rome sauvée fut représentée à Paris sur un théâtre particulier. M. de Voltaire y joua le rôle de Cicéron. Jamais, dans aucun rôle, aucun acteur n'a porté si loin l'illusion : on croyait voir le consul. Ce n'étaient pas des vers récités de mémoire qu'on entendait, mais un discours sortant de l'ame de l'orateur. Ceux qui ont assisté à ce spectacle, il y a plus de trente ans, se souviennent encore du moment où l'auteur de *Rome sauvée* s'écriait :

Romains, j'aime la gloire, et ne veux point m'en taire,

avec une vérité si frappante, qu'on ne savait si ce noble aveu venait d'échapper à l'ame de Cicéron ou à celle de Voltaire.

Avant lui, *la Mort de Pompée* était le seul modèle des pièces de ce genre qu'il y eût dans notre langue, on peut dire même dans aucune langue. Ce n'est pas que le *Jules César* de Shakespeare, ses pièces tirées de l'histoire d'Angleterre, ainsi que quelques tragédies espagnoles, ne soient des drames historiques; mais de telles pièces, où il n'y a ni unité ni raison, où tous les tons sont mêlés, où l'histoire est conservée jusqu'à la minutie, et les mœurs altérées jusqu'au ridicule, de telles pièces ne peuvent plus être comptées parmi les productions des arts que comme des monumens du génie brut de leurs auteurs, et de la barbarie des siècles qui les ont produites.

PRÉFACE.

Deux motifs ont fait choisir ce sujet de tragédie, qui paraît impraticable et peu fait pour les mœurs, pour les usages, la manière de penser et le théâtre de Paris.

On a voulu essayer encore une fois, par une tragédie sans déclaration d'amour, de détruire les reproches que toute l'Europe savante fait à la France, de ne souffrir guère au théâtre que les intrigues galantes, et on a eu surtout pour objet de faire connaître Cicéron aux jeunes personnes qui fréquentent les spectacles.

Les grandeurs passées des Romains tiennent encore toute la terre attentive, et l'Italie moderne met une partie de sa gloire à découvrir quelques ruines de l'ancienne. On montre avec respect la maison que Cicéron occupa. Son nom est dans toutes les bouches, ses écrits dans toutes les mains. Ceux qui ignorent dans leur patrie quel chef était à la tête de ses tribunaux il y a cinquante ans savent en quel temps Cicéron était à la tête de Rome. Plus le dernier siècle de la république romaine a été bien connu de nous, plus ce grand homme a été admiré. Nos nations modernes, trop tard civilisées, ont eu long-temps de lui des idées vagues ou fausses. Ses ouvrages servaient à notre éducation; mais on ne savait pas jusqu'à quel point sa personne était respectable. L'auteur était superficiellement connu; le consul était presque ignoré. Les lumières que nous avons acquises nous ont appris à ne lui comparer aucun des hommes qui se sont mêlés du gouvernement, et qui ont prétendu à l'éloquence.

PRÉFACE.

Il semble que Cicéron aurait été tout ce qu'il aurait voulu être. Il gagna une bataille dans les gorges d'Issus, où Alexandre avait vaincu les Perses. Il est bien vraisemblable que s'il s'était donné tout entier à la guerre, à cette profession qui demande un sens droit et une extrême vigilance, il eût été au rang des plus illustres capitaines de son siècle; mais, comme César n'eût été que le second des orateurs, Cicéron n'eût été que le second des généraux. Il préféra à toute autre gloire celle d'être le père de la maîtresse du monde; et quel prodigieux mérite ne fallait-il pas à un simple chevalier d'Arpinum pour percer la foule de tant de grands hommes, pour parvenir sans intrigue à la première place de l'univers, malgré l'envie de tant de patriciens qui régnaient à Rome!

Ce qui étonne surtout, c'est que dans le tumulte et les orages de sa vie cet homme, toujours chargé des affaires de l'état et de celles des particuliers, trouvât encore du temps pour être instruit à fond de toutes les sectes des Grecs, et qu'il fût le plus grand philosophe des Romains, aussi bien que le plus éloquent. Y a-t-il dans l'Europe beaucoup de ministres, de magistrats, d'avocats même un peu employés, qui puissent je ne dis pas expliquer les admirables découvertes de Newton, et les idées de Leibnitz, comme Cicéron rendait compte des principes de Zénon, de Platon et d'Épicure, mais qui puissent répondre à une question profonde de philosophie?

Ce que peu de personnes savent, c'est que Cicéron était encore un des premiers poëtes d'un siècle où la belle poésie commençait à naître. Il balançait la réputation de Lucrèce. Y a-t-il rien de plus beau que ces vers qui nous sont restés de son poëme sur Marius, et qui font tant regretter la perte de cet ouvrage?

> * *Sic Jovis altisoni subito pinnata satelles,*
> *Arboris e trunco, serpentis saucia morsu,*
> *Ipsa feris subigit transfigens unguibus anguem*
> *Semianimum, et varia graviter cervice micantem;*
> *Quem se intorquentem lanians rostroque cruentans,*
> *Jam satiata animos, jam duros ulta dolores*
> *Abjicit efflantem, et laceratum affligit in undas,*
> *Seque obitu a solis nitidos convertit ad ortus.*

Je suis de plus en plus persuadé que notre langue est impuissante à rendre l'harmonièuse énergie des vers latins comme des vers grecs; mais j'oserai donner une légère esquisse de ce petit tableau, peint par le grand homme que j'ai osé faire parler dans *Rome sauvée*, et dont j'ai imité en quelques endroits les Catilinaires :

> « Tel on voit cet oiseau qui porte le tonnerre,
> « Blessé par un serpent élancé de la terre ;
> « Il s'envole, il entraine au séjour azuré
> « L'ennemi tortueux dont il est entouré.
> « Le sang tombe des airs. Il déchire, il dévore
> « Le reptile acharné qui le combat encore ;
> « Il le perce, il le tient sous ses ongles vainqueurs ;
> « Par cent coups redoublés il venge ses douleurs.
> « Le monstre en expirant se débat, se replie ;
> « Il exhale en poisons les restes de sa vie ;
> « Et l'aigle tout sanglant, fier et victorieux,
> « Le rejette en fureur, et plane au haut des cieux. »

Pour peu qu'on ait la moindre étincelle de goût, on apercevra dans la faiblesse de cette copie la force du pinceau de l'original. Pourquoi donc Cicéron passe-t-il

---

* Cicéron a écrit *hic* et non *sic*; il n'a pas fait une comparaison, mais une description, un récit.   (R.)

pour un mauvais poëte? Parce qu'il a plu à Juvénal de le dire, parce qu'on lui a imputé un vers ridicule:

O fortunatam natam, me consule, Romam!

C'est un vers si mauvais, que le traducteur qui a voulu en exprimer les défauts en français n'a pu même y réussir.

« O Rome fortunée,
« Sous mon consulat née!

ne rend pas, à beaucoup près, le ridicule du vers latin.

Je demande s'il est possible que l'auteur du beau morceau de poésie que je viens de citer ait fait un vers si impertinent? Il y a des sottises qu'un homme de génie et de sens ne peut jamais dire. Je m'imagine que le préjugé, qui n'accorde presque jamais deux genres à un seul homme, fit croire Cicéron incapable de la poésie quand il y eut renoncé. Quelque mauvais plaisant, quelque ennemi de la gloire de ce grand homme, imagina ce vers ridicule, et l'attribua à l'orateur, au philosophe, au père de Rome. Juvénal, dans le siècle suivant, adopta ce bruit populaire, et le fit passer à la postérité dans ses déclamations satiriques; et j'ose croire que beaucoup de réputations, bonnes ou mauvaises, se sont ainsi établies.

On impute, par exemple, au père Malebranche ces deux vers:

Il fait en ce beau jour le plus beau temps du monde
Pour aller à cheval sur la terre et sur l'onde.

On prétend qu'il les fit pour montrer qu'un philosophe peut, quand il veut, être poëte. Quel homme de bon sens croira que le pere Malebranche ait fait quelque chose de si absurde? Cependant qu'un écrivain d'anecdotes, un compilateur littéraire, transmette à la postérité cette sottise, elle s'accréditera avec le temps; et si le père Malebranche était un grand homme, on dirait un jour: Ce grand homme devenait un sot quand il était hors de sa sphère.

On a reproché à Cicéron trop de sensibilité, trop d'affliction dans ses malheurs. Il confie ses justes plaintes à sa femme et à son ami, et on impute à lâcheté sa franchise. Le blâme qui voudra d'avoir répandu dans le sein de l'amitié les douleurs qu'il cachait à ses persécuteurs; je l'en aime davantage. Il n'y a guère que les ames vertueuses de sensibles. Cicéron, qui aimait tant la gloire, n'a point ambitionné celle de vouloir paraître ce qu'il n'était pas. Nous avons vu des hommes mourir de douleur pour avoir perdu de très petites places, après avoir affecté de dire qu'ils ne les regrettaient pas. Quel mal y a-t-il donc à avouer à sa femme et à son ami qu'on est fâché d'être loin de Rome qu'on a servie, et d'être persécuté par des ingrats et par des perfides? Il faut fermer son cœur à ses tyrans, et l'ouvrir à ceux qu'on aime.

Cicéron était vrai dans toutes ses démarches; il parlait de son affliction sans honte, et de son goût pour la vraie gloire sans détour. Ce caractère est à la fois naturel, haut et humain. Préférerait-on la politique de César, qui dans ses *Commentaires* dit qu'il a offert la paix à Pompée, et qui dans ses lettres avoue qu'il ne veut pas la lui donner? César était un grand homme, mais Cicéron était un homme vertueux.

Que ce consul ait été un bon poëte, un philosophe qui savait douter, un gouverneur de province parfait, un général habile; que son ame ait été sensible et vraie, ce n'est pas là le mérite dont il s'agit ici. Il sauva Rome malgré le sénat, dont la moitié était animée contre lui par l'envie la plus violente. Il se fit des ennemis de ceux même dont il fut l'oracle, le libérateur et le vengeur. Il prépara sa ruine par le service le plus signalé que jamais homme ait rendu à sa patrie. Il vit cette ruine, et il n'en fut point effrayé. C'est ce qu'on a voulu représenter dans cette tragédie : c'est moins encore l'ame farouche de Catilina que l'ame généreuse et noble de Cicéron qu'on a voulu peindre.

Nous avons toujours cru, et on s'était confirmé plus que jamais dans l'idée que Cicéron est un des caractères qu'il ne faut jamais mettre sur le théâtre. Les Anglais, qui hasardent tout sans même savoir qu'ils hasardent, ont fait une tragédie de la conspiration de Catilina. Ben Jonson n'a pas manqué, dans cette tragédie historique, de traduire sept ou huit pages des *Catilinaires*, et même il les a traduites en prose, ne croyant pas que l'on pût faire parler Cicéron en vers. La prose du consul et les vers des autres personnages font, à la vérité, un contraste digne de la barbarie du siècle de Ben Jonson; mais pour traiter un sujet si sévère, dénué de ces passions qui ont tant d'empire sur le cœur, il faut avouer qu'il fallait avoir affaire à un peuple sérieux et instruit, digne en quelque sorte qu'on mît sous ses yeux l'ancienne Rome.

Je conviens que ce sujet n'est guère théâtral pour nous qui, ayant beaucoup plus de goût, de décence, de connaissance du théâtre que les Anglais, n'avons généralement pas des mœurs si fortes. On ne voit avec plaisir, au théâtre, que le combat des passions qu'on éprouve soi-même. Ceux qui sont remplis de l'étude de Cicéron et de la république romaine ne sont pas ceux qui fréquentent les spectacles. Ils n'imitent point Cicéron, qui y était assidu. Il est étrange qu'ils prétendent être plus graves que lui; ils sont seulement moins sensibles aux beaux arts, ou retenus par un préjugé ridicule. Quelques progrès que ces arts aient faits en France, les hommes choisis qui les ont cultivés n'ont point encore communiqué le vrai goût à toute la nation. C'est que nous sommes nés moins heureusement que les Grecs et les Romains. On va aux spectacles plus par oisiveté que par un véritable amour de la littérature.

Cette tragédie paraît plutôt faite pour être lue par les amateurs de l'antiquité que pour être vue par le parterre. Elle y fut, à la vérité, applaudie, et beaucoup plus que *Zaïre*; mais elle n'est pas d'un genre à se soutenir comme *Zaïre* sur le théâtre. Elle est beaucoup plus fortement écrite, et une seule scène entre César et Catilina était plus difficile à faire que la plupart des pièces où l'amour domine; mais le cœur ramène à ces pièces, et l'admiration pour les anciens Romains s'épuise bientôt. Personne ne conspire aujourd'hui, et tout le monde aime.

D'ailleurs les représentations de *Catilina* exigent un trop grand nombre d'acteurs, un trop grand appareil.

Les savans ne trouveront pas ici une histoire fidèle de la conjuration de Catilina. Ils sont assez persuadés qu'une tragédie n'est pas une histoire; mais ils y verront une peinture vraie des mœurs de ce temps-là. Tout ce que Cicéron, Catilina, Caton, César, ont fait dans cette pièce n'est pas vrai, mais leur génie et leur caractère y sont peints fidèlement.

Si on n'a pu y développer l'éloquence de Cicéron, on a du moins étalé toute sa vertu et tout le courage qu'il fit paraître dans le péril. On a montré dans Catilina ces contrastes de férocité et de séduction qui formaient son caractère; on a fait voir César naissant, factieux et magnanime, César fait pour être à la fois la gloire et le fléau de Rome.

On n'a point fait paraître les députés des Allobroges, qui n'étaient point des ambassadeurs de nos Gaules, mais des agens d'une petite province d'Italie soumise aux Romains, qui ne firent que le personnage de délateurs, et qui par là sont indignes de figurer sur la scène avec Cicéron, César et Caton.

Si cet ouvrage paraît au moins passablement écrit, et s'il fait connaître un peu l'ancienne Rome, c'est tout ce qu'on a prétendu, et tout le prix qu'on attend.

PERSONNAGES.

CICÉRON.
CÉSAR.
CATILINA.
AURÉLIE.
CATON.
LUCULLUS.

CRASSUS.
CLODIUS.
CÉTHÉGUS.
LENTULUS-SURA.
Conjurés.
Licteurs.

Le théâtre représente d'un côté le palais d'Aurélie, de l'autre le temple de Tellus, où s'assemble le sénat. On voit dans l'enfoncement une galerie qui communique à des souterrains conduisant du palais d'Aurélie au vestibule du temple.

ROME SAUVÉE,

TRAGÉDIE.

ACTE PREMIER.

SCÈNE I.

CATILINA.

(Soldats dans l'enfoncement.)

Orateur insolent, qu'un vil peuple seconde,
Assis au premier rang des souverains du monde,
Tu vas tomber du faîte où Rome t'a placé.
Inflexible Caton, vertueux insensé !
Ennemi de ton siècle, esprit dur et farouche,
Ton terme est arrivé, ton imprudence y touche.
Fier sénat de tyrans qui tiens le monde aux fers,
Tes fers sont préparés, tes tombeaux sont ouverts.
Que ne puis-je en ton sang, impérieux Pompée,
Éteindre de ton nom la splendeur usurpée !
Que ne puis-je opposer à ton pouvoir fatal *a*
Ce César si terrible, et déja ton égal !
Quoi ! César, comme moi factieux dès l'enfance,
Avec Catilina n'est pas d'intelligence ?
Mais le piége est tendu ; je prétends qu'aujourd'hui
Le trône qui m'attend soit préparé par lui.

Il faut employer tout, jusqu'à Cicéron même,
Ce César que je crains, mon épouse que j'aime [b] :
Sa docile tendresse, en cet affreux moment,
De mes sanglans projets est l'aveugle instrument.
Tout ce qui m'appartient doit être mon complice.
Je veux que l'amour même à mon ordre obéisse.
Titres chers et sacrés et de père et d'époux,
Faiblesses des humains, évanouissez-vous [1].

SCÈNE II.

CATILINA, CÉTHÉGUS; AFFRANCHIS ET SOLDATS, *dans le lointain.*

CATILINA.

Eh bien, cher Céthégus, tandis que la nuit sombre
Cache encor nos desseins et Rome dans son ombre,
Avez-vous réuni les chefs des conjurés ?

CÉTHÉGUS.

Ils viendront dans ces lieux du consul ignorés,
Sous ce portique même, et près du temple impie
Où domine un sénat, tyran de l'Italie.
Ils ont renouvelé leurs sermens et leur foi.
Mais tout est-il prévu ? César est-il à toi ?
Seconde-t-il enfin Catilina qu'il aime ?

CATILINA.

Cet esprit dangereux n'agit que pour lui-même.

CÉTHÉGUS.

Conspirer sans César !

CATILINA.

Ah ! je l'y veux forcer.

Dans ce piége sanglant je veux l'embarrasser.
Mes soldats, en son nom, vont surprendre Préneste;
Je sais qu'on le soupçonne, et je réponds du reste.
Ce consul violent va bientôt l'accuser;
Pour se venger de lui, César peut tout oser.
Rien n'est si dangereux que César qu'on irrite;
C'est un lion qui dort, et que ma voix excite.
Je veux que Cicéron réveille son courroux,
Et force ce grand homme à combattre pour nous ^c.

CÉTHÉGUS.

Mais Nonnius enfin dans Préneste est le maître;
Il aime la patrie, et tu dois le connaître :
Tes soins pour le tenter ont été superflus.
Que faut-il décider du sort de Nonnius?

CATILINA.

Je t'entends; tu sais trop que sa fille m'est chère.
Ami, j'aime Aurélie en détestant son père.
Quand il sut que sa fille avait conçu pour moi ^d
Ce tendre sentiment qui la tient sous ma loi;
Quand sa haine impuissante et sa colère vaine
Eurent tenté sans fruit de briser notre chaîne;
A cet hymen secret quand il a consenti,
Sa faiblesse a tremblé d'offenser son parti.
Il a craint Cicéron; mais mon heureuse adresse
Avance mes desseins par sa propre faiblesse.
J'ai moi-même exigé, par un serment sacré,
Que ce nœud clandestin fût encore ignoré.
Céthégus et Sura sont seuls dépositaires
De ce secret utile à nos sanglans mystères.
Le palais d'Aurélie au temple nous conduit;

C'est là qu'en sûreté j'ai moi-même introduit
Les armes, les flambeaux, l'appareil du carnage.
De nos vastes succès mon hymen est le gage.
Vous m'avez bien servi ; l'amour m'a servi mieux.
C'est chez Nonnius même, à l'aspect de ses dieux,
Sous les murs du sénat, sous sa voûte sacrée,
Que de tous nos tyrans la mort est préparée.
(aux conjurés qui sont dans le fond.)
Vous, courez dans Préneste où nos amis secrets
Ont du nom de César voilé nos intérêts ;
Que Nonnius surpris ne puisse se défendre.
Vous, près du Capitole allez soudain vous rendre.
Songez qui vous servez, et gardez vos sermens.
(à Céthégus.)
Toi, conduis d'un coup d'œil tous ces grands mouve-
[mens.

SCÈNE III.

AURÉLIE, CATILINA.

AURÉLIE.

Ah ! calmez les horreurs dont je suis poursuivie,
Cher époux, essuyez les larmes d'Aurélie.
Quel trouble, quel spectacle et quel réveil affreux !
Je vous suis en tremblant sous ces murs ténébreux.
Ces soldats que je vois redoublent mes alarmes.
On porte en mon palais des flambeaux et des armes !
Qui peut nous menacer ? Les jours de Marius,
De Carbon, de Sylla, sont-ils donc revenus ?
De ce front si terrible éclaircissez les ombres.
Vous détournez de moi des yeux tristes et sombres.

Au nom de tant d'amour, et par ces nœuds secrets
Qui joignent nos destins, nos cœurs, nos intérêts,
Au nom de notre fils, dont l'enfance est si chère,
(Je ne vous parle point des dangers de sa mère,
Et je ne vois, hélas! que ceux que vous courez)
Ayez pitié du trouble où mes sens sont livrés :
Expliquez-vous.

CATILINA.

Sachez que mon nom, ma fortune,
Ma sûreté, la vôtre et la cause commune
Exigent ces apprêts qui causent votre effroi.
Si vous daignez m'aimer, si vous êtes à moi,
Sur ce qu'ont vu vos yeux observez le silence.
Des meilleurs citoyens j'embrasse la défense.
Vous voyez le sénat, le peuple, divisés,
Une foule de rois l'un à l'autre opposés :
On se menace, on s'arme; et, dans ces conjonctures,
Je prends un parti sage et de justes mesures.

AURÉLIE.

Je le souhaite au moins. Mais me tromperiez-vous?
Peut-on cacher son cœur aux cœurs qui sont à nous?
En vous justifiant vous redoublez ma crainte.
Dans vos yeux égarés trop d'horreur est empreinte.
Ciel! que fera mon père alors que dans ces lieux
Ces funestes apprêts viendront frapper ses yeux?
Souvent les noms de fille, et de père, et de gendre,
Lorsque Rome a parlé, n'ont pu se faire entendre.
Notre hymen lui déplut, vous le savez assez :
Mon bonheur est un crime à ses yeux offensés.
On dit que Nonnius est mandé de Préneste.

Quels effets il verra de cet hymen funeste !
Cher époux, quel usage affreux, infortuné,
Du pouvoir que sur moi l'amour vous a donné !
Vous avez un parti ; mais Cicéron, mon père,
Caton, Rome, les dieux sont du parti contraire.
Peut-être Nonnius vient vous perdre aujourd'hui.

CATILINA.

Non, il ne viendra point ; ne craignez rien de lui.

AURÉLIE.

Comment ?

CATILINA.

Aux murs de Rome il ne pourra se rendre
Que pour y respecter et sa fille et son gendre.
Je ne puis m'expliquer, mais souvenez-vous bien
Qu'en tout son intérêt s'accorde avec le mien.
Croyez, quand il verra qu'avec lui je partage
De mes justes projets le premier avantage,
Qu'il sera trop heureux d'abjurer devant moi
Les superbes tyrans dont il reçut la loi.
Je vous ouvre à tous deux, et vous devez m'en croire,
Une source éternelle et d'honneur et de gloire [1].

AURÉLIE.

La gloire est bien douteuse et le péril certain [2].
Que voulez-vous ? pourquoi forcer votre destin ?
Ne vous suffit-il pas, dans la paix, dans la guerre,
D'être un des souverains sous qui tremble la terre ?
Pour tomber de plus haut où voulez-vous monter ?
Les noirs pressentimens viennent m'épouvanter.
J'ai trop chéri le joug où je me suis soumise.
Voilà donc cette paix que je m'étais promise,

ACTE I, SCENE III.

Ce repos de l'amour que mon cœur a cherché !
Les dieux m'en ont punie et me l'ont arraché.
Dès qu'un léger sommeil vient fermer mes paupières,
Je vois Rome embrasée et des mains meurtrières,
Des supplices, des morts, des fleuves teints de sang ;
De mon père au sénat je vois percer le flanc ;
Vous-même environné d'une troupe en furie,
Sur des monceaux de morts exhalant votre vie ;
Des torrens de mon sang répandus par vos coups,
Et votre épouse enfin mourante auprès de vous.
Je me lève, je fuis ces images funèbres ;
Je cours, je vous demande au milieu des ténèbres :
Je vous retrouve, hélas ! et vous me replongez
Dans l'abyme des maux qui me sont présagés.

CATILINA.

Allez, Catilina ne craint point les augures [g] ;
Et je veux du courage et non pas des murmures,
Quand je sers et l'état, et vous, et mes amis.

AURÉLIE.

Ah, cruel ! est-ce ainsi que l'on sert son pays ?
J'ignore à quels desseins ta fureur s'est portée ;
S'ils étaient généreux tu m'aurais consultée :
Nos communs intérêts semblaient te l'ordonner :
Si tu feins avec moi, je dois tout soupçonner.
Tu te perdras : déja ta conduite est suspecte [h]
A ce consul sévère, et que Rome respecte.

CATILINA.

Cicéron respecté ! lui, mon lâche rival !

SCÈNE IV.

CATILINA, AURÉLIE; MARTIAN,
l'un des conjurés.

MARTIAN.

Seigneur, Cicéron vient près de ce lieu fatal.
Par son ordre bientôt le sénat se rassemble :
Il vous mande en secret.

AURÉLIE.

Catilina, je tremble
A cet ordre subit, à ce funeste nom.

CATILINA.

Mon épouse trembler au nom de Cicéron !
Que Nonnius séduit le craigne et le révère ;
Qu'il déshonore ainsi son rang, son caractère ;
Qu'il serve, il en est digne, et je plains son erreur :
Mais de vos sentimens j'attends plus de grandeur.
Allez, souvenez-vous que vos nobles ancêtres
Choisissaient autrement leurs consuls et leurs maîtres.
Quoi ! vous femme et Romaine, et du sang d'un Néron,
Vous seriez sans orgueil et sans ambition ?
Il en faut aux grands cœurs.

AURÉLIE.

Tu crois le mien timide,
La seule cruauté te paraît intrépide.
Tu m'oses reprocher d'avoir tremblé pour toi.
Le consul va paraître ; adieu, mais connais-moi :
Apprends que cette épouse à tes lois trop soumise,
Que tu devais aimer, que ta fierté méprise,

Qui ne peut te changer, qui ne peut t'attendrir,
Plus Romaine que toi, peut t'apprendre à mourir.
CATILINA.
Que de chagrins divers il faut que je dévore !
Cicéron que je vois est moins à craindre encore.

SCÈNE V.

CICÉRON, *dans l'enfoncement;* LE CHEF DES LICTEURS; CATILINA.

CICÉRON, *au chef des licteurs.*
Suivez mon ordre, allez; de ce perfide cœur
Je prétends sans témoin sonder la profondeur.
La crainte quelquefois peut ramener un traître.
CATILINA.
Quoi! c'est ce plébéien dont Rome a fait son maître!
CICÉRON.
Avant que le sénat se rassemble à ma voix,
Je viens, Catilina, pour la dernière fois,
Apporter le flambeau sur le bord de l'abyme
Où votre aveuglement vous conduit par le crime.
CATILINA.
Qui? vous?
CICÉRON.
    Moi.
CATILINA.
    C'est ainsi que votre inimitié...
CICÉRON.
C'est ainsi que s'explique un reste de pitié [i].
Vos cris audacieux, votre plainte frivole,

Ont assez fatigué les murs du Capitole.
Vous feignez de penser que Rome et le sénat
Ont avili dans moi l'honneur du consulat.
Concurrent malheureux à cette place insigne,
Votre orgueil l'attendait; mais en étiez-vous digne?
La valeur d'un soldat, le nom de vos aïeux,
Ces prodigalités d'un jeune ambitieux,
Ces jeux et ces festins qu'un vain luxe prépare,
Étaient-ils un mérite assez grand, assez rare,
Pour vous faire espérer de dispenser des lois
Au peuple souverain qui règne sur les rois?
A vos prétentions j'aurais cédé peut-être,
Si j'avais vu dans vous ce que vous deviez être.
Vous pouviez de l'état être un jour le soutien :
Mais pour être consul, devenez citoyen.
Pensez-vous affaiblir ma gloire et ma puissance,
En décriant mes soins, mon état, ma naissance?
Dans ces temps malheureux, dans nos jours corrompus,
Faut-il des noms à Rome? il lui faut des vertus.
Ma gloire (et je la dois à ces vertus sévères)
Est de ne rien tenir des grandeurs de mes pères.
Mon nom commence en moi : de votre honneur jaloux,
Tremblez que votre nom ne finisse dans vous.

CATILINA.

Vous abusez beaucoup, magistrat d'une année,
De votre autorité passagère et bornée.

CICÉRON.

Si j'en avais usé, vous seriez dans les fers,
Vous, l'éternel appui des citoyens pervers;
Vous qui, de nos autels souillant les priviléges,

ACTE I, SCÈNE V.

Portez jusqu'aux lieux saints vos fureurs sacriléges ;
Qui comptez tous vos jours et marquez tous vos pas
Par des plaisirs affreux ou des assassinats ;
Qui savez tout braver, tout oser et tout feindre :
Vous enfin qui sans moi seriez peut-être à craindre.
Vous avez corrompu tous les dons précieux
Que pour un autre usage ont mis en vous les dieux ;
Courage, adresse, esprit, grace, fierté sublime,
Tout dans votre ame aveugle est l'instrument du crime.
Je détournais de vous des regards paternels,
Qui veillaient au destin du reste des mortels.
Ma voix que craint l'audace, et que le faible implore,
Dans le rang des Verrès ne vous mit point encore ;
Mais, devenu plus fier par tant d'impunité,
Jusqu'à trahir l'état vous avez attenté.
Le désordre est dans Rome, il est dans l'Étrurie ;
On parle de Préneste, on soulève l'Ombrie ;
Les soldats de Sylla, de carnage altérés,
Sortent de leur retraite aux meurtres préparés ;
Mallius en Toscane arme leurs mains féroces ;
Les coupables soutiens de ces complots atroces
Sont tous vos partisans déclarés ou secrets ;
Partout le nœud du crime unit vos intérêts.
Ah ! sans qu'un jour plus grand éclaire ma justice,
Sachez que je vous crois leur chef ou leur complice ;
Que j'ai partout des yeux, que j'ai partout des mains ;
Que malgré vous encore il est de vrais Romains ;
Que ce cortége affreux d'amis vendus au crime
Sentira comme vous l'équité qui m'anime.
Vous n'avez vu dans moi qu'un rival de grandeur,

Voyez-y votre juge et votre accusateur,
Qui va dans un moment vous forcer de répondre [k]
Au tribunal des lois qui doivent vous confondre;
Des lois qui se taisaient sur vos crimes passés,
De ces lois que je venge, et que vous renversez.

CATILINA.

Je vous ai déja dit, seigneur, que votre place
Avec Catilina permet peu cette audace;
Mais je veux pardonner des soupçons si honteux
En faveur de l'état que nous servons tous deux :
Je fais plus, je respecte un zèle infatigable,
Aveugle, je l'avoue, et pourtant estimable.
Ne me reprochez plus tous mes égaremens,
D'une ardente jeunesse impétueux enfans;
Le sénat m'en donna l'exemple trop funeste.
Cet emportement passe, et le courage reste.
Ce luxe, ces excès, ces fruits de la grandeur,
Sont les vices du temps et non ceux de mon cœur.
Songez que cette main servit la république;
Que soldat en Asie et juge dans l'Afrique,
J'ai, malgré nos excès et nos divisions,
Rendu Rome terrible aux yeux des nations.
Moi je la trahirais! moi qui l'ai su défendre!

CICÉRON.

Marius et Sylla, qui la mirent en cendre,
Ont mieux servi l'état et l'ont mieux défendu.
Les tyrans ont toujours quelque ombre de vertu;
Ils soutiennent les lois avant de les abattre.

CATILINA.

Ah! si vous soupçonnez ceux qui savent combattre,

Accusez donc César, et Pompée, et Crassus.
Pourquoi fixer sur moi vos yeux toujours déçus?
Parmi tant de guerriers, dont on craint la puissance,
Pourquoi suis-je l'objet de votre défiance?
Pourquoi me choisir, moi? par quel zèle emporté...
CICÉRON.
Vous-même jugez-vous; l'avez-vous mérité?
CATILINA.
Non, mais j'ai trop daigné m'abaisser à l'excuse;
Et plus je me défends, plus Cicéron m'accuse.
Si vous avez voulu me parler en ami,
Vous vous êtes trompé, je suis votre ennemi :
Si c'est en citoyen, comme vous je crois l'être;
Et si c'est en consul, ce consul n'est pas maître;
Il préside au sénat, et je peux l'y braver.
CICÉRON.
J'y punis les forfaits; tremble de m'y trouver.
Malgré toute ta haine, à mes yeux méprisable,
Je t'y protégerai si tu n'es point coupable :
Fuis Rome si tu l'es.
CATILINA.
C'en est trop; arrêtez.
C'est trop souffrir le zèle où vous vous emportez.
De vos vagues soupçons j'ai dédaigné l'injure;
Mais après tant d'affronts que mon orgueil endure,
Je veux que vous sachiez que le plus grand de tous
N'est pas d'être accusé, mais protégé par vous.
CICÉRON, *seul*.
Le traître pense-t-il, à force d'insolence,
Par sa fausse grandeur prouver son innocence?

Tu ne peux m'imposer, perfide; ne crois pas
Éviter l'œil vengeur attaché sur tes pas.

SCÈNE VI.

CICÉRON, CATON.

CICÉRON.

Eh bien, ferme Caton, Rome est-elle en défense?

CATON.

Vos ordres sont suivis. Ma prompte vigilance
A disposé déja ces braves chevaliers
Qui sous vos étendards marcheront les premiers.
Mais je crains tout du peuple et du sénat lui-même.

CICÉRON.

Du sénat?

CATON.

Enivré de sa grandeur suprême [1],
Dans ses divisions il se forge des fers.

CICÉRON.

Les vices des Romains ont vengé l'univers [3],
La vertu disparaît, la liberté chancelle;
Mais Rome a des Catons, j'espère encor pour elle.

CATON.

Ah! qui sert son pays sert souvent un ingrat.
Votre mérite même irrite le sénat;
Il voit d'un œil jaloux cet éclat qui l'offense.

CICÉRON.

Les regards de Caton seront ma récompense.
Au torrent de mon siècle, à son iniquité,
J'oppose ton suffrage et la postérité.

ACTE I, SCENE VI.

Fesons notre devoir : les dieux feront le reste.

CATON.

Eh ! comment résister à ce torrent funeste,
Quand je vois dans ce temple, aux vertus élevé,
L'infame trahison marcher le front levé ?
Croit-on que Mallius, cet indigne rebelle,
Ce tribun des soldats, subalterne infidèle,
De la guerre civile arborât l'étendard ;
Qu'il osât s'avancer vers ce sacré rempart,
Qu'il eût pu fomenter ces ligues menaçantes,
S'il n'était soutenu par des mains plus puissantes,
Si quelque rejeton de nos derniers tyrans
N'allumait en secret des feux plus dévorans ?
Les premiers du sénat nous trahissent peut-être ;
Des cendres de Sylla les tyrans vont renaître.
César fut le premier que mon cœur soupçonna.
Oui, j'accuse César.

CICÉRON.

Et moi, Catilina [m].
De brigues, de complots, de nouveautés avide,
Vaste dans ses projets, impétueux, perfide,
Plus que César encor je le crois dangereux,
Beaucoup plus téméraire et bien moins généreux.
Je viens de lui parler ; j'ai vu sur son visage,
J'ai vu dans ses discours son audace et sa rage,
Et la sombre hauteur d'un esprit affermi,
Qui se lasse de feindre et parle en ennemi.
De ses obscurs complots je cherche les complices.
Tous ses crimes passés sont mes premiers indices.
J'en préviendrai la suite.

CATON.
Il a beaucoup d'amis ;
Je crains pour les Romains des tyrans réunis.
L'armée est en Asie, et le crime est dans Rome ;
Mais pour sauver l'état il suffit d'un grand homme.
CICÉRON.
Si nous sommes unis, il suffit de nous deux.
La discorde est bientôt parmi les factieux.
César peut conjurer, mais je connais son ame ;
Je sais quel noble orgueil le domine et l'enflamme.
Son cœur ambitieux ne peut être abattu
Jusqu'à servir en lâche un tyran sans vertu.
Il aime Rome encore, il ne veut point de maître ;
Mais je prévois trop bien qu'un jour il voudra l'être.
Tous deux jaloux de plaire, et plus de commander,
Ils sont montés trop haut pour jamais s'accorder.
Par leur désunion Rome sera sauvée.
Allons, n'attendons pas que de sang abreuvée,
Elle tende vers nous ses languissantes mains,
Et qu'on donne des fers aux maîtres des humains.

FIN DU PREMIER ACTE.

ACTE SECOND.

SCÈNE I.

CATILINA, CÉTHÉGUS.

CÉTHÉGUS.
Tandis que tout s'apprête, et que ta main hardie
Va de Rome et du monde allumer l'incendie,
Tandis que ton armée approche de ces lieux,
Sais-tu ce qui se passe en ces murs odieux?

CATILINA.
Je sais que d'un consul la sombre défiance
Se livre à des terreurs qu'il appelle prudence;
Sur le vaisseau public ce pilote égaré
Présente à tous les vents un flanc mal assuré;
Il s'agite au hasard, à l'orage il s'apprête,
Sans savoir seulement d'où viendra la tempête.
Ne crains rien du sénat : ce corps faible et jaloux
Avec joie en secret l'abandonne à nos coups.
Ce sénat divisé, ce monstre à tant de têtes,
Si fier de sa noblesse, et plus de ses conquêtes,
Voit avec les transports de l'indignation
Les souverains des rois respecter Cicéron.
César n'est point à lui, Crassus le sacrifie.
J'attends tout de ma main, j'attends tout de l'envie.
C'est un homme expirant qu'on voit d'un faible effort

Se débattre et tomber dans les bras de la mort.
CÉTHÉGUS.
Il a des envieux, mais il parle, il entraîne;
Il réveille la gloire, il subjugue la haine;
Il domine au sénat.
CATILINA.
Je le brave en tous lieux;
J'entends avec mépris ses cris injurieux :
Qu'il déclame à son gré jusqu'à sa dernière heure;
Qu'il triomphe en parlant, qu'on l'admire et qu'il meure.
De plus cruels soucis, des chagrins plus pressans,
Occupent mon courage, et règnent sur mes sens.
CÉTHÉGUS.
Que dis-tu? qui t'arrête en ta noble carrière?
Quand l'adresse et la force ont ouvert la barrière,
Que crains-tu?
CATILINA.
Ce n'est pas mes nombreux ennemis;
Mon parti seul m'alarme, et je crains mes amis,
De Lentulus-Sura l'ambition jalouse,
Le grand cœur de César, et surtout mon épouse.
CÉTHÉGUS.
Ton épouse? tu crains une femme et des pleurs?
Laisse-lui ses remords, laisse-lui ses terreurs;
Tu l'aimes, mais en maître, et son amour docile
Est de tes grands desseins un instrument utile.
CATILINA.
Je vois qu'il peut enfin devenir dangereux.
Rome, un époux, un fils, partagent trop ses vœux.
O Rome! ô nom fatal! ô liberté chérie!

ACTE II, SCENE I.

Quoi! dans ma maison même on parle de patrie!
Je veux qu'avant le temps fixé pour le combat,
Tandis que nos allons éblouir le sénat,
Ma femme avec mon fils, de ces lieux enlevée,
Abandonne une ville aux flammes réservée,
Qu'elle parte, en un mot. Nos femmes, nos enfans,
Ne doivent point troubler ces terribles momens.
Mais César!

CÉTHÉGUS.

Que veux-tu? Si par ton artifice
Tu ne peux réussir à t'en faire un complice,
Dans le rang des proscrits faut-il placer son nom?
Faut-il confondre enfin César et Cicéron?

CATILINA.

C'est là ce qui m'occupe, et s'il faut qu'il périsse,
Je me sens étonné de ce grand sacrifice.
Il semble qu'en secret, respectant son destin,
Je révère dans lui l'honneur du nom romain.
Mais Sura viendra-t-il?

CÉTHÉGUS.

Compte sur son audace;
Tu sais comme, ébloui des grandeurs de sa race,
A partager ton règne il se croit destiné.

CATILINA.

Qu'à cet espoir trompeur il reste abandonné[a].
Tu vois avec quel art il faut que je ménage
L'orgueil présomptueux de cet esprit sauvage,
Ses chagrins inquiets, ses soupçons, son courroux.
Sais-tu que de César il ose être jaloux?
Enfin j'ai des amis moins aisés à conduire

Que Rome et Cicéron ne coûtent à détruire.
O d'un chef de parti dur et pénible emploi !

CÉTHÉGUS.

Le soupçonneux Sura s'avance ici vers toi.

SCÈNE II.

CATILINA, CÉTHÉGUS, LENTULUS-SURA.

SURA.

Ainsi, malgré mes soins et malgré ma prière,
Vous prenez dans César une assurance entière ;
Vous lui donnez Préneste ; il devient notre appui.
Pensez-vous me forcer à dépendre de lui ?

CATILINA.

Le sang des Scipion n'est point fait pour dépendre.
Ce n'est qu'au premier rang que vous devez prétendre.
Je traite avec César, mais sans m'y confier ;
Son crédit peut nous nuire, il peut nous appuyer :
Croyez qu'en mon parti s'il faut que je l'engage,
Je me sers de son nom, mais pour votre avantage.

SURA.

Ce nom est-il plus grand que le vôtre et le mien ?
Pourquoi vous abaisser à briguer ce soutien ?
On le fait trop valoir, et Rome est trop frappée
D'un mérite naissant qu'on oppose à Pompée.
Pourquoi le rechercher alors que je vous sers ?
Ne peut-on sans César subjuguer l'univers ?

CATILINA.

Nous le pouvons sans doute, et sur votre vaillance

J'ai fondé dès long-temps ma plus forte espérance;
Mais César est aimé du peuple et du sénat;
Politique, guerrier, pontife, magistrat,
Terrible dans la guerre, et grand dans la tribune,
Par cent chemins divers il court à la fortune;
Il nous est nécessaire.

SURA.

Il nous sera fatal:
Notre égal aujourd'hui, demain notre rival,
Bientôt notre tyran, tel est son caractère;
Je le crois du parti le plus grand adversaire.
Peut-être qu'à vous seul il daignera céder,
Mais croyez qu'à tout autre il voudra commander.
Je ne souffrirai point, puisqu'il faut vous le dire,
De son fier ascendant le dangereux empire.
Je vous ai prodigué mon service et ma foi,
Et je renonce à vous s'il l'emporte sur moi.

CATILINA.

J'y consens; faites plus, arrachez-moi la vie,
Je m'en déclare indigne, et je la sacrifie,
Si je permets jamais, de nos grandeurs jaloux,
Qu'un autre ose penser à s'élever sur nous:
Mais souffrez qu'à César votre intérêt me lie;
Je le flatte aujourd'hui, demain je l'humilie:
Je ferai plus peut-être; en un mot, vous pensez
Que sur nos intérêts mes yeux s'ouvrent assez.

(à Céthégus.)

Va, prépare en secret le départ d'Aurélie,
Que des seuls conjurés sa maison soit remplie.
De ces lieux cependant qu'on écarte ses pas,

Craignons de son amour les funestes éclats.
Par un autre chemin tu reviendras m'attendre
Vers ces lieux retirés où César va m'entendre.
SURA.
Enfin donc sans César vous n'entreprenez rien?
Nous attendrons le fruit de ce grand entretien.
CATILINA.
Allez, j'espère en vous plus que dans César même.
CÉTHÉGUS.
Je cours exécuter ta volonté suprême,
Et sous tes étendards à jamais réunir
Ceux qui mettent leur gloire à savoir t'obéir.

SCÈNE III.

CATILINA, CÉSAR.

CATILINA.
Eh bien! César, Eh bien! toi de qui la fortune
Dès le temps de Sylla me fut toujours commune,
Toi dont j'ai présagé les éclatans destins,
Toi né pour être un jour le premier des Romains,
N'es-tu donc aujourd'hui que le premier esclave
Du fameux plébéien qui t'irrite et te brave?
Tu le hais, je le sais, et ton œil pénétrant
Voit pour s'en affranchir ce que Rome entreprend;
Et tu balancerais, et ton ardent courage
Craindrait de nous aider à sortir d'esclavage?
Des destins de la terre il s'agit aujourd'hui,
Et César souffrirait qu'on les changeât sans lui?

Quoi ! n'es-tu plus jaloux du nom du grand Pompée ?
Ta haine pour Caton s'est-elle dissipée ?
N'es-tu pas indigné de servir les autels,
Quand Cicéron préside au destin des mortels,
Quand l'obscur habitant des rives du Fibrène
Siége au dessus de toi sur la pourpre romaine ?
Souffriras-tu long-temps tous ces rois fastueux,
Cet heureux Lucullus, brigand voluptueux,
Fatigué de sa gloire, énervé de mollesse ;
Un Crassus étonné de sa propre richesse,
Dont l'opulence avide, osant nous insulter,
Asservirait l'état s'il daignait l'acheter ?
Ah ! de quelque côté que tu jettes la vue,
Vois Rome turbulente, ou Rome corrompue ;
Vois ces lâches vainqueurs en proie aux factions,
Disputer, dévorer le sang des nations.
Le monde entier t'appelle, et tu restes paisible !
Veux-tu laisser languir ce courage invincible ?
De Rome qui te parle as-tu quelque pitié ?
César est-il fidèle à ma tendre amitié ?

CÉSAR.

Oui, si dans le sénat on te fait injustice,
César te défendra ; compte sur mon service.
Je ne peux te trahir ; n'exige rien de plus.

CATILINA.

Et tu bornerais là tes vœux irrésolus ?
C'est à parler pour moi que tu peux te réduire ?

CÉSAR.

J'ai pesé tes projets, je ne veux pas leur nuire ;
Je peux leur applaudir, je n'y veux point entrer.

CATILINA.

J'entends : pour les heureux tu veux te déclarer.
Des premiers mouvemens spectateur immobile,
Tu veux ravir les fruits de la guerre civile,
Sur nos communs débris établir ta grandeur.

CÉSAR.

Non, je veux des dangers plus dignes de mon cœur.
Ma haine pour Caton, ma fière jalousie
Des lauriers dont Pompée est couvert en Asie,
Le crédit, les honneurs, l'éclat de Cicéron,
Ne m'ont déterminé qu'à surpasser leur nom.
Sur les rives du Rhin, de la Seine et du Tage,
La victoire m'appelle, et voilà mon partage.

CATILINA.

Commence donc par Rome, et songe que demain
J'y pourrais avec toi marcher en souverain.

CÉSAR.

Ton projet est bien grand, peut-être téméraire;
Il est digne de toi; mais, pour ne te rien taire,
Plus il doit t'agrandir, moins il est fait pour moi.

CATILINA.

Comment?

CÉSAR.

Je ne veux pas servir ici sous toi.

CATILINA.

Ah! crois qu'avec César on partage sans peine.

CÉSAR.

On ne partage point la grandeur souveraine.
Va, ne te flatte pas que jamais à son char
L'heureux Catilina puisse enchaîner César.

ACTE II, SCÈNE III.

Tu m'as vu ton ami, je le suis, je veux l'être;
Mais jamais mon ami ne deviendra mon maître.
Pompée en serait digne, et s'il l'ose tenter,
Ce bras levé sur lui l'attend pour l'arrêter.
Sylla, dont tu reçus la valeur en partage,
Dont j'estime l'audace, et dont je hais la rage,
Sylla nous a réduits à la captivité:
Mais s'il ravit l'empire, il l'avait mérité;
Il soumit l'Hellespont, il fit trembler l'Euphrate,
Il subjugua l'Asie, il vainquit Mithridate.
Qu'as-tu fait? quels états, quels fleuves, quelles mers,
Quels rois par toi vaincus ont adoré nos fers°?
Tu peux avec le temps être un jour un grand homme;
Mais tu n'as pas acquis le droit d'asservir Rome :
Et mon nom, ma grandeur et mon autorité
N'ont point encor l'éclat et la maturité,
Le poids qu'exigerait une telle entreprise.
Je vois que tôt ou tard Rome sera soumise.
J'ignore mon destin; mais si j'étais un jour
Forcé par les Romains de régner à mon tour,
Avant que d'obtenir une telle victoire,
J'étendrai, si je puis, leur empire et leur gloire;
Je serai digne d'eux, et je veux que leurs fers,
D'eux-mêmes respectés, de lauriers soient couverts.

CATILINA.

Le moyen que je t'offre est plus aisé peut-être.
Qu'était donc ce Sylla qui s'est fait notre maître?
Il avait une armée, et j'en forme aujourd'hui;
Il m'a fallu créer ce qui s'offrait à lui;
Il profita des temps, et moi je les fais naître.

Je ne dis plus qu'un mot : il fut roi; veux-tu l'être?
Veux-tu de Cicéron subir ici la loi,
Vivre son courtisan, ou régner avec moi?

CÉSAR.

Je ne veux l'un ni l'autre : il n'est pas temps de feindre.
J'estime Cicéron, sans l'aimer ni le craindre.
Je t'aime, je l'avoue, et je ne te crains pas.
Divise le sénat, abaisse des ingrats,
Tu le peux, j'y consens; mais si ton ame aspire
Jusqu'à m'oser soumettre à ton nouvel empire,
Ce cœur sera fidèle à tes secrets desseins,
Et ce bras combattra l'ennemi des Romains.

(Il sort.)

SCÈNE IV.

CATILINA.

Ah! qu'il serve, s'il l'ose, au dessein qui m'anime;
Et s'il n'en est l'appui, qu'il en soit la victime.
Sylla voulait le perdre, il le connaissait bien[p].
Son génie en secret est l'ennemi du mien.
Je ferai ce qu'enfin Sylla craignit de faire.

SCÈNE V.

CATILINA, CÉTHÉGUS, LENTULUS-SURA.

SURA.

César s'est-il montré favorable ou contraire?

CATILINA.

Sa stérile amitié nous offre un faible appui.

Il faut et nous servir et nous venger de lui.
Nous avons des soutiens plus sûrs et plus fidèles.
Les voici ces héros vengeurs de nos querelles.

SCÈNE VI.

CATILINA, LES CONJURÉS.

CATILINA.
Venez, noble Pison, vaillant Autronius,
Intrépide Vargonte, ardent Statilius;
Vous tous, braves guerriers de tout rang, de tout âge,
Des plus grands des humains redoutable assemblage;
Venez, vainqueurs des rois, vengeurs des citoyens,
Vous tous, mes vrais amis, mes égaux, mes soutiens.
Encor quelques momens, un dieu qui vous seconde
Va mettre entre vos mains la maîtresse du monde.
De trente nations malheureux conquérans,
La peine était pour vous, le fruit pour vos tyrans.
Vos mains n'ont subjugué Tigrane et Mithridate,
Votre sang n'a rougi les ondes de l'Euphrate,
Que pour enorgueillir d'indignes sénateurs,
De leurs propres appuis lâches persécuteurs,
Grands par vos travaux seuls, et qui, pour récompense,
Vous permettaient de loin d'adorer leur puissance.
Le jour de la vengeance est arrivé pour vous.
Je ne propose point à votre fier courroux
Des travaux sans périls et des meurtres sans gloire:
Vous pourriez dédaigner une telle victoire;
A vos cœurs généreux je promets des combats:

Je vois vos ennemis expirans sous vos bras :
Entrez dans leurs palais ; frappez, mettez en cendre
Tout ce qui prétendra l'honneur de se défendre ;
Mais surtout qu'un concert unanime et parfait
De nos vastes desseins assure en tout l'effet.
A l'heure où je vous parle on doit saisir Préneste ;
Des soldats de Sylla le redoutable reste,
Par des chemins divers et des sentiers obscurs,
Du fond de la Toscane avance vers ces murs.
Ils arrivent ; je sors, et je marche à leur tête.
Au dehors, au dedans, Rome est votre conquête.
Je combats Pétréius, et je m'ouvre en ces lieux,
Au pied du Capitole, un chemin glorieux.
C'est là que, par les droits que vous donne la guerre,
Nous montons en triomphe au trône de la terre,
A ce trône souillé par d'indignes Romains,
Mais lavé dans leur sang, et vengé par vos mains.
Curius et les siens doivent m'ouvrir les portes.

(Il s'arrête un moment, puis il s'adresse à un conjuré.)

Vous, des gladiateurs aurons-nous les cohortes ?
Leur joignez-vous surtout ces braves vétérans,
Qu'un odieux repos fatigua trop long-temps ?

LENTULUS.

Je dois les amener sitôt que la nuit sombre
Cachera sous son voile et leur marche et leur nombre :
Je les armerai tous dans ce lieu retiré.

CATILINA.

Vous, du mont Célius êtes-vous assuré ?

STATILIUS.

Les gardes sont séduits ; on peut tout entreprendre.

CATILINA.

Vous, au mont Aventin que tout soit mis en cendre.
Dès que de Mallius vous verrez les drapeaux,
De ce signal terrible allumez les flambeaux.
Aux maisons des proscrits que la mort soit portée,
La première victime à mes yeux présentée,
Vous l'avez tous juré, doit être Cicéron :
Immolez César même, oui, César et Caton.
Eux morts, le sénat tombe et nous sert en silence.
Déja notre fortune aveugle sa prudence;
Dans ces murs, sous son temple, à ses yeux, sous ses pas,
Nous disposons en paix l'appareil du trépas.
Surtout avant le temps ne prenez point les armes.
Que la mort des tyrans précède les alarmes;
Que Rome et Cicéron tombent du même fer;
Que la foudre en grondant les frappe avec l'éclair.
Vous avez dans vos mains le destin de la terre;
Ce n'est point conspirer, c'est déclarer la guerre,
C'est reprendre vos droits, et c'est vous ressaisir
De l'univers dompté qu'on osait vous ravir.

(à Céthégus et à Lentulus-Sura.)

Vous, de ces grands desseins les auteurs magnanimes,
Venez dans le sénat, venez voir vos victimes.
De ce consul encor nous entendrons la voix;
Croyez qu'il va parler pour la dernière fois.
Et vous, dignes Romains, jurez par cette épée,
Qui du sang des tyrans [4] sera bientôt trempée,
Jurez tous de périr ou de vaincre avec moi.

MARTIAN.

Oui, nous le jurons tous par ce fer et par toi.

UN AUTRE CONJURÉ.

Périsse le sénat !

MARTIAN.

Périsse l'infidèle
Qui pourra différer de venger ta querelle !
Si quelqu'un se repent, qu'il tombe sous nos coups !

CATILINA.

Allez, et cette nuit Rome entière est à vous.

FIN DU SECOND ACTE.

ACTE TROISIÈME.

SCÈNE I.

CATILINA, CÉTHÉGUS, affranchis, MARTIAN, SEPTIME.

CATILINA.
Tout est-il prêt? enfin l'armée avance-t-elle?
MARTIAN.
Oui, seigneur; Mallius, à ses sermens fidèle,
Vient entourer ces murs aux flammes destinés.
Au dehors, au dedans les ordres sont donnés.
Les conjurés en foule au carnage s'excitent,
Et des moindres délais leurs courages s'irritent.
Prescrivez le moment où Rome doit périr.
CATILINA.
Sitôt que du sénat vous me verrez sortir,
Commencez à l'instant nos sanglans sacrifices;
Que du sang des proscrits les fatales prémices
Consacrent sous vos mains ce redoutable jour.
Observez, Martian, vers cet obscur détour,
Si d'un consul trompé les ardens émissaires
Oseraient épier nos terribles mystères.
CÉTHÉGUS.
Peut-être avant le temps faudrait-il l'attaquer
Au milieu du sénat qu'il vient de convoquer;

Je vois qu'il prévient tout, et que Rome alarmée...

CATILINA.

Prévient-il Mallius? prévient-il mon armée?
Connaît-il mes projets? sait-il, dans son effroi,
Que Mallius n'agit, n'est armé que pour moi?
Suis-je fait pour fonder ma fortune et ma gloire
Sur un vain brigandage, et non sur la victoire?
Va, mes desseins sont grands autant que mesurés;
Les soldats de Sylla sont mes vrais conjurés.
Quand des mortels obscurs, et de vils téméraires,
D'un complot mal tissu forment les nœuds vulgaires,
Un seul ressort qui manque à leurs piéges tendus
Détruit l'ouvrage entier, et l'on n'y revient plus.
Mais des mortels choisis, et tels que nous le sommes,
Ces desseins si profonds, ces crimes des grands hommes,
Cette élite indomptable, et ce superbe choix
Des descendans de Mars et des vainqueurs des rois;
Tous ces ressorts secrets, dont la force assurée
Trompe de Cicéron la prudence égarée,
Un feu dont l'étendue embrase au même instant
Les Alpes, l'Apennin, l'aurore et le couchant,
Que Rome doit nourrir, que rien ne peut éteindre :
Voilà notre destin, dis-moi s'il est à craindre.

CETHÉGUS.

Sous le nom de César, Préneste est-elle à nous?

CATILINA.

C'est là mon premier pas; c'est un des plus grands coups
Qu'au sénat incertain je porte en assurance.
Tandis que Nonnius tombe sous ma puissance,
Tandis qu'il est perdu, je fais semer le bruit

Que tout ce grand complot par lui-même est conduit.
La moitié du sénat croit Nonnius complice.
Avant qu'on délibère, avant qu'on s'éclaircisse,
Avant que ce sénat, si lent dans ses débats,
Ait démêlé le piége où j'ai conduit ses pas,
Mon armée est dans Rome, et la terre asservie.
Allez, que de ces lieux on enlève Aurélie,
Et que rien ne partage un si grand intérêt.

SCÈNE II.

AURÉLIE, CATILINA, CÉTHÉGUS, etc.

AURÉLIE, *une lettre à la main.*
Lis ton sort et le mien, ton crime et ton arrêt;
Voilà ce qu'on m'écrit.
CATILINA.
Quelle main téméraire...
Eh bien! je reconnais le seing de votre père.
AURÉLIE.
Lis...
CATILINA *lit la lettre.*
« La mort trop long-temps a respecté mes jours,
« Une fille que j'aime en termine le cours.
« Je suis trop bien puni, dans ma triste vieillesse,
« De cet hymen affreux qu'a permis ma faiblesse.
« Je sais de votre époux les complots odieux.
« César qui nous trahit veut enlever Préneste.
« Vous avez partagé leur trahison funeste;
« Repentez-vous, ingrate, ou périssez comme eux... »

Mais comment Nonnius aurait-il pu connaître
Des secrets qu'un consul ignore encor peut-être?
CÉTHÉGUS.
Ce billet peut nous perdre.
CATILINA, *à Céthégus.*
Il pourra vous servir.

(à Aurélie.)
Il faut tout vous apprendre, il faut tout éclaircir ^r.
Je vais armer le monde, et c'est pour ma défense.
Vous, dans ce jour de sang marqué pour ma puissance,
Voulez-vous préférer un père à votre époux?
Pour la dernière fois dois-je compter sur vous?
AURÉLIE.
Tu m'avais ordonné le silence et la fuite;
Tu voulais à mes pleurs dérober ta conduite;
Eh bien! que prétends-tu?
CATILINA.
Partez au même instant;
Envoyez au consul ce billet important.
J'ai mes raisons, je veux qu'il apprenne à connaître
Que César est à craindre, et plus que moi peut-être.
Je n'y suis point nommé; César est accusé:
C'est ce que j'attendais, tout le reste est aisé.
Que mon fils au berceau, mon fils né pour la guerre,
Soit porté dans vos bras aux vainqueurs de la terre.
Ne rentrez avec lui dans ces murs abhorrés
Que quand j'en serai maître, et quand vous règnerez.
Notre hymen est secret: je veux qu'on le publie
Au milieu de l'armée, aux yeux de l'Italie;
Je veux que votre père, humble dans son courroux,

ACTE III, SCÈNE II.

Soit le premier sujet qui tombe à vos genoux.
Partez, daignez me croire, et laissez-vous conduire;
Laissez-moi mes dangers, ils doivent me suffire,
Et ce n'est pas à vous de partager mes soins :
Vainqueur et couronné, cette nuit je vous joins.

AURÉLIE.

Tu vas ce jour dans Rome ordonner le carnage?

CATILINA.

Oui, de nos ennemis j'y vais punir la rage.
Tout est prêt; on m'attend.

AURÉLIE.

                      Commence donc par moi,
Commence par ce meurtre, il est digne de toi :
Barbare, j'aime mieux, avant que tout périsse,
Expirer par tes mains que vivre ta complice.

CATILINA.

Qu'au nom de nos liens votre esprit raffermi...

CÉTHÉGUS.

Ne désespérez point un époux, un ami.
Tout vous est confié; la carrière est ouverte,
Et reculer d'un pas, c'est courir à sa perte.

AURÉLIE.

Ma perte fut certaine au moment où mon cœur
Reçut de vos conseils le poison séducteur;
Quand j'acceptai sa main, quand je fus abusée,
Attachée à son sort, victime méprisée;
Vous pensez que mes yeux timides, consternés,
Respecteront toujours vos complots forcenés.
Malgré moi sur vos pas vous m'avez su conduire.

J'aimais; il fut aisé, cruels, de me séduire !
Et c'est un crime affreux dont on doit vous punir,
Qu'à tant d'atrocité l'amour ait pu servir.
Dans mon aveuglement, que ma raison déplore,
Ce reste de raison m'éclaire au moins encore.
Il fait rougir mon front de l'abus détesté
Que vous avez tous fait de ma crédulité.
L'amour me fit coupable, et je ne veux plus l'être;
Je ne veux point servir les attentats d'un maître;
Je renonce à mes vœux, à ton crime, à ta foi;
Mes mains, mes propres mains s'armeront contre toi.
Frappe, et traîne dans Rome embrasée et fumante,
Pour ton premier exploit, ton épouse expirante;
Fais périr avec moi l'enfant infortuné
Que les dieux en courroux à mes vœux ont donné;
Et couvert de son sang, libre dans ta furie,
Barbare, assouvis-toi du sang de ta patrie.

CATILINA.

C'est donc là ce grand cœur, et qui me fut soumis ?
Ainsi vous vous rangez parmi mes ennemis ?
Ainsi dans la plus juste et la plus noble guerre
Qui jamais décida du destin de la terre,
Quand je brave un consul, et Pompée et Caton,
Mes plus grands ennemis seront dans ma maison ?
Les préjugés romains de votre faible père
Arment contre moi-même une épouse si chère ?
Et vous mêlez enfin la menace à l'effroi ?

AURÉLIE.

Je menace le crime... et je tremble pour toi.
Dans mes emportemens vois encor ma tendresse,

Frémis d'en abuser, c'est ma seule faiblesse.
Crains...

CATILINA.

Cet indigne mot n'est pas fait pour mon cœur.
Ne me parlez jamais de paix ni de terreur :
C'est assez m'offenser. Écoutez : je vous aime ;
Mais ne présumez pas que, m'oubliant moi-même,
J'immole à mon amour ces amis généreux,
Mon parti, mes desseins et l'empire avec eux.
Vous n'avez pas osé regarder la couronne ;
Jugez de mon amour, puisque je vous pardonne :
Mais sachez...

AURÉLIE.

La couronne où tendent tes desseins,
Cet objet du mépris du reste des Romains,
Va, je l'arracherais sur mon front affermie,
Comme un signe insultant d'horreur et d'infamie.
Quoi ! tu m'aimes assez pour ne te pas venger,
Pour ne me punir pas de t'oser outrager,
Pour ne pas ajouter ta femme à tes victimes?
Et moi, je t'aime assez pour arrêter tes crimes ;
Et je cours...

SCÈNE III.

CATILINA, CÉTHÉGUS, LENTULUS-SURA,
AURÉLIE, etc.

SURA.

C'en est fait, et nous sommes perdus ;
Nos amis sont trahis, nos projets confondus.

4.

Préneste entre nos mains n'a point été remise ;
Nonnius vient dans Rome ; il sait notre entreprise.
Un de nos confidens, dans Préneste arrêté,
A subi les tourmens, et n'a point résisté.
Nous avons trop tardé ; rien ne peut nous défendre,
Nonnius au sénat vient accuser son gendre.
Il va chez Cicéron qui n'est que trop instruit.

AURÉLIE.

Eh bien, de tes forfaits tu vois quel est le fruit !
Voilà ces grands desseins où j'aurais dû souscrire,
Ces destins de Sylla, ce trône, cet empire !
Es-tu désabusé*? tes yeux sont-ils ouverts ?

CATILINA, *après un moment de silence.*

Je ne m'attendais pas à ce nouveau revers.
Mais... me trahiriez-vous ?

AURÉLIE.

Je le devrais peut-être.
Je devrais servir Rome, en la vengeant d'un traître :
Nos dieux m'en avoueraient. Je ferai plus ; je veux
Te rendre à ton pays, et vous sauver tous deux.
Ce cœur n'a pas toujours la faiblesse en partage.
Je n'ai point tes fureurs, mais j'aurai ton courage ;
L'amour en donne au moins. J'ai prévu le danger,
Ce danger est venu, je veux le partager.
Je vais trouver mon père ; il faudra que j'obtienne
Qu'il m'arrache la vie, ou qu'il sauve la tienne.
Il m'aime, il est facile, il craindra devant moi
D'armer le désespoir d'un gendre tel que toi.
J'irai parler de paix à Cicéron lui-même.
Ce consul qui te craint, ce sénat où l'on t'aime,

ACTE III, SCÈNE III.

Où César te soutient, où ton nom est puissant,
Se tiendront trop heureux de te croire innocent.
On pardonne aisément à ceux qui sont à craindre.
Repens-toi seulement, mais repens-toi sans feindre;
Il n'est que ce parti quand on est découvert :
Il blesse ta fierté, mais tout autre te perd, [dre,
Et je te donne au moins, quoi qu'on puisse entrepren-
Le temps de quitter Rome, ou d'oser t'y défendre.
Plus de reproche ici sur tes complots pervers;
Coupable, je t'aimais; malheureux, je te sers :
Je mourrai pour sauver et tes jours et ta gloire.
Adieu : Catilina doit apprendre à me croire :
Je l'avais mérité.

CATILINA, *l'arrêtant.*

Que faire, et quel danger?
Écoutez... le sort change, il me force à changer...
Je me rends... je vous cède... il faut vous satisfaire...
Mais... songez qu'un époux est pour vous plus qu'un
Et que dans le péril dont nous sommes pressés, [père,
Si je prends un parti, c'est vous qui m'y forcez.

AURÉLIE.

Je me charge de tout, fût-ce encor de ta haine.
Je te sers, c'est assez. Fille, épouse et Romaine,
Voilà tous mes devoirs, je les suis; et le tien
Est d'égaler un cœur aussi pur que le mien.

SCÈNE IV.

CATILINA, CÉTHÉGUS, affranchis, LENTULUS-SURA.

SURA.

Est-ce Catilina que nous venons d'entendre?
N'es-tu de Nonnius que le timide gendre?
Esclave d'une femme, et d'un seul mot troublé,
Ce grand cœur s'est rendu sitôt qu'elle a parlé.

CÉTHÉGUS.

Non, tu ne peux changer : ton génie invincible,
Animé par l'obstacle, en sera plus terrible.
Sans ressource à Préneste, accusés au sénat,
Nous pourrions être encor les maîtres de l'état;
Nous le ferions trembler, même dans les supplices.
Nous avons trop d'amis, trop d'illustres complices,
Un parti trop puissant, pour ne pas éclater.

SURA.

Mais avant le signal on peut nous arrêter.
C'est lorsque dans la nuit le sénat se sépare,
Que le parti s'assemble, et que tout se déclare.
Que faire?

CÉTHÉGUS, *à Catilina.*
Tu te tais, et tu frémis d'effroi?

CATILINA.

Oui, je frémis du coup que mon sort veut de moi.

SURA.

J'attends peu d'Aurélie; et dans ce jour funeste,
Vendre cher notre vie est tout ce qui nous reste.

ACTE III, SCÈNE V.

CATILINA.

Je compte les momens, et j'observe les lieux.
Aurélie, en flattant ce vieillard odieux,
En le baignant de pleurs, en lui demandant grace,
Suspendra pour un temps sa course et sa menace.
Cicéron, que j'alarme, est ailleurs arrêté ;
C'en est assez, amis, tout est en sûreté.
Qu'on transporte soudain les armes nécessaires ;
Armez tout, affranchis, esclaves et sicaires ;
Débarrassez l'amas de ces lieux souterrains,
Et qu'il en reste encore assez pour mes desseins.
Vous, fidèle affranchi, brave et prudent Septime,
Et vous, cher Martian, qu'un même zèle anime,
Observez Aurélie, observez Nonnius :
Allez; et dans l'instant qu'ils ne se verront plus,
Abordez-le en secret de la part de sa fille ;
Peignez-lui son danger, celui de sa famille ;
Attirez-le en parlant vers ce détour obscur
Qui conduit au chemin de Tibur et d'Anxur :
Là, saisissant tous deux le moment favorable,
Vous... Ciel ! que vois-je ?

SCÈNE V.

CICÉRON, LES PRÉCÉDENS.

CICÉRON.

                Arrête, audacieux coupable ;
Où portes-tu tes pas ? Vous, Céthégus, parlez...
Sénateurs, affranchis, qui vous a rassemblés ?

CATILINA.

Bientôt dans le sénat nous pourrons te l'apprendre.

CÉTHÉGUS.

De ta poursuite vaine on saura s'y défendre.

SURA.

Nous verrons si, toujours prompt à nous outrager,
Le fils de Tullius nous ose interroger.

CICÉRON.

J'ose au moins demander qui sont ces téméraires.
Sont-ils ainsi que vous des Romains consulaires
Que la loi de l'état me force à respecter,
Et que le sénat seul ait le droit d'arrêter?
Qu'on les charge de fers; allez, qu'on les entraîne.

CATILINA.

C'est donc toi qui détruis la liberté romaine?
Arrêter des Romains sur tes lâches soupçons!

CICÉRON.

Ils sont de ton conseil, et voilà mes raisons.
Vous-même, frémissez. Licteurs, qu'on m'obéisse.

(On emmène Septime et Martian.)

CATILINA.

Implacable ennemi, poursuis ton injustice;
Abuse de ta place, et profite du temps.
Il faudra rendre compte, et c'est où je t'attends.

CICÉRON.

Qu'on fasse à l'instant même interroger ces traîtres.
Va, je pourrai bientôt traiter ainsi leurs maîtres.
J'ai mandé Nonnius : il sait tous tes desseins.
J'ai mis Rome en défense, et Préneste en mes mains.
Nous verrons qui des deux emporte la balance,

Ou de ton artifice, ou de ma vigilance.
Je ne te parle plus ici de repentir ;
Je parle de supplice, et veux t'en avertir.
Avec les assassins, sur qui tu te reposes,
Viens t'asseoir au sénat, et suis-moi, si tu l'oses.

SCÈNE VI.

CATILINA, CÉTHÉGUS, LENTULUS-SURA.

CÉTHÉGUS.

Faut-il donc succomber sous les puissans efforts
D'un bras habile et prompt qui rompt tous nos ressorts?
Faut-il qu'à Cicéron le sort nous sacrifie ?

CATILINA.

Jusqu'au dernier moment ma fureur le défie.
C'est un homme alarmé, que son trouble conduit,
Qui cherche à tout apprendre, et qui n'est pas instruit :
Nos amis arrêtés vont accroître ses peines ;
Ils sauront l'éblouir de clartés incertaines.
Dans ce billet fatal César est accusé.
Le sénat en tumulte est déja divisé.
Mallius et l'armée aux portes vont paraître.
Vous m'avez cru perdu ; marchez, et je suis maître.

SURA.

Nonnius du consul éclaircit les soupçons.

CATILINA.

Il ne le verra pas, c'est moi qui t'en réponds.
Marchez, dis-je ; au sénat parlez en assurance,
Et laissez-moi le soin de remplir ma vengeance.
Allons... Où vais-je ?

CÉTHÉGUS.
Eh bien?
CATILINA.
Aurélie! ah, grands dieux!
Qu'allez-vous ordonner de ce cœur furieux*?
Écartez-la surtout. Si je la vois paraître,
Tout prêt à vous servir, je tremblerai peut-être.

FIN DU TROISIÈME ACTE.

ACTE QUATRIÈME.

SCÈNE I.

Le théâtre doit représenter le lieu préparé pour le sénat. Cette salle laisse voir une partie de la galerie qui conduit du palais d'Aurélie au temple de Tellus. Un double rang de siéges forme un cercle dans cette salle ; le siége de Cicéron, plus élevé, est au milieu.

CÉTHÉGUS, LENTULUS-SURA, *retirés vers le devant.*

SURA.

Tous ces pères de Rome au sénat appelés,
Incertains de leur sort, et de soupçons troublés,
Ces monarques tremblans tardent bien à paraître.

CÉTHÉGUS.

L'oracle des Romains, ou qui du moins croit l'être,
Dans d'impuissans travaux sans relâche occupé,
Interroge Septime, et, par ses soins trompé,
Il a retardé tout par ses fausses alarmes.

SURA.

Plût au ciel que déja nous eussions pris les armes !
Je crains, je l'avouerai, cet esprit du sénat,
Ces préjugés sacrés de l'amour de l'état,
Cet antique respect, et cette idolâtrie
Que réveille en tout temps le nom de la patrie.

CÉTHÉGUS.

La patrie est un nom sans force et sans effet ;
On le prononce encor, mais il n'a plus d'objet.
Le fanatisme usé des siècles héroïques
Se conserve, il est vrai, dans des ames stoïques ;
Le reste est sans vigueur ou fait des vœux pour nous
Cicéron, respecté, n'a fait que des jaloux ;
Caton est sans crédit ; César nous favorise :
Défendons-nous ici, Rome sera soumise.

SURA.

Mais si Catilina, par sa femme séduit,
De tant de nobles soins nous ravissait le fruit !
Tout homme a sa faiblesse, et cette ame hardie
Reconnaît en secret l'ascendant d'Aurélie.
Il l'aime, il la respecte, il pourra lui céder.

CÉTHÉGUS.

Sois sûr qu'à son amour il saura commander.

SURA.

Mais tu l'as vu frémir ; tu sais ce qu'il en coûte
Quand de tels intérêts...

CÉTHÉGUS, *en le tirant à part.*

Caton approche, écoute.

(Lentulus et Céthégus s'asseyent à un bout de la salle.

SCÈNE II.

CATON *entre au sénat avec* LUCULLUS, CRASSUS, FAVONIUS, CLODIUS, MURÉNA, CÉSAR, CATULLUS, MARCELLUS, ETC.

CATON, *en regardant les deux conjurés.*
Lucullus, je me trompe, ou ces deux confidens
S'occupent en secret de soins trop importans.
Le crime est sur leur front, qu'irrite ma présence.
Déja la trahison marche avec arrogance.
Le sénat qui la voit cherche à dissimuler.
Le démon de Sylla semble nous aveugler.
L'ame de ce tyran dans le sénat respire.

CÉTHÉGUS.
Je vous entends assez, Caton; qu'osez-vous dire?

CATON, *en s'asseyant, tandis que les autres prennent place.*
Que les dieux du sénat, les dieux de Scipion,
Qui contre toi peut-être ont inspiré Caton,
Permettent quelquefois les attentats des traîtres;
Qu'ils ont à des tyrans asservi nos ancêtres;
Mais qu'ils ne mettront pas en de pareilles mains
La maîtresse du monde et le sort des humains.
J'ose encore ajouter que son puissant génie,
Qui n'a pu qu'une fois souffrir la tyrannie,
Pourra dans Céthégus et dans Catilina
Punir tous les forfaits qu'il permit à Sylla.

CÉSAR.
Caton, que faites-vous? et quel affreux langage!

Toujours votre vertu s'explique avec outrage.
Vous révoltez les cœurs, au lieu de les gagner.
(César s'assied.)

CATON, *à César.*

Sur les cœurs corrompus vous cherchez à régner.
Pour les séditieux César toujours facile
Conserve en nos périls un courage tranquille.

CÉSAR.

Caton, il faut agir dans les jours des combats;
Je suis tranquille ici, ne vous en plaignez pas.

CATON.

Je plains Rome, César, et je la vois trahie.
O ciel! pourquoi faut-il qu'aux climats de l'Asie,
Pompée, en ces périls, soit encore arrêté?

CÉSAR.

Quand César est pour vous, Pompée est regretté?

CATON.

L'amour de la patrie anime ce grand homme.

CÉSAR.

Je lui dispute tout, jusqu'à l'amour de Rome.

SCÈNE III.

CICÉRON, *arrivant avec précipitation; tous les sénateurs se lèvent.*

Ah! dans quels vains débats perdez-vous ces instans?
Quand Rome à son secours appelle ses enfans,
Qu'elle vous tend les bras, et que ses sept collines
Se couvrent à vos yeux de meurtres, de ruines,

Qu'on a déja donné le signal des fureurs,
Qu'on a déja versé le sang des sénateurs ?

LUCULLUS.

O ciel !

CATON.

Que dites-vous ?

CICÉRON, *debout*.

J'avais d'un pas rapide
Guidé des chevaliers la cohorte intrépide,
Assuré des secours aux postes menacés,
Armé les citoyens avec ordre placés.
J'interrogeais chez moi ceux qu'en ce trouble extrême
Aux yeux de Céthégus j'avais surpris moi-même.
Nonnius, mon ami, ce vieillard généreux,
Cet homme incorruptible, en ces temps malheureux,
Pour sauver Rome et vous, arrive de Préneste.
Il venait m'éclairer dans ce trouble funeste,
M'apprendre jusqu'aux noms de tous les conjurés,
Lorsque de notre sang deux monstres altérés,
A coups précipités frappent ce cœur fidèle,
Et font périr en lui tout le fruit de mon zèle.
Il tombe mort; on court, on vole, on les poursuit;
Le tumulte, l'horreur, les ombres de la nuit,
Le peuple qui se presse, et qui se précipite,
Leurs complices enfin favorisent leur fuite.
J'ai saisi l'un des deux qui, le fer à la main,
Égaré, furieux, se frayait un chemin :
Je l'ai mis dans les fers, et j'ai su que ce traître
Avait Catilina pour complice et pour maître.

(Cicéron s'assied avec le sénat.)

SCÈNE IV.

CATILINA, *debout entre* CATON et CÉSAR.

(Céthégus est auprès de César, le sénat assis.)

CATILINA.

Oui, sénat, j'ai tout fait, et vous voyez la main
Qui de votre ennemi vient de percer le sein.
Oui, c'est Catilina qui venge la patrie,
C'est moi qui d'un perfide ai terminé la vie.

CICÉRON.

Toi, fourbe? toi, barbare?

CATON.

                Oses-tu te vanter...

CÉSAR.

Nous pourrons le punir, mais il faut l'écouter.

CÉTHÉGUS.

Parle, Catilina, parle, et force au silence
De tous tes ennemis l'audace et l'éloquence.

CICÉRON.

Romains, où sommes-nous?

CATILINA.

                Dans les temps du malheur,
Dans la guerre civile, au milieu de l'horreur,
Parmi l'embrasement qui menace le monde,
Parmi des ennemis qu'il faut que je confonde,
Les neveux de Sylla, séduits par ce grand nom,
Ont osé de Sylla montrer l'ambition[x].
J'ai vu la liberté dans les cœurs expirante,
Le sénat divisé, Rome dans l'épouvante,

ACTE IV, SCÈNE IV.

Le désordre en tous lieux, et surtout Cicéron
Semant ici la crainte ainsi que le soupçon.
Peut-être il plaint les maux dont Rome est affligée :
Il vous parle pour elle ; et moi je l'ai vengée.
Par un coup effrayant je lui prouve aujourd'hui
Que Rome et le sénat me sont plus chers qu'à lui.
Sachez que Nonnius était l'ame invisible,
L'esprit qui gouvernait ce grand corps si terrible,
Ce corps de conjurés qui, des monts Apennins,
S'étend jusqu'où finit le pouvoir des Romains.
Les momens étaient chers, et les périls extrêmes.
Je l'ai su, j'ai sauvé l'état, Rome, et vous-mêmes.
Ainsi par un soldat fut puni Spurius [5] ;
Ainsi les Scipions ont immolé Gracchus.
Qui m'osera punir d'un si juste homicide ?
Qui de vous peut encor m'accuser ?

CICÉRON.

Moi, perfide !
Moi, qu'un Catilina se vante de sauver ;
Moi, qui connais ton crime, et qui vais le prouver.
Que ces deux affranchis viennent se faire entendre.
Sénat, voici la main qui mettait Rome en cendre ;
Sur un père de Rome il a porté ses coups ;
Et vous souffrez qu'il parle, et qu'il s'en vante à vous !
Vous souffrez qu'il vous trompe alors qu'il vous opprime,
Qu'il fasse insolemment des vertus de son crime !

CATILINA.

Et vous souffrez, Romains, que mon accusateur
Des meilleurs citoyens soit le persécuteur !
Apprenez des secrets que le consul ignore,

Et profitez-en tous, s'il en est temps encore.
Sachez qu'en son palais, et presque sous ces lieux,
Nonnius enfermait l'amas prodigieux
De machines, de traits, de lances et d'épées,
Que dans des flots de sang Rome doit voir trempées.
Si Rome existe encore, amis, si vous vivez,
C'est moi, c'est mon audace à qui vous le devez.
Pour prix de mon service, approuvez mes alarmes;
Sénateurs, ordonnez qu'on saisisse ces armes.

CICÉRON, *aux licteurs.*

Courez chez Nonnius, allez, et qu'à nos yeux
On amène sa fille en ces augustes lieux.
Tu trembles à ce nom¹

CATILINA.

Moi, trembler! je méprise
Cette ressource indigne où ta haine s'épuise.
Sénat, le péril croît, quand vous délibérez.
Eh bien! sur ma conduite êtes-vous éclairés?

CICÉRON.

Oui, je le suis, Romains, je le suis sur son crime.
Qui de vous peut penser qu'un vieillard magnanime
Ait formé de si loin ce redoutable amas,
Ce dépôt des forfaits et des assassinats?
Dans ta propre maison ta rage industrieuse
Craignait de mes regards la lumière odieuse.
De Nonnius trompé tu choisis le palais,
Et ton noir artifice y cacha tes forfaits.
Peut-être as-tu séduit sa malheureuse fille.
Ah! cruel, ce n'est pas la première famille
Où tu portas le trouble, et le crime, et la mort.

ACTE IV, SCÈNE IV.

Tu traites Rome ainsi : c'est donc là notre sort !
Et tout couvert d'un sang qui demande vengeance,
Tu veux qu'on t'applaudisse et qu'on te récompense !
Artisan de la guerre, affreux conspirateur,
Meurtrier d'un vieillard, et calomniateur,
Voilà tout ton service, et tes droits, et tes titres.
O vous des nations jadis heureux arbitres,
Attendez-vous ici, sans force et sans secours,
Qu'un tyran forcené dispose de vos jours ?
Fermerez-vous les yeux au bord des précipices ?
Si vous ne vous vengez, vous êtes ses complices.
Rome ou Catilina doit périr aujourd'hui.
Vous n'avez qu'un moment : jugez entre elle et lui.

CÉSAR.

Un jugement trop prompt est souvent sans justice.
C'est la cause de Rome; il faut qu'on l'éclaircisse.
Aux droits de nos égaux est-ce à nous d'attenter ?
Toujours dans ses pareils il faut se respecter.
Trop de sévérité tient de la tyrannie.

CATON.

Trop d'indulgence ici tient de la perfidie.
Quoi ! Rome est d'un côté, de l'autre un assassin,
C'est Cicéron qui parle, et l'on est incertain ?

CÉSAR.

Il nous faut une preuve; on n'a que des alarmes.
Si l'on trouve en effet ces parricides armes,
Et si de Nonnius le crime est avéré,
Catilina nous sert, et doit être honoré [6].
 (à Catilina.)
Tu me connais : en tout je te tiendrai parole.

5.

CICÉRON.

O Rome! ô ma patrie! ô dieux du Capitole !
Ainsi d'un scélérat un héros est l'appui!
Agissez-vous pour vous, en nous parlant pour lui?
César, vous m'entendez; et Rome trop à plaindre
N'aura donc désormais que ses enfans à craindre?

CLODIUS.

Rome est en sûreté; César est citoyen.
Qui peut avoir ici d'autre avis que le sien?

CICÉRON.

Clodius, achevez : que votre main seconde
La main qui prépara la ruine du monde.
C'en est trop, je ne vois dans ces murs menacés
Que conjurés ardens et citoyens glacés.
Catilina l'emporte, et sa tranquille rage,
Sans crainte et sans danger, médite le carnage.
Au rang des sénateurs il est encore admis;
Il proscrit le sénat, et s'y fait des amis;
Il dévore des yeux le fruit de tous ses crimes :
Il vous voit, vous menace, et marque ses victimes :
Et lorsque je m'oppose à tant d'énormités,
César parle de droits et de formalités;
Clodius à mes yeux de son parti se range;
Aucun ne veut souffrir que Cicéron le venge.
Nonnius par ce traître est mort assassiné.
N'avons-nous pas sur lui le droit qu'il s'est donné?
Le devoir le plus saint, la loi la plus chérie,
Est d'oublier la loi pour sauver la patrie.
Mais vous n'en avez plus.

SCÈNE V.

LE SÉNAT, AURÉLIE.

AURÉLIE.

O vous, sacrés vengeurs,
Demi-dieux sur la terre, et mes seuls protecteurs,
Consul, auguste appui qu'implore l'innocence,
Mon père par ma voix vous demande vengeance :
J'ai retiré ce fer enfoncé dans son flanc.
(en voulant se jeter aux pieds de Cicéron, qui la relève.)
Mes pleurs mouillent vos pieds arrosés de son sang.
Secourez-moi, vengez ce sang qui fume encore,
Sur l'infâme assassin que ma douleur ignore.

CICÉRON, *en montrant Catilina.*

Le voici.

AURÉLIE.

Dieux!

CICÉRON.

C'est lui, lui qui l'assassina,
Qui s'en ose vanter.

AURÉLIE.

O ciel! Catilina!
L'ai-je bien entendu? Quoi! monstre sanguinaire!
Quoi! c'est toi, c'est ta main qui massacra mon père?
(Des licteurs la soutiennent.)

CATILINA, *se tournant vers Céthégus, et se jetant éperdu entre ses bras.*

Quel spectacle, grands dieux! je suis trop bien puni.

CETHÉGUS.

A ce fatal objet quel trouble t'a saisi?
Aurélie à nos pieds vient demander vengeance:
Mais si tu servis Rome, attends ta récompense.

CATILINA, *se tournant vers Aurélie.*

Aurélie, il est vrai... qu'un horrible devoir...
M'a forcé... Respectez mon cœur, mon désespoir...
Songez qu'un nœud plus saint et plus inviolable...

SCÈNE VI.

LE SÉNAT, AURÉLIE; LE CHEF DES LICTEURS.

LE CHEF DES LICTEURS.

Seigneur, on a saisi ce dépôt formidable.

CICÉRON.

Chez Nonnius?

LE CHEF.

Chez lui. Ceux qui sont arrêtés
N'accusent que lui seul de tant d'iniquités.

AURÉLIE.

O comble de la rage et de la calomnie!
On lui donne la mort: on veut flétrir sa vie!
Le cruel dont la main porta sur lui les coups...

CICÉRON.

Achevez.

AURÉLIE.

Justes dieux! où me réduisez-vous?

CICÉRON.

Parlez; la vérité dans son jour doit paraître.

ACTE IV, SCÈNE VI.

Vous gardez le silence à l'aspect de ce traître !
Vous baissez devant lui vos yeux intimidés !
Il frémit devant vous ! Achevez, répondez.

AURÉLIE.

Ah ! je vous ai trahis ; c'est moi qui suis coupable.

CATILINA.

Non, vous ne l'êtes point...

AURÉLIE.

Va, monstre impitoyable ;
Va, ta pitié m'outrage, elle me fait horreur.
Dieux ! j'ai trop tard connu ma détestable erreur.
Sénat, j'ai vu le crime, et j'ai tu les complices ;
Je demandais vengeance, il me faut des supplices.
Ce jour menace Rome, et vous et l'univers.
Ma faiblesse a tout fait, et c'est moi qui vous perds.
Traître, qui m'as conduite à travers tant d'abymes,
Tu forças ma tendresse à servir tous tes crimes.
Périsse, ainsi que moi, le jour, l'horrible jour
Où ta rage a trompé mon innocent amour !
Ce jour où malgré moi, secondant ta furie,
Fidèle à mes sermens, perfide à ma patrie,
Conduisant Nonnius à cet affreux trépas,
Et, pour mieux l'égorger, le pressant dans mes bras,
J'ai présenté sa tête à ta main sanguinaire !

(*Tandis qu'Aurélie parle au bout du théâtre, Cicéron est assis, plongé dans la douleur.*)

Murs sacrés, dieux vengeurs, sénat, mânes d'un père,
Romains, voilà l'époux dont j'ai suivi la loi,
Voilà votre ennemi... Perfide, imite-moi.

(*Elle se frappe.*)

CATILINA.

Où suis-je? malheureux!

CATON.

O jour épouvantable!

CICÉRON, *se levant.*

Jour trop digne en effet d'un siècle si coupable!

AURÉLIE.

Je devais... un billet remis entre vos mains...
Consul... de tous côtés je vois vos assassins...
Je me meurs...

(On emmène Aurélie.)

CICÉRON.

S'il se peut, qu'on la secoure, Aufide;
Qu'on cherche cet écrit. En est-ce assez, perfide?
Sénateurs, vous tremblez, vous ne vous joignez pas
Pour venger tant de sang et tant d'assassinats?
Il vous impose encor? Vous laissez impunie
La mort de Nonnius et celle d'Aurélie?

CATILINA.

Va, toi-même as tout fait; c'est ton inimitié
Qui me rend dans ma rage un objet de pitié :
Toi, dont l'ambition de la mienne rivale,
Dont la fortune heureuse à mes destins fatale,
M'entraîna dans l'abyme où tu me vois plongé.
Tu causas mes fureurs, mes fureurs t'ont vengé.
J'ai haï ton génie, et Rome qui l'adore;
J'ai voulu ta ruine, et je la veux encore.
Je vengerai sur toi tout ce que j'ai perdu :
Ton sang paiera ce sang à tes yeux répandu : [traître,
Meurs en craignant la mort, meurs de la mort d'un

D'un esclave échappé que fait punir son maître.
Que tes membres sanglans, dans ta tribune épars,
Des inconstans Romains repaissent les regards.
Voilà ce qu'en partant ma douleur et ma rage
Dans ces lieux abhorrés te laissent pour présage;
C'est le sort qui t'attend et qui va s'accomplir,
C'est l'espoir qui me reste, et je cours le remplir.

CICÉRON.

Qu'on saisisse ce traître.

CÉTHÉGUS.

En as-tu la puissance?

SURA.

Oses-tu prononcer, quand le sénat balance?

CATILINA.

La guerre est déclarée; amis, suivez mes pas.
C'en est fait; le signal vous appelle aux combats.
Vous, sénat incertain, qui venez de m'entendre,
Choisissez à loisir le parti qu'il faut prendre.

(Il sort avec quelques sénateurs de son parti.)

CICÉRON.

Eh bien, choisissez donc, vainqueurs de l'univers,
De commander au monde, ou de porter des fers.
O grandeur des Romains! ô majesté flétrie!
Sur le bord du tombeau, réveille-toi, patrie!
Lucullus, Muréna, César même, écoutez!
Rome demande un chef en ces calamités;
Gardons l'égalité pour des temps plus tranquilles:
Les Gaulois sont dans Rome, il vous faut des Camilles!
Il faut un dictateur, un vengeur, un appui:
Qu'on nomme le plus digne, et je marche sous lui 7.

SCÈNE VII.

LE SÉNAT; LE CHEF DES LICTEURS.

LE CHEF DES LICTEURS.

Seigneur, en secourant la mourante Aurélie,
Que nos soins vainement rappelaient à la vie,
J'ai trouvé ce billet par son père adressé.

CICÉRON, *en lisant.*

Quoi! d'un danger plus grand l'état est menacé!
« César qui nous trahit veut enlever Préneste. »
Vous, César, vous trempiez dans ce complot funeste!
Lisez, mettez le comble à des malheurs si grands.
César, étiez-vous fait pour servir des tyrans?

CÉSAR.

J'ai lu, je suis Romain, notre perte s'annonce.
Le danger croît, j'y vole, et voilà ma réponse.
(Il sort.)

CATON.

Sa réponse est douteuse, il est trop leur appui.

CICÉRON.

Marchons, servons l'état contre eux et contre lui.
(à une partie des sénateurs.)
Vous, si les derniers cris d'Aurélie expirante,
Ceux du monde ébranlé, ceux de Rome sanglante,
Ont réveillé dans vous l'esprit de vos aïeux,
Courez au Capitole, et défendez vos dieux:
Du fier Catilina soutenez les approches.
Je ne vous ferai point d'inutiles reproches,
D'avoir pu balancer entre ce monstre et moi.

ACTE IV, SCÈNE VII.

(à d'autres sénateurs.)

Vous, sénateurs blanchis dans l'amour de la loi,
Nommez un chef enfin, pour n'avoir point de maîtres;
Amis de la vertu, séparez-vous des traîtres.

(Les sénateurs se séparent de Céthégus et de Lentulus-Sura.)

Point d'esprit de parti, de sentimens jaloux :
C'est par là que jadis Sylla régna sur nous.
Je vole en tous les lieux où vos dangers m'appellent,
Où de l'embrasement les flammes étincellent.
Dieux! animez ma voix, mon courage et mon bras,
Et sauvez les Romains, dussent-ils être ingrats!

FIN DU QUATRIÈME ACTE.

ACTE CINQUIÈME.

SCÈNE I.

CATON, et une partie des sénateurs, *debout, en habit de guerre.*

CLODIUS, *à Caton.*
Quoi ! lorsque défendant cette enceinte sacrée,
A peine aux factieux nous en fermons l'entrée,
Quand partout le sénat, s'exposant au danger,
Aux ordres d'un Samnite a daigné se ranger,
Cet altier plébéien nous outrage et nous brave !
Il sert un peuple libre, et le traite en esclave !
Un pouvoir passager est à peine en ses mains,
Il ose en abuser, et contre des Romains !
Contre ceux dont le sang a coulé dans la guerre !
Les cachots sont remplis des vainqueurs de la terre ;
Et cet homme inconnu, ce fils heureux du sort
Condamne insolemment ses maîtres à la mort [8] !
Catilina pour nous serait moins tyrannique ;
On ne le verrait point flétrir la république.
Je partage avec vous les malheurs de l'état ;
Mais je ne peux souffrir la honte du sénat.

CATON.
La honte, Clodius, n'est que dans vos murmures.
Allez de vos amis déplorer les injures ;

Mais sachez que le sang de nos patriciens,
Ce sang des Céthégus et des Cornéliens,
Ce sang si précieux, quand il devient coupable,
Devient le plus abject et le plus condamnable.
Regrettez, respectez ceux qui nous ont trahis;
On les mène à la mort, et c'est par mon avis.
Celui qui vous sauva les condamne au supplice.
De quoi vous plaignez-vous? est-ce de sa justice?
Est-ce elle qui produit cet indigne courroux?
En craignez-vous la suite, et la méritez-vous?
Quand vous devez la vie aux soins de ce grand homme,
Vous osez l'accuser d'avoir trop fait pour Rome!
Murmurez, mais tremblez; la mort est sur vos pas.
Il n'est pas encor temps de devenir ingrats.
On a dans les périls de la reconnaissance;
Et c'est le temps du moins d'avoir de la prudence.
Catilina paraît jusqu'au pied du rempart;
On ne sait point encor quel parti prend César,
S'il veut ou conserver ou perdre la patrie.
Cicéron agit seul, et seul se sacrifie;
Et vous considérez, entourés d'ennemis,
Si celui qui vous sert vous a trop bien servis!

CLODIUS.

Caton, plus implacable encor que magnanime,
Aime les châtimens plus qu'il ne hait le crime.
Respectez le sénat; ne lui reprochez rien.
Vous parlez en censeur; il nous faut un soutien.
Quand la guerre s'allume, et quand Rome est en cendre,
Les édits d'un consul pourront-ils nous défendre?
N'a-t-il contre une armée et des conspirateurs

Que l'orgueil des faisceaux et les mains des licteurs?
Vous parlez de dangers! Pensez-vous nous instruire
Que ce peuple insensé s'obstine à se détruire?
Vous redoutez César! Et qui n'est informé
Combien Catilina de César fut aimé?
Dans le péril pressant qui croît et nous obsède,
Vous montrez tous nos maux : montrez-vous le remède?

CATON.

Oui, j'ose conseiller, esprit fier et jaloux,
Que l'on veille à la fois sur César et sur vous.
Je conseillerais plus; mais voici votre père.

SCÈNE II.

CICÉRON, CATON; UNE PARTIE DES SÉNATEURS.

CATON, *à Cicéron.*

Viens, tu vois des ingrats. Mais Rome te défère
Les noms, les sacrés noms de père et de vengeur;
Et l'envie à tes pieds t'admire avec terreur.

CICÉRON.

Romains, j'aime la gloire, et ne veux point m'en taire;
Des travaux des humains c'est le digne salaire.
Sénat, en vous servant il la faut acheter :
Qui n'ose la vouloir n'ose la mériter.
Si j'applique à vos maux une main salutaire,
Ce que j'ai fait est peu, voyons ce qu'il faut faire.
Le sang coulait dans Rome : ennemis, citoyens,
Gladiateurs, soldats, chevaliers, plébéiens,
Étalaient à mes yeux la déplorable image

Et d'une ville en cendre et d'un champ de carnage :
La flamme, en s'élançant de cent toits dévorés,
Dans l'horreur du combat guidait les conjurés :
Céthégus et Sura s'avançaient à leur tête,
Ma main les a saisis ; leur juste mort est prête.
Mais quand j'étouffe l'hydre, il renaît en cent lieux :
Il faut fendre partout les flots des factieux.
Tantôt Catilina, tantôt Rome l'emporte.
Il marche au Quirinal, il s'avance à la porte ;
Et là, sur des amas de mourans et de morts,
Ayant fait à mes yeux d'incroyables efforts,
Il se fraye un passage, il vole à son armée.
J'ai peine à rassurer Rome entière alarmée.
Antoine, qui s'oppose au fier Catilina,
A tous ces vétérans aguerris sous Sylla,
Antoine, que poursuit notre mauvais génie,
Par un coup imprévu voit sa force affaiblie ;
Et son corps accablé, désormais sans vigueur,
Sert mal en ces momens les soins de son grand cœur ;
Pétréius étonné vainement le seconde.
Ainsi de tous côtés la maîtresse du monde,
Assiégée au dehors, embrasée au dedans,
Est cent fois en un jour à ses derniers momens.

CRASSUS.

Que fait César?

CICÉRON.

Il a, dans ce jour mémorable,
Déployé, je l'avoue, un courage imdomptable ;
Mais Rome exigeait plus d'un cœur tel que le sien.
Il n'est pas criminel, il n'est pas citoyen.

Je l'ai vu dissiper les plus hardis rebelles;
Mais bientôt, ménageant des Romains infidèles,
Il s'efforçait de plaire aux esprits égarés,
Aux peuples, aux soldats, et même aux conjurés;
Dans le péril horrible où Rome était en proie,
Son front laissait briller une secrète joie :
Sa voix d'un peuple entier sollicitant l'amour,
Semblait inviter Rome à le servir un jour.
D'un trop coupable sang sa main était avare.

CATON.

Je vois avec horreur tout ce qu'il nous prépare.
Je le redis encore et veux le publier,
De César en tout temps il faut se défier.

SCÈNE III.

LE SÉNAT, CÉSAR.

CÉSAR.

Hé bien! dans ce sénat, trop prêt à se détruire,
La vertu de Caton cherche encore à me nuire?
De quoi m'accuse-t-il?

CATON.

D'aimer Catilina,
De l'avoir protégé lorsqu'on le soupçonna,
De ménager encor ceux qu'on pouvait abattre,
De leur avoir parlé quand il fallait combattre.

CÉSAR.

Un tel sang n'est pas fait pour teindre mes lauriers.
Je parle aux citoyens, je combats les guerriers.

ACTE V, SCÈNE III.

CATON.

Mais tous ces conjurés, ce peuple de coupables,
Que sont-ils à vos yeux?

CÉSAR.

Des mortels méprisables.
A ma voix, à mes coups ils n'ont pu résister.
Qui se soumet à moi n'a rien à redouter.
C'est maintenant qu'on donne un combat véritable.
Des soldats de Sylla l'élite redoutable
Est sous un chef habile, et qui sait se venger.
Voici le vrai moment où Rome est en danger.
Pétréius est blessé, Catilina s'avance.
Le soldat sous les murs est à peine en défense.
Les guerriers de Sylla font trembler les Romains.
Qu'ordonnez-vous, consul, et quels sont vos desseins?

CICÉRON.

Les voici : que le ciel m'entende et les couronne!
Vous avez mérité que Rome vous soupçonne.
Je veux laver l'affront dont vous êtes chargé,
Je veux qu'avec l'état votre honneur soit vengé.
Au salut des Romains je vous crois nécessaire;
Je vous connais : je sais ce que vous pouvez faire,
Je sais quels intérêts vous peuvent éblouir :
César veut commander, mais il ne peut trahir.
Vous êtes dangereux, vous êtes magnanime.
En me plaignant de vous, je vous dois mon estime.
Partez; justifiez l'honneur que je vous fais.
Le monde entier sur vous a les yeux désormais.
Secondez Pétréius, et délivrez l'empire.
Méritez que Caton vous aime et vous admire.

Dans l'art des Scipions vous n'avez qu'un rival.
Nous avons des guerriers, il faut un général :
Vous l'êtes, c'est sur vous que mon espoir se fonde :
César, entre vos mains je mets le sort du monde.

CÉSAR, *en l'embrassant.*

Cicéron à César a dû se confier ;
Je vais mourir, seigneur, ou vous justifier.
(Il sort.)

CATON.

De son ambition vous allumez les flammes.

CICÉRON.

Va, c'est ainsi qu'on traite avec les grandes ames.
Je l'enchaîne à l'état en me fiant à lui ;
Ma générosité le rendra notre appui.
Apprends à distinguer l'ambitieux du traître.
S'il n'est pas vertueux, ma voix le force à l'être.
Un courage indompté, dans le cœur des mortels,
Fait ou les grands héros ou les grands criminels.
Qui du crime à la terre a donné les exemples,
S'il eût aimé la gloire, eût mérité des temples.
Catilina lui-même à tant d'horreurs instruit,
Eût été Scipion, si je l'avais conduit.
Je réponds de César, il est l'appui de Rome.
J'y vois plus d'un Sylla, mais j'y vois un grand homme.
(se tournant vers le chef des licteurs, qui entre en armes.)
Eh bien ! les conjurés ?

LE CHEF DES LICTEURS.

Seigneur, ils sont punis ;
Mais leur sang a produit de nouveaux ennemis.
C'est le feu de l'Etna qui couvait sous la cendre ;

Un tremblement de plus va partout le répandre ;
Et si de Pétréius le succès est douteux,
Ces murs sont embrasés, vous tombez avec eux.
Un nouvel Annibal nous assiége et nous presse ;
D'autant plus redoutable en sa cruelle adresse,
Que jusqu'au sein de Rome, et parmi ses enfans,
En creusant vos tombeaux, il a des partisans.
On parle en sa faveur dans Rome qu'il ruine ;
Il l'attaque au dehors, au dedans il domine ;
Tout son génie y règne, et cent coupables voix
S'élèvent contre vous, et condamnent vos lois.
Les plaintes des ingrats et les clameurs des traîtres
Réclament contre vous les droits de nos ancêtres,
Redemandent le sang répandu par vos mains :
On parle de punir le vengeur des Romains.

CLODIUS.

Vos égaux après tout, que vous deviez entendre,
Par vous seul condamnés, n'ayant pu se défendre,
Semblent autoriser...

CICÉRON.

   Clodius, arrêtez,
Renfermez votre envie et vos témérités ;
Ma puissance absolue est de peu de durée ;
Mais tant qu'elle subsiste elle sera sacrée.
Vous aurez tout le temps de me persécuter ;
Mais quand le péril dure il faut me respecter.
Je connais l'inconstance aux humains ordinaire ;
J'attends sans m'ébranler les retours du vulgaire.
Scipion, accusé sur des prétextes vains,
Remercia les dieux, et quitta les Romains.

Je puis en quelque chose imiter ce grand homme :
Je rendrai grace au ciel, et resterai dans Rome.
A l'état malgré vous j'ai consacré mes jours;
Et toujours envié je servirai toujours.

CATON.

Permettez que dans Rome encor je me présente,
Que j'aille intimider une foule insolente,
Que je vole au rempart, que du moins mon aspect
Contienne encor César, qui m'est toujours suspect.
Et si dans ce grand jour la fortune contraire...

CICÉRON.

Caton, votre présence est ici nécessaire.
Mes ordres sont donnés, César est au combat;
Caton de la vertu doit l'exemple au sénat.
Il en doit soutenir la grandeur expirante.
Restez... Je vois César, et Rome est triomphante.

(il court au devant de César.)

Ah! c'est donc par vos mains que l'état soutenu...

CÉSAR.

Je l'ai servi peut-être, et vous m'aviez connu.
Pétréius est couvert d'une immortelle gloire;
Le courage et l'adresse ont fixé la victoire.
Nous n'avons combattu sous ce sacré rempart,
Que pour ne rien laisser au pouvoir du hasard,
Que pour mieux enflammer des ames héroïques,
A l'aspect imposant de leurs dieux domestiques.
Métellus, Muréna, les braves Scipions,
Ont soutenu le poids de leurs augustes noms.
Ils ont aux yeux de Rome étalé le courage
Qui subjugua l'Asie et détruisit Carthage.

ACTE V, SCÈNE III.

Tous sont de la patrie et l'honneur et l'appui.
Permettez que César ne parle point de lui 9.
 Les soldats de Sylla, renversés sur la terre,
Semblent braver la mort et défier la guerre.
De tant de nations ces tristes conquérans
Menacent Rome encor de leurs yeux expirans.
Si de pareils guerriers la valeur nous seconde,
Nous mettrons sous nos lois ce qui reste du monde.
Mais il est, grace au ciel, encor de plus grands cœurs,
Des héros plus choisis, et ce sont leurs vainqueurs.
 Catilina, terrible au milieu du carnage,
Entouré d'ennemis immolés à sa rage,
Sanglant, couvert de traits et combattant toujours,
Dans nos rangs éclaircis a terminé ses jours.
Sur des morts entassés l'effroi de Rome expire.
Romain je le condamne, et soldat je l'admire.
J'aimai Catilina; mais vous voyez mon cœur,
Jugez si l'amitié l'emporte sur l'honneur.

CICÉRON.

Tu n'as point démenti mes vœux et mon estime.
Va, conserve à jamais cet esprit magnanime.
Que Rome admire en toi son éternel soutien.
Grands dieux! que ce héros soit toujours citoyen.
Dieux! ne corrompez pas cette ame généreuse,
Et que tant de vertu ne soit pas dangereuse.

FIN DE ROME SAUVÉE.

VARIANTES
DE LA TRAGÉDIE DE ROME SAUVÉE.

a Mais surtout que ne puis-je à mes vastes desseins
Du courageux César associer les mains !
. . . .

b Ce César que je crains, mon épouse que j'aime.
Il faut que l'artifice aiguise dans mes mains
Ce fer qui va nager dans le sang des Romains.
Aurélie à mon cœur en est encor plus chère ;
Sa tendresse docile, empressée à me plaire,
Est l'aveugle instrument d'un ouvrage d'horreurs.
Tout ce qui m'appartient doit servir mes fureurs.

c Crois-moi, quand il verra qu'avec lui je partage
De ces grands changemens le premier avantage,
La fière ambition qui couve dans son cœur
Lui parlera sans doute avec plus de hauteur.

d Ne me reproche rien : l'amour m'a bien servi.
C'est chez ce Nonnius, c'est chez mon ennemi,
Près des murs du sénat, sous la voûte sacrée,
Que de tous nos tyrans la perte est préparée.
Ce souterrain secret au sénat nous conduit :
C'est là qu'en sûreté j'ai moi-même introduit
Les armes, les flambeaux, l'appareil du carnage.
Du succès que j'attends mon hymen est le gage.
L'ami de Cicéron, l'austère Nonnius,
M'outragea trop long-temps par ses tristes vertus.
Contre lui-même enfin j'arme ici sa famille ;
Je séduis tous les siens, je lui ravis sa fille ;
Et sa propre maison, par un heureux effort,
Est un rempart secret d'où va partir la mort.
Préneste en ce jour même à mon ordre est remise.
Nonnius arrêté dans Préneste soumise,
Saura, quand il verra l'univers embrasé,
Quel gendre et quel ami le lâche a refusé.

VARIANTES DE ROME SAUVÉE.

e
CATILINA.
Ma sûreté, la vôtre, et la cause commune,
Exigent ces apprêts qui vous glacent d'effroi ;
Mais vous, si vous songez que vous êtes à moi,
Tremblez que d'un coup d'œil l'indiscrète imprudence
Ose de votre époux trahir la confiance.

f
AURÉLIE.
Vous nous perdez tous deux ; tout sera reconnu.
CATILINA.
Croyez-moi, dans Préneste il sera retenu.
AURÉLIE.
Qui ? mon père ! osez-vous... que votre ame amollie...
CATILINA.
Vous l'affaiblissez trop : je vous aime, Aurélie ;
Mais que votre intérêt s'accorde avec le mien ;
Lorsque j'agis pour vous ne me reprochez rien :
Ce qui fait aujourd'hui votre crainte mortelle
Sera pour vous de gloire une source éternelle.

g Allez ; Catilina ne craint point les augures.
Étouffez le reproche, et cessez vos murmures ;
Ils me percent le cœur, mais ils sont superflus.
(Il prend sur la table le papier qu'il écrivait, et le donne à un soldat qu'il fait approcher.)
Vous, portez cet écrit au camp de Mallius.
(à un autre.)
Vous, courez vers Lecca, dans les murs de Préneste ;
Des vétérans dans Rome observez ce qui reste.
Allez : je vous joindrai quand il en sera temps ;
Songez qui vous servez, et gardez vos sermens.
(Les soldats sortent.)
AURÉLIE.
Vous me faites frémir ; chaque mot est un crime.
CATILINA.
Croyez qu'un prompt succès rendra tout légitime :
Que je sers et l'état, et vous, et mes amis.

h
AURÉLIE.
. . . .
Tu te perdras ; déja ta conduite est suspecte
A ce consul sévère et que Rome respecte ;
Je le crains ; son génie est au tien trop fatal.

CATILINA.

Ne vous abaissez pas à craindre mon rival ;
Allez, souvenez-vous que vos nobles ancêtres...

i C'est ainsi que s'explique un reste de pitié.
A l'aspect des faisceaux dont le peuple m'honore,
Je sais quel vain dépit vous presse et vous dévore ;
Je sais dans quels excès, dans quels égaremens,
Vous ont précipité vos fiers ressentimens.
Concurrent malheureux à cette place insigne,
Pour me la disputer il en faut être digne.
La valeur d'un soldat, le rang de vos aïeux...

k Les soupçons du sénat sont assez légitimes.
Je ne veux point vous perdre, et malgré tous vos crimes,
Je vous protégerai si vous vous repentez ;
Mais vous êtes perdu si vous me résistez.
A qui parlé-je enfin ? faut-il que je vous nomme
Un des pères du monde, ou l'opprobre de Rome ?
Profitez des momens qui vous sont accordés :
Tout est entre vos mains ; choisissez, répondez.

Comme la scene entre Caton et Cicéron précédait la scène entre Catilina et Cicéron, celle-ci était suivie de ce monologue, et d'une scène entre Céthégus et Catilina, alors la troisième du second acte, et qui en est actuellement la première avec des changemens.

CATILINA, *seul.*

Ne crois pas m'échapper, consul que je dédaigne :
Tyran par la parole, il faut finir ton règne.
Ton sénat factieux voit d'un œil courroucé
Un citoyen samnite à sa tête placé ;
Ce sénat, qui lui-même à mes traits est en butte,
Me prêtera les mains pour avancer ta chute.
Va, de tous mes desseins tu n'es pas éclairci,
Et ce n'est pas Verrès que tu combats ici.

CATILINA, CÉTHÉGUS.

CATILINA.

Céthégus, l'heure approche où cette main hardie

Doit de Rome et du monde allumer l'incendie,
Tout presse.

CÉTHÉGUS.

Tout m'alarme, il faudrait commencer.
J'écoutais Cicéron, et j'allais le percer,
Si j'avais remarqué qu'il eût eu des indices
Des dangers qu'il soupçonne et du nom des complices.
Il sera dans une heure instruit de ton dessein.

CATILINA.

En recevant le coup il connaîtra la main.
Une heure me suffit pour mettre Rome en cendre.
Que fera Cicéron ? Que peut-il entreprendre ?
Que crains-tu du sénat ? Ce corps faible et jaloux
Avec joie en secret s'abandonne à nos coups.
Ce sénat divisé, ce monstre à tant de têtes,
Si fier de sa noblesse, et plus de ses conquêtes,
Voit avec les transports de l'indignation
Les souverains des rois respecter Cicéron.
Lucullus, Clodius, les Nérons, César même,
Frémissent comme nous de sa grandeur suprême.
Il a dans le sénat plus d'ennemis que moi.
Clodius en secret m'engage enfin sa foi :
Et nous avons pour nous l'absence de Pompée.
J'attends tout de l'envie et tout de mon épée.
C'est un homme expirant qu'on voit d'un faible effort
Se débattre, et tomber dans les bras de la mort.
Je ne crains que César, et peut-être Aurélie.
. . . .

CÉTHÉGUS.

Aurélie, en effet, a trop ouvert les yeux.
Ses cris et ses remords importunent les dieux.
Pour ce mystère affreux son ame est trop peu faite ;
Mais tu sais gouverner sa tendresse inquiète.
Ne pensons qu'à César : nos femmes, nos enfans
Ne doivent point troubler ces terribles momens.
César trahirait-il Catilina qu'il aime ?

CATILINA.

Je ne sais : mais César n'agit que pour lui-même.

CÉTHÉGUS.

Dans le rang des proscrits faut-il placer son nom ?
Faut-il confondre enfin César et Cicéron ?

VARIANTES

CATILINA.

Sans doute il le faudra, si par un artifice
Je ne peux réussir à m'en faire un complice,
Si des soupçons secrets, avec soin répandus,
Ne produisent bientôt les effets attendus;
Si d'un consul trompé la prudence ombrageuse
N'irrite de César la fierté courageuse;
En un mot si mes soins ne peuvent le fléchir,
Si César est à craindre, il faut s'en affranchir.
Enfin je vais m'ouvrir à cette ame profonde,
Voir s'il faut qu'il périsse, ou bien qu'il me seconde.

CÉTHÉGUS.

Et moi je vais presser ceux dont le sûr appui
Nous servira peut-être à nous venger de lui.
. . . .

l CICÉRON.

Il est trop vrai, Caton, nous méritons des maîtres;
Nous dégénérons trop des mœurs de nos ancêtres;
Le luxe et l'avarice ont préparé nos fers.
Les vices des Romains ont vengé l'univers.
La vertu disparaît, la liberté chancelle;
Mais Rome a des Catons, j'espère encor pour elle.

CATON.

Que me sert la justice? elle a trop d'ennemis;
Et je vois trop d'ingrats que vous avez servis.
Il en est au sénat.

CICÉRON.
Qu'importe ce qu'il pense?
Les regards de Caton seront ma récompense.

m Et moi, Catilina.
De brigues, de complots, de nouveautés avide,
Vaste dans ses projets, dans le crime intrépide,
Plus que César encor je le crois dangereux,
Beaucoup plus téméraire et bien moins généreux.
Avec art quelquefois, souvent à force ouverte,
Vain rival de ma gloire, il conspira ma perte.
Aujourd'hui qu'il médite un plus grand attentat,
Je ne crains rien pour moi, je crains tout pour l'état.
Je vois sa trahison, j'en cherche les complices;
Tous ses crimes passés sont mes premiers indices.

DE ROME SAUVÉE.

Il faut tout prévenir. Des chevaliers romains
Déja du Champ-de-Mars occupent les chemins.
J'ai placé Pétréius à la porte Colline,
Je mets en sûreté Préneste et Terracine.
J'observe le perfide en tous temps, en tous lieux.
Je sais que ce matin ses amis odieux
L'accompagnaient en foule au lieu même où nous sommes...
Martian l'affranchi, ministre des forfaits,
S'est échappé soudain, chargé d'ordres secrets.
Ai-je enfin sur ce monstre un soupçon légitime?

CATON.

Votre œil inévitable a démêlé le crime ;
Mais surtout redoutez César et Clodius...
Clodius, implacable en sa sombre furie,
Jaloux de vos honneurs, hait en vous la patrie.
Du fier Catilina tous deux sont les amis.
Je crains pour les Romains trois tyrans réunis.
L'armée est en Asie et le crime est dans Rome ;
Mais pour sauver l'état il suffit d'un grand homme.

CICÉRON.

Sylla poursuit encor cet état déchiré ;
Je le vois tout sanglant, mais non désespéré.
J'attends Catilina : son ame inquiétée [1]
Semble depuis deux jours incertaine, agitée ;
Peut-être qu'en secret il redoute aujourd'hui
La grandeur d'un dessein trop au dessus de lui.
Reconnu, découvert, il tremblera peut-être.
La crainte quelquefois peut ramener un traître.
Toi, ferme et noble appui de notre liberté,
Va de nos vrais Romains ranimer la fierté :
Rallume leur courage au feu de ton génie,
Et fais en paraissant trembler la tyrannie.

n Qu'à cet espoir frivole il reste abandonné.
Conjuré sans génie et soldat intrépide,
Il est fait pour servir sous la main qui le guide.

o Quels triomphes encore ont signalé ta vie ?
Pour oser dompter Rome il faut l'avoir servie.

---

[1] Cette scène entre Caton et Cicéron précédait, dans les premières éditions, la scène entre Cicéron et Catilina, et commençait le second acte.

Marius a régné : peut-être quelque jour
Je pourrai des Romains triompher à mon tour.
Mais avant d'obtenir une telle victoire...
. . . .

p Et s'il en est l'appui, qu'il en soit la victime.
Plus César devient grand, moins je dois l'épargner ;
Et je n'ai point d'amis alors qu'il faut régner.
Sylla, dont il me parle, et qu'il prend pour modèle,
Qu'était-il, après tout, qu'un général rebelle ?
Il avait une armée, et j'en forme aujourd'hui ;
Il m'a fallu créer ce qui s'offrait à lui ;
Il profita des temps, et moi je les fais naître ;
Il subjugua vingt rois, je vais dompter leur maître.
C'est là mon premier pas : le sénat va périr,
Et César n'aura point le temps de le servir.

q ... « La mort trop long-temps épargna mes vieux jours.
« Vous seule, fille ingrate, en terminez le cours.
« De nos cruels tyrans vous servez la furie :
« Catilina, César, ont trahi la patrie.
« Pour comble de malheur un traître vous séduit.
« Le fléau de l'état l'est donc de ma famille ?
« Frémissez, malheureuse ; un père trop instruit
« Vient sauver, s'il le peut, sa patrie et sa fille. »

r Il n'est plus temps de feindre, il faut tout éclaircir ;
Je vais armer le monde, et c'est pour ma défense.
On poursuit mon trépas ; je poursuis ma vengeance.
J'ai lieu de me flatter que tous mes ennemis
Vont périr à mes pieds, ou vont ramper soumis ;
Et mon seul déplaisir est de voir votre père
Jeté par son destin dans le parti contraire.
Mais un père à vos yeux est-il plus qu'un époux ?
Osez-vous me chérir ? puis-je compter sur vous ?

AURÉLIE.
Eh bien ! qu'exiges-tu ?
CATILINA.
Qu'à mon sort engagée,
Votre ame soit plus ferme et soit moins partagée.
Souvenez-vous surtout que vous m'avez promis
De ne trahir jamais ni moi ni mes amis.

AURÉLIE.

Je te le jure encor : va, crois-en ma tendresse;
Elle n'a pas besoin de nouvelle promesse.
Quand tu reçus ma foi, tu sais qu'en ces momens
Le serment que je fis valut tous les sermens.
Ah! quelques attentats que ta fureur prépare,
Je ne puis te trahir... ni t'approuver, barbare.

CATILINA.

Vous approuverez tout, lorsque nos ennemis
Viendront à vos genoux, désarmés et soumis,
Implorer en tremblant la clémence d'un homme
Dont dépendra leur vie et le destin de Rome.
Laissez-moi préparer ma gloire et vos grandeurs;
Espérez tout; allez.

AURÉLIE.

Laisse-moi mes terreurs.
Tu n'es qu'ambitieux, je ne suis que sensible,
Et je vois mieux que toi dans quel état horrible
Tu vas plonger des jours que j'avais crus heureux.
Poursuis, trame sans moi tes complots ténébreux.
Méprise mes conseils, accable un cœur trop tendre,
Creuse à ton gré l'abyme où tu nous fais descendre.
J'en vois toute l'horreur, et j'en pâlis d'effroi;
Mais en te condamnant, je m'y jette après toi.

CATILINA.

Faites plus, Aurélie : écartez vos alarmes,
Jouissez avec nous du succès de nos armes,
Prenez des sentimens tels qu'en avaient conçus
L'épouse de Sylla, celle de Marius;
Tels que mon nom, ma gloire et mon cœur les demandent.
Regardez d'un œil sec les périls qui m'attendent :
Soyez digne de moi. Le sceptre des humains
N'est point fait pour passer en de tremblantes mains.
Apprenez que mon camp, qui s'approche en silence,
Dans une heure au plus tard attend votre présence.
Que l'auguste moitié du premier des humains
S'accoutume à jouir des honneurs souverains;
Que mon fils au berceau, mon fils né pour la guerre,
Soit porté dans vos bras aux vainqueurs de la terre;
Que votre père enfin reconnaisse aujourd'hui
Les intérêts sacrés qui m'unissent à lui;

Qu'il respecte son gendre et qu'il n'ose me nuire.
Mais avant qu'en mon camp je vous fasse conduire,
Je veux qu'à ce consul, à mon lâche rival,
Vous fassiez parvenir ce billet si fatal.
J'ai mes raisons, je veux qu'il apprenne à connaître
Et tout ce qu'est César, et tout ce qu'il peut être.
Laissez sans vous troubler tout le reste à mes soins :
Vainqueur et couronné, cette nuit je vous joins.

s Commence donc par moi, qu'il faudra désarmer ;
Malheureux, punis-moi du crime de t'aimer.
Tu m'oses reprocher d'être faible et timide !
Eh bien ! cruel époux, dans le crime intrépide,
Frappe ce lâche cœur qui t'a gardé sa foi,
Qui déteste ta rage et qui meurt tout à toi !
Frappe, ingrat ; j'aime mieux, avant que tout périsse
Voir en toi mon bourreau que d'être ta complice.

CATILINA.

Aurélie ! à ce point pouvez-vous m'outrager ?

AURÉLIE.

Je t'outrage et te sers, et tu peux t'en venger.
Oui, je vais arrêter ta fureur meurtrière ;
Et c'est moi que tes mains combattront la première.

t Es-tu désabusé ? tu nous a perdus tous.

CATILINA.

Dans ces affreux momens puis-je compter sur vous ?
Vous serai-je encor cher ?

AURÉLIE.

Oui, mais il faut me croire.
Je défendrai tes jours, je défendrai ta gloire.
J'ai haï tes complots, j'en ai craint le danger ;
Ce danger est venu, je vais le partager.
Je n'ai point tes fureurs, mais j'aurai ton courage ;
L'amour en donne au moins ; et malgré ton outrage,
Malgré tes cruautés, constant dans ses bienfaits,
Cet amour est encor plus grand que tes forfaits.

CATILINA.

Eh bien ! que voulez-vous, que prétendez-vous faire ?

AURÉLIE.

Mourir, ou te sauver. Tu sais quel est mon père :
En moi de ses vieux ans il voit l'unique appui.

Il est sensible, il m'aime, et le sang parle en lui.
Je vais lui déclarer le saint nœud qui nous lie,
Il saura que mes jours dépendent de ta vie.
Je peindrai tes remords : il craindra devant moi
D'armer le désespoir d'un gendre tel que toi ;
Et je te donne au moins, quoi qu'il puisse entreprendre,
Le temps de quitter Rome, ou d'oser t'y défendre.
J'arrêterai mon père au péril de mes jours.
  CATILINA, *après un moment de recueillement.*
Je reçois vos conseils ainsi que vos secours,
Je me rends... le sort change... il faut vous satisfaire.

u Remords, approchez-vous de ce cœur furieux...
Écartez-la surtout : si je la vois paraître,
Tout prêt à vous servir, je tremblerai peut-être.
    CÉTHÉGUS.
Voila votre chemin.
    CATILINA.
    Je m'égarais, je sors :
C'est le chemin du crime, et j'y cours sans remords.

x Ont osé de Sylla montrer l'ambition.
Mallius, un soldat qui n'a que du courage,
Un aveugle instrument de leur secrète rage,
Descend comme un torrent du haut des Apennins ;
Jusqu'aux remparts de Rome il s'ouvre les chemins.
Le péril est partout ; l'erreur, la défiance,
M'accusaient avec eux de trop d'intelligence.
Je voyais à regret vos injustes soupçons,
Dans vos cœurs prévenus tenir lieu de raisons.
Mais si vous m'avez fait cette injure cruelle,
Le danger vous excuse, et surtout votre zèle.
Vous le savez, César ; vous le savez, sénat,
Plus on est soupçonné, plus on doit à l'état.
Cicéron plaint les maux dont Rome est affligée :
Il vous parlait pour elle, et moi je l'ai vengée.
Par un coup effrayant je lui prouve aujourd'hui
Que Rome et le sénat me sont plus chers qu'à lui.
Sachez que Nonnius était l'ame invisible,
L'esprit qui gouvernait ce grand corps si terrible,
Ce corps de conjurés, qui des monts Apennins
S'étend jusqu'où finit le pouvoir des Romains.

Il venait consommer ce qu'on ose entreprendre,
Allumer les flambeaux qui mettaient Rome en cendre,
Égorger les consuls à vos yeux éperdus :
Caton était proscrit, et Rome n'était plus.
Les momens étaient chers et les périls extrêmes.
Je l'ai su, j'ai sauvé l'état, Rome et vous-mêmes.
Ainsi par Scipion fut immolé Gracchus,
Ainsi par un soldat fut puni Spurius,
Ainsi ce fier Caton qui m'écoute et me brave,
Caton, né sous Sylla, Caton, né son esclave,
Demandait une épée, et de ses faibles mains
Voulait sur un tyran venger tous les Romains.

y Mon père par ma voix vous demande vengeance :
Son sang est répandu, j'ignore par quels coups ;
Il est mort, il expire, et peut-être pour vous.
C'est dans votre palais, c'est dans ce sanctuaire,
Sous votre tribunal, et sous votre œil sévère,
Que cent coups de poignard ont épuisé son flanc.
    (en voulant se jeter aux pieds de Cicéron qui la relève.)
Mes pleurs mouillent vos pieds arrosés de son sang.
Secourez-moi, vengez ce sang qui fume encore
Sur l'infame assassin que ma douleur ignore.
        CICÉRON, *en montrant Catilina.*
Le voici...
                AURÉLIE.
        Dieux!...
                CICÉRON.
            C'est lui, lui qui l'assassina...
Qui s'en ose vanter !
                AURÉLIE.
            O ciel ! Catilina !
L'ai-je bien entendu ? quoi ! monstre sanguinaire !
Quoi ! c'est toi... mon époux a massacré mon père !
                CICÉRON.
Lui ? votre époux ?
                AURÉLIE.
            Je meurs.
                CATILINA.
                    Oui, les plus sacrés nœuds,
De son père ignorés, nous unissent tous deux.

Oui, plus ces nœuds sont saints, plus grand est le service.
J'ai fait en frémissant cet affreux sacrifice;
Et si des dictateurs ont immolé leurs fils,
Je crois faire autant qu'eux pour sauver mon pays,
Quand, malgré mon hymen et l'amour qui me lie,
J'immole à nos dangers le père d'Aurélie.

AURÉLIE, *revenant à elle.*

Oses-tu...

CICÉRON, *au sénat.*

Sans horreur avez-vous pu l'ouïr ?
Sénateurs, à ce point il peut vous éblouir ?

LE SÉNAT, AURÉLIE; LE CHEF DES LICTEURS.

LE CHEF DES LICTEURS.

Seigneur, on a saisi ce dépôt formidable...

CICÉRON.

Chez Nonnius, ô ciel!!

CRASSUS.

Qui des deux est coupable ?

CICÉRON.

En pouvez-vous douter ? Ah, madame ! au sénat
Nommez, nommez l'auteur de ce noir attentat.
J'ai toute la pitié que votre état demande;
Mais éclaircissez tout, Rome vous le commande.

AURÉLIE.

Ah ! laissez-moi mourir ! Que me demandez-vous ?
Ce cruel !... je ne puis accuser mon époux...

CICÉRON.

C'est l'accuser assez.

LENTULUS.

C'est assez le défendre.

CICÉRON.

Poursuivez donc, cruels, et mettez Rome en cendre.
Achevez : il vous reste à le déclarer roi.

AURÉLIE.

Sauvez Rome, consul, et ne perdez que moi.
Si vous ne m'arrachez cette odieuse vie,
De mes sanglantes mains vous me verrez punie.
Sauvez Rome, vous dis-je, et ne m'épargnez point.

CICÉRON.

Quoi ! ce fier ennemi vous impose à ce point ?

Vous gardez devant lui ce silence timide ?
Vous ménagez encore un époux parricide ?
CATILINA.
Consul, elle est d'un sang que l'on doit détester ;
Mais elle est mon épouse, il la faut respecter.
CICÉRON.
Crois-moi, je ferai plus, je la vengerai, traître !
(à Aurélie.)
Eh bien ! si devant lui vous craignez de paraître,
Daignez de votre père attendre le vengeur,
Et renfermez chez vous votre juste douleur.
Là je vous parlerai.
AURÉLIE.
Que pourrai-je vous dire ?
Le sang d'un père parle, et devrait vous suffire.
Sénateurs, tremblez tous... le jour est arrivé...
Je ne le verrai pas... mon sort est achevé,
Je succombe.
CATILINA.
Ayez soin de cette infortunée.
CICÉRON.
Allez, qu'en son palais elle soit ramenée.
(On l'emmène.)
CATILINA.
Qu'ai-je vu, malheureux ! je suis trop bien puni.
CÉTHÉGUS.
A ce fatal objet quel trouble t'a saisi ?
Aurélie à nos pieds a demandé vengeance ;
Mais si tu servis Rome, attends ta récompense.
CICÉRON.
Qu'entends-je ? Ah, sénateurs ! en proie à votre sort,
Ouvrez enfin les yeux que va fermer la mort.
Sur les bords du tombeau, réveille-toi, patrie !
(en montrant Catilina.)
Vous avez déja vu l'essai de sa furie,
Ce n'est qu'un des ressorts par ce traître employés ;
Tous les autres en foule ici sont déployés.
On lève des soldats jusqu'au milieu de Rome ;
On les engage à lui, c'est lui seul que l'on nomme.
Que font ces vétérans dans la campagne épars ?
Qui va les rassembler au pied de nos remparts ?
Que demande Lecca dans les murs de Préneste ?

Traître, je sais trop bien tout l'appui qui te reste.
Mais je t'ai confondu dans l'un de tes desseins;
J'ai mis Rome en défense, et Préneste en mes mains.
Je te suis en tous lieux, à Rome, en Étrurie;
Tu me trouves partout épiant ta furie,
Combattant tes projets que tu crois nous cacher;
Chez tous tes confidens ma main va te chercher.
Du sénat et de Rome il est temps que tu sortes.
Ce n'est pas tout, Romains, une armée est aux portes,
Une armée est dans Rome, et le fer et les feux
Vont renverser sur vous vos temples et vos dieux.
C'est du mont Aventin que partiront les flammes
Qui doivent embraser vos enfans et vos femmes;
Et sans les fruits heureux d'un travail assidu,
Ce terrible moment serait déja venu.
Sans mon soin redoublé, que l'on nommait frivole,
Déja les conjurés marchaient au Capitole.
Ce temple où nous voyons les rois à nos genoux,
Détruit et consumé, périssait avec vous.
Cependant à vos yeux Catilina paisible
Se prépare avec joie à ce carnage horrible :
Au rang des sénateurs il est encore assis;
Il proscrit le sénat, et s'y fait des amis;
Il dévore des yeux le fruit de tous ses crimes,
Il vous voit, vous menace, et marque ses victimes.
Et quand ma voix s'oppose à tant d'énormités,
Vous me parlez de droits et de formalités !
Vous respectez en lui le rang qu'il déshonore !
Vos bras intimidés sont enchaînés encore !
Ah ! si vous hésitez, si, méprisant mes soins,
Vous n'osez le punir, défendez-vous du moins.

CATON.

Va, les dieux immortels ont parlé par ta bouche.
Consul, délivre-nous de ce monstre farouche !
Tout dégouttant du sang dont il souilla ses mains,
Il atteste les droits des citoyens romains;
Use des mêmes droits : pour venger la patrie
Nous n'avons pas besoin des aveux d'Aurélie.
Tu l'as trop convaincu, lui-même est interdit;
Et sur Catilina le seul soupçon suffit.
Céthégus nous disait, et bien mieux qu'il ne pense,

Qu'on doit immoler tout à Rome, à sa défense :
Immole ce perfide, abandonne aux bourreaux
L'artisan des forfaits et l'auteur de nos maux :
Frappe malgré César, et sacrifie à Rome
Cet homme détesté, si ce monstre est un homme.
Je suis trop indigné qu'aux yeux de Cicéron
Il ait osé s'asseoir à côté de Caton.

(Caton se lève et passe du côté de Cicéron. Tous les sénateurs le suivent, hors Céthégus,
Lentulus, Crassus, Clodius, qui restent avec Catilina.)

CICÉRON, *au sénat.*

Courage, sénateurs, du monde augustes maîtres,
Amis de la vertu, séparez-vous des traîtres.
Le démon de Sylla semblait vous aveugler :
Allez au Capitole, allez vous rassembler ;
C'est là qu'on doit porter les premières alarmes.
Mêlez l'appui des lois à la force des armes ;
D'une escorte nombreuse entourez le sénat,
Et que tout citoyen soit aujourd'hui soldat.
Créez un dictateur en ces temps difficiles.
Les Gaulois sont dans Rome, il vous faut des Camilles.
On attaque sans peine un corps trop divisé :
Lui-même il se détruit ; le vaincre est trop aisé.
Réuni sous un chef, il devient indomptable.
Je suis loin d'aspirer à ce faix honorable :
Qu'on le donne au plus digne, et je révère en lui
Un pouvoir dangereux, nécessaire aujourd'hui.
Que Rome seule parle, et soit seule servie ;
Point d'esprit de parti, de cabales, d'envie,
De faibles intérêts, de sentimens jaloux :
C'est par là que jadis Sylla régna sur vous ;
Par là, sous Marius, j'ai vu tomber vos pères.
Des tyrans moins fameux, cent fois plus sanguinaires,
Tiennent le bras levé, les fers et le trépas ;
Je les montre à vos yeux : ne les voyez-vous pas ?
Écoutez-vous sur moi l'envie et les caprices ?
Oubliez qui je suis, songez à mes services ;
Songez à Rome, à vous qui vous sacrifiez,
Non à de vains honneurs qu'on m'a trop enviés.
Allez, ferme Caton, présidez à ma place.
César, soyez fidèle ; et que l'antique audace
Du brave Lucullus, de Crassus, de Céson,

S'allume au feu divin de l'ame de Caton.
Je cours en tous les lieux où mon devoir m'oblige,
Où mon pays m'appelle, où le danger m'exige.
Je vais combler l'abyme entr'ouvert sous vos pas,
Et malgré vous enfin vous sauver du trépas.

(Il sort avec le sénat.)

CATILINA, *à Cicéron.*

J'atteste encor les lois que vous osez enfreindre :
Vous allumez un feu qu'il vous fallait éteindre,
Un feu par qui bientôt Rome s'embrasera ;
Mais c'est dans votre sang que ma main l'éteindra.

CÉTHÉGUS.

Viens, le sénat encore hésite et se partage :
Tandis qu'il délibère, achevons notre ouvrage.

FIN DES VARIANTES DE ROME SAUVÉE.

NOTES
DE LA TRAGÉDIE DE ROME SAUVÉE.

¹ Vains fantômes d'état, évanouissez-vous.
(Vers de *Rodogune*.)

² La gloire en est douteuse, et le péril certain.
(Vers de *Cinna*.)

³ . . . . Sævior armis
Luxuria incubuit, victumque ulciscitur orbem.
JUVÉNAL.

⁴ Tous les tyrans qui ont voulu détruire un gouvernement républicain ont toujours pris pour prétexte la nécessité de délivrer le peuple du joug des grands; comme toutes les fois qu'une aristocratie a succédé au gouvernement d'un seul, elle a pris pour prétexte les abus de l'autorité arbitraire : et le peuple a toujours été la victime et la dupe de toutes ces révolutions. Catilina ne dit nulle part qu'il est un scélérat; il veut venger le peuple et les vétérans de l'ingratitude du sénat; il veut venger ses propres injures. Il ne commet un crime que parce que ce crime est nécessaire à son salut et à celui de ses amis. M. de Voltaire est le premier poëte tragique qui ait fait parler les scélérats avec vraisemblance, sans déclamation et sans bassesse. C'est un pas que l'art n'avait point fait encore du temps de Racine.

⁵ Spurius Mélius était un chevalier romain qui, dans un temps de disette, forma des magasins de grains, et les distribua aux citoyens. Il devint leur idole. Le sénat l'accusa d'aspirer à la tyrannie; et pour opposer à la faveur populaire une autorité redoutable au peuple, on nomma dictateur le célèbre Cincinnatus. Il cita Spurius à son tribunal, et envoya Servilius Ahala, qu'il avait choisi pour général de la cavalerie, sommer l'accusé d'y comparaître. Mélius refusa d'obéir, Servilius le tua; et le dictateur approuva sa conduite. On sait

quel fut le sort des Gracques. Catilina s'excuse devant le sénat par des exemples de violence approuvés par le sénat même, et commis pour ses intérêts.

⁶ César avait eu, dans sa jeunesse, des liaisons avec Catilina ; et ceux qui découvrirent la conspiration à Cicéron nommèrent César parmi les complices, soit que réellement il y eût trempé, soit qu'ils eussent voulu augmenter l'importance de leur service, en mêlant un grand nom aux noms obscurs ou méprisés des autres complices. Mais la conduite de César pendant la conjuration fit soupçonner qu'il regrettait qu'elle n'eût pas eu des suites qui auraient pu le rendre nécessaire, et lui ouvrir le chemin à la souveraine puissance.

⁷ C'était au consul de jour à nommer le dictateur. Cicéron ne pouvait se nommer lui-même. Antoine, son collègue, était un homme estimé comme général, mais obéré et débauché ; ses goûts et l'état de sa fortune l'avaient lié avec tout ce que Rome renfermait alors de factieux.

Cicéron n'osait se fier à lui, et s'assurer qu'Antoine le nommerait. Crassus, César, Lucullus, étaient plus ou moins suspects. On prit donc le parti de ne point nommer de dictateur, et le sénat porta le décret : *Videant consules ne quid detrimenti respublica capiat.* Ce décret donnait aux consuls une autorité absolue, semblable à celle du dictateur, mais non pour un temps fixé, et seulement tant que le sénat voulait la continuer. L'exercice des autres magistratures n'était pas suspendu. Enfin on pouvait demander compte aux consuls de la conduite qu'ils avaient tenue pendant le temps qu'ils avaient joui de cette autorité.

⁸ A cette époque, aucun citoyen romain ne pouvait être condamné à mort qu'en violant les lois. Cicéron, avant de faire de l'autorité illimitée qu'il avait reçue un usage contraire à une loi respectée dans Rome et chère au peuple, consulta le sénat. Ce fut dans cette occasion que César et Caton prononcèrent deux discours : Caton, pour prouver la nécessité de faire mourir les conjurés ; César, pour proposer

de les renfermer seulement dans quelques villes de l'Italie. Ces discours nous ont été transmis par Salluste. On ignore, à la vérité, si ce sont réellement ceux que César et Caton ont prononcés dans le sénat, ou des discours de l'invention de Salluste, suivant l'usage des anciens historiens.

Il est à remarquer que César, souverain pontife, dit en plein sénat dans ce discours : « Qu'il ne faut pas punir de « mort les conjurés, parce que la mort leur ôtera le sentiment « de toutes les peines, et celui de leur opprobre ; qu'elle serait « une grace plutôt qu'un supplice ; » il nie hautement les peines après la mort. Soit que César ait fait ce discours, soit que Salluste, auteur contemporain, l'ait attribué au souverain pontife, il en résulte également que les idées religieuses des anciens Romains étaient bien différentes des nôtres. Un auteur qui ne serait pas absolument fou (ce qu'on ne peut supposer de Salluste) n'introduirait pas dans un livre sérieux un roi d'Angleterre avançant en plein parlement *qu'il n'y a rien après la mort*, comme une opinion toute simple, et qui ne doit scandaliser personne.

Le sénat suivit l'avis de Caton ; mais le suffrage de ce corps si puissant n'empêcha point que Cicéron ne fût recherché dans la suite, comme ayant abusé de son pouvoir, et qu'il ne subît la peine de l'exil. Clodius fut son accusateur.

9 En sortant de la première représentation de *Rome sauvée*, M. d'Alembert dit à M. de Voltaire : « Il y a dans votre pièce un vers que j'eusse voulu retrancher,

« Permettez que César ne parle point de lui. »

« Si je n'avais eu, répondit l'auteur de la tragédie, que des « hommes tels que vous pour spectateurs, je ne l'aurais pas « écrit. »

FIN DES NOTES DE ROME SAUVEE.

L'ORPHELIN DE LA CHINE,

TRAGÉDIE EN CINQ ACTES,

Représentée pour la première fois le 20 auguste 1755.

A MONSEIGNEUR

LE MARÉCHAL DUC DE RICHELIEU,

PAIR DE FRANCE,
PREMIER GENTILHOMME DE LA CHAMBRE DU ROI,
COMMANDANT EN LANGUEDOC,
L'UN DES QUARANTE DE L'ACADÉMIE.

Je voudrais, monseigneur, vous présenter de beau marbre comme les Génois, et je n'ai que des figures chinoises à vous offrir. Ce petit ouvrage ne paraît pas fait pour vous; il n'y a aucun héros dans cette pièce qui ait réuni tous les suffrages par les agrémens de son esprit, ni qui ait soutenu une république prête à succomber, ni qui ait imaginé de renverser une colonne anglaise avec quatre canons. Je sens mieux que personne le peu que je vous offre; mais tout se pardonne à un attachement de quarante années. On dira peut-être qu'au pied des Alpes, et vis-à-vis des neiges éternelles, où je me suis retiré, et où je devais n'être que philosophe, j'ai succombé à la vanité d'imprimer que ce qu'il y a eu de plus brillant sur les bords de la Seine ne m'a jamais oublié. Cependant je n'ai consulté que mon cœur; il me conduit seul; il a toujours inspiré mes actions et mes paroles : il se trompe quelquefois, vous le savez, mais ce n'est pas après des épreuves si longues. Permettez donc que, si cette faible tragédie peut durer quelque temps après moi, on sache que l'auteur ne vous a pas été indifférent; permettez qu'on apprenne que si votre oncle fonda les beaux arts en France, vous les avez soutenus dans leur décadence.

L'idée de cette tragédie me vint il y a quelque temps à la lecture de l'*Orphelin de Tchao*, tragédie chinoise, traduite par le père Brémare, qu'on trouve dans le recueil que le père du Halde a donné au public. Cette pièce chinoise fut composée au quatorzième siècle, sous la dynastie même de Gengis-Kan:

c'est une nouvelle preuve que les vainqueurs tartares ne changèrent point les mœurs de la nation vaincue; ils protégèrent tous les arts établis à la Chine : ils adoptèrent toutes ses lois.

Voilà un grand exemple de la supériorité naturelle que donnent la raison et le génie sur la force aveugle et barbare; et les Tartares ont deux fois donné cet exemple; car lorsqu'ils ont conquis encore ce grand empire, au commencement du siècle passé, ils se sont soumis une seconde fois à la sagesse des vaincus; et les deux peuples n'ont formé qu'une nation gouvernée par les plus anciennes lois du monde : événement frappant qui a été le premier but de mon ouvrage.

La tragédie chinoise qui porte le nom de l'*Orphelin* est tirée d'un recueil immense des pièces de théâtre de cette nation: elle cultivait depuis plus de trois mille ans cet art, inventé un peu plus tard par les Grecs, de faire des portraits vivans des actions des hommes, et d'établir de ces écoles de morale où l'on enseigne la vertu en action et en dialogues. Le poëme dramatique ne fut donc long-temps en honneur que dans ce vaste pays de la Chine, séparé et ignoré du reste du monde, et dans la seule ville d'Athènes. Rome ne le cultiva qu'au bout de quatre cents années. Si vous le cherchez chez les Perses, chez les Indiens, qui passent pour des peuples inventeurs, vous ne l'y trouvez pas; il n'y est jamais parvenu. L'Asie se contentait des fables de Pilpay et de Lokman, qui renferment toute la morale, et qui instruisent en allégories toutes les nations et tous les siècles.

Il semble qu'après avoir fait parler les animaux, il n'y eût qu'un pas à faire pour faire parler les hommes, pour les introduire sur la scène, pour former l'art dramatique : cependant ces peuples ingénieux ne s'en avisèrent jamais. On doit inférer de là que les Chinois, les Grecs et les Romains sont les seuls peuples anciens qui aient connu le véritable esprit de la société. Rien, en effet, ne rend les hommes plus sociables, n'adoucit plus leurs mœurs, ne perfectionne plus leur raison, que de les rassembler pour leur faire goûter ensemble les plaisirs purs de l'esprit : aussi nous voyons qu'à peine Pierre-

ÉPITRE DÉDICATOIRE.

le-Grand eut policé la Russie et bâti Pétersbourg, que les théâtres s'y sont établis. Plus l'Allemagne s'est perfectionnée, et plus nous l'avons vue adopter nos spectacles : le peu de pays où ils n'étaient pas reçus dans le siècle passé n'étaient pas mis au rang des pays civilisés.

L'*Orphelin de Tchao* est un monument précieux qui sert plus à faire connaître l'esprit de la Chine que toutes les relations qu'on a faites et qu'on fera jamais de ce vaste empire. Il est vrai que cette pièce est toute barbare en comparaison des bons ouvrages de nos jours; mais aussi c'est un chef-d'œuvre si on la compare à nos pièces du quatorzième siècle. Certainement nos troubadours, notre bazoche, la société des enfans sans souci, et de la mère-sotte, n'approchaient pas de l'auteur chinois. Il faut encore remarquer que cette pièce est écrite dans la langue des mandarins, qui n'a point changé, et qu'à peine entendons-nous la langue qu'on parlait du temps de Louis XII et de Charles VIII.

On ne peut comparer l'*Orphelin de Tchao* qu'aux tragédies françaises et espagnoles du dix-septième siècle, qui ne laissent pas encore de plaire au delà des Pyrénées et de la mer. L'action de la pièce chinoise dure vingt-cinq ans, comme dans les farces monstrueuses de Shakespeare et de Lopez de Vega, qu'on a nommées tragédies; c'est un entassement d'événemens incroyables. L'ennemi de la maison de Tchao veut d'abord en faire périr le chef, en lâchant sur lui un gros dogue qu'il fait croire être doué de l'instinct de découvrir les criminels, comme Jacques Aymard, parmi nous, devinait les voleurs par sa baguette. Ensuite il suppose un ordre de l'empereur, et envoie à son ennemi Tchao une corde, du poison et un poignard; Tchao chante selon l'usage, et se coupe la gorge, en vertu de l'obéissance que tout homme sur la terre doit de droit divin à un empereur de la Chine. Le persécuteur fait mourir trois cents personnes de la maison de Tchao. La princesse, veuve, accouche de l'orphelin. On dérobe cet enfant à la fureur de celui qui a exterminé toute la maison, et qui veut encore faire périr au berceau le seul qui reste. Cet exterminateur ordonne qu'on egorge dans les villages d'alentour tous les enfans, afin que l'orphelin soit enveloppé dans la destruction générale.

On croit lire les *Mille et une Nuits* en action et en scènes; mais, malgré l'incroyable, il y règne de l'intérêt; et, malgré la foule des événemens, tout est de la clarté la plus lumineuse : ce sont deux grands mérites en tout temps et chez toutes nations, et ce mérite manque à beaucoup de nos pièces modernes. Il est vrai que la pièce chinoise n'a pas d'autres beautés : unité de temps et d'action, développement de sentimens, peinture des mœurs, éloquence, raison, passion, tout lui manque; et cependant, comme je l'ai déja dit, l'ouvrage est supérieur à tout ce que nous fesions alors.

Comment les Chinois, qui, au quatorzième siècle et si long-temps auparavant, savaient faire de meilleurs poëmes dramatiques que tous les Européans[1], sont-ils restés toujours dans l'enfance grossière de l'art, tandis qu'à force de soins et de temps notre nation est parvenue à produire environ une douzaine de pièces qui, si elles ne sont pas parfaites, sont pourtant fort au dessus de tout ce que le reste de la terre a jamais produit en ce genre? Les Chinois, comme les autres Asiatiques, sont demeurés aux premiers élémens de la poésie, de l'éloquence, de la physique, de l'astronomie, de la peinture, connus par eux si long-temps avant nous. Il leur a été donné de commencer en tout plus tôt que les autres peuples, pour ne faire ensuite aucun progrès. Ils ont ressemblé aux anciens Égyptiens, qui, ayant d'abord enseigné les Grecs, finirent par n'être pas capables d'être leurs disciples.

Ces Chinois, chez qui nous avons voyagé à travers tant de périls, ces peuples de qui nous avons obtenu avec tant de peine la permission de leur apporter l'argent de l'Europe, et de venir les instruire, ne savent pas encore à quel point nous leur sommes supérieurs; ils ne sont pas assez avancés pour

---

[1] Le père du Halde, tous les auteurs des *Lettres édifiantes*, tous les voyageurs ont toujours écrit *Européans*; et ce n'est que depuis quelques années qu'on s'est avisé d'imprimer *Européens*.

oser seulement vouloir nous imiter. Nous avons puisé dans leur histoire des sujets de tragédie, et ils ignorent si nous avons une histoire.

Le célèbre abbé Metastasio a pris pour sujet d'un de ses poëmes dramatiques le même sujet à peu près que moi, c'est-à-dire un orphelin échappé au carnage de sa maison, et il a puisé cette aventure dans une dynastie qui régnait neuf cents ans avant notre ère.

La tragédie chinoise de l'*Orphelin de Tchao* est tout un autre sujet. J'en ai choisi un tout différent encore des deux autres, et qui ne leur ressemble que par le nom. Je me suis arrêté à la grande époque de Gengis-Kan, et j'ai voulu peindre les mœurs des Tartares et des Chinois. Les aventures les plus intéressantes ne sont rien quand elles ne peignent pas les mœurs; et cette peinture qui est un des plus grands secrets de l'art, n'est encore qu'un amusement frivole quand elle n'inspire pas la vertu.

J'ose dire que depuis *la Henriade* jusqu'à *Zaïre*, et jusqu'à cette pièce chinoise, bonne ou mauvaise, tel a été toujours le principe qui m'a inspiré; et que, dans l'histoire du siècle de Louis XIV, j'ai célébré mon roi et ma patrie sans flatter ni l'un ni l'autre. C'est dans un tel travail que j'ai consumé plus de quarante années. Mais voici ce que dit un auteur chinois traduit en espagnol par le célèbre Navarrète :

« Si tu composes quelque ouvrage, ne le montre qu'à tes
« amis : crains le public et tes confrères; car on falsifiera, on
« empoisonnera ce que tu auras fait, et on t'imputera ce que
« tu n'auras pas fait. La calomnie, qui a cent trompettes, les
« fera sonner pour te perdre, tandis que la vérité, qui est
« muette, restera auprès de toi. Le célèbre Ming fut accusé
« d'avoir mal pensé du Tien et du Li, et de l'empereur Vang;
« on trouva le vieillard moribond qui achevait le panégyrique
« de Vang, et un hymne au Tien et au Li, etc. »

PERSONNAGES.

GENGIS-KAN, empereur tartare.
OCTAR, } guerriers tartares.
OSMAN,
ZAMTI, mandarin lettré.
IDAMÉ, femme de Zamti.
ASSÉLI, attachée à Idamé.
ÉTAN, attaché à Zamti.

La scène est dans un palais des mandarins, qui tient au palais impérial, dans la ville de Cambalu, aujourd'hui Pékin.

L'ORPHELIN DE LA CHINE,

TRAGÉDIE.

ACTE PREMIER.

SCÈNE I.

IDAMÉ, ASSÉLI.

IDAME.

Se peut-il qu'en ce temps de désolation,
En ce jour de carnage et de destruction,
Quand ce palais sanglant, ouvert à des Tartares,
Tombe avec l'univers sous ces peuples barbares,
Dans cet amas affreux de publiques horreurs,
Il soit encor pour moi de nouvelles douleurs?

ASSÉLI.

Eh! qui n'éprouve, hélas! dans la perte commune,
Les tristes sentimens de sa propre infortune?
Qui de nous vers le ciel n'élève pas ses cris
Pour les jours d'un époux, ou d'un père, ou d'un fils?
Dans cette vaste enceinte, au Tartare inconnue,
Où le roi dérobait à la publique vue
Ce peuple désarmé de paisibles mortels,
Interprètes des lois, ministres des autels,
Vieillards, femmes, enfans, troupeau faible et timide,
Dont n'a point approché cette guerre homicide,

Nous ignorons encore à quelle atrocité
Le vainqueur insolent porte sa cruauté.
Nous entendons gronder la foudre et les tempêtes.
Le dernier coup approche et vient frapper nos têtes.

IDAMÉ.

O fortune ! ô pouvoir au dessus de l'humain !
Chère et triste Asséli, sais-tu quelle est la main
Qui du Catai sanglant presse le vaste empire,
Et qui s'appesantit sur tout ce qui respire ?

ASSÉLI.

On nomme ce tyran du nom de roi des rois.
C'est ce fier Gengis-Kan, dont les affreux exploits
Font un vaste tombeau de la superbe Asie.
Octar, son lieutenant, déja dans sa furie
Porte au palais, dit-on, le fer et les flambeaux.
Le Catai passe enfin sous des maîtres nouveaux :
Cette ville, autrefois souveraine du monde,
Nage de tous côtés dans le sang qui l'inonde ;
Voilà ce que cent voix, en sanglots superflus,
Ont appris dans ces lieux à mes sens éperdus.

IDAMÉ.

Sais-tu que ce tyran de la terre interdite,
Sous qui de cet état la fin se précipite,
Ce destructeur des rois, de leur sang abreuvé,
Est un Scythe, un soldat dans la poudre élevé,
Un guerrier vagabond de ces déserts sauvages,
Climat qu'un ciel épais ne couvre que d'orages ?
C'est lui qui, sur les siens briguant l'autorité,
Tantôt fort et puissant, tantôt persécuté,
Vint jadis à tes yeux, dans cette auguste ville,

Aux portes du palais demander un asile.
Son nom est Témugin; c'est t'en apprendre assez.
ASSÉLI.
Quoi! c'est lui dont les vœux vous furent adressés?
Quoi! c'est ce fugitif, dont l'amour et l'hommage
A vos parens surpris parurent un outrage?
Lui qui traîne après lui tant de rois ses suivans,
Dont le nom seul impose au reste des vivans!
IDAMÉ.
C'est lui-même, Asséli : son superbe courage,
Sa future grandeur, brillaient sur son visage;
Tout semblait, je l'avoue, esclave auprès de lui;
Et lorsque de la cour il mendiait l'appui,
Inconnu, fugitif, il ne parlait qu'en maître.
Il m'aimait, et mon cœur s'en applaudit peut-être[1] :
Peut-être qu'en secret je tirais vanité
D'adoucir ce lion dans mes fers arrêté,
De plier à nos mœurs cette grandeur sauvage,
D'instruire à nos vertus son féroce courage,
Et de le rendre enfin, graces à ces liens,
Digne un jour d'être admis parmi nos citoyens.
Il eût servi l'état qu'il détruit par la guerre :
Un refus a produit les malheurs de la terre.
De nos peuples jaloux tu connais la fierté.
De nos arts, de nos lois l'auguste antiquité,
Une religion de tout temps épurée,
De cent siècles de gloire une suite avérée;
Tout nous interdisait, dans nos préventions,
Une indigne alliance avec les nations.
Enfin un autre hymen, un plus saint nœud m'engage;

Le vertueux Zamti mérita mon suffrage.
Qui l'eût cru, dans ces temps de paix et de bonheur,
Qu'un Scythe méprisé serait notre vainqueur?
Voilà ce qui m'alarme et qui me désespère.
J'ai refusé sa main; je suis épouse et mère :
Il ne pardonne pas : il se vit outrager;
Et l'univers sait trop s'il aime à se venger.
Étrange destinée, et revers incroyable!
Est-il possible, ô Dieu! que ce peuple innombrable
Sous le glaive du Scythe expire sans combats,
Comme de vils troupeaux que l'on mène au trépas?

ASSELI.

Les Coréens, dit-on, rassemblaient une armée;
Mais nous ne savons rien que par la renommée,
Et tout nous abandonne aux mains des destructeurs.

DAMÉ.

Que cette incertitude augmente mes douleurs!
J'ignore à quel excès parviennent nos misères,
Si l'empereur encore au palais de ses pères
A trouvé quelque asile, ou quelque défenseur,
Si la reine est tombée aux mains de l'oppresseur,
Si l'un et l'autre touche à son heure fatale.
Hélas! ce dernier fruit de leur foi conjugale,
Ce malheureux enfant, à nos soins confié,
Excite encor ma crainte ainsi que ma pitié.
Mon époux au palais porte un pied téméraire;
Une ombre de respect pour son saint ministère
Peut-être adoucira ces vainqueurs forcenés.
On dit que ces brigands aux meurtres acharnés,
Qui remplissent de sang la terre intimidée,

Ont d'un Dieu cependant conservé quelque idée;
Tant la nature même, en toute nation,
Grava l'Être suprême et la religion!
Mais je me flatte en vain qu'aucun respect les touche;
La crainte est dans mon cœur, et l'espoir dans ma
Je me meurs... [bouche.

SCÈNE II.

IDAMÉ, ZAMTI, ASSÉLI.

IDAME.

Est-ce vous, époux infortuné?
Notre sort sans retour est-il déterminé?
Hélas! qu'avez-vous vu?

ZAMTI.

Ce que je tremble à dire.
Le malheur est au comble; il n'est plus, cet empire[2]:
Sous le glaive étranger j'ai vu tout abattu.
De quoi nous a servi d'adorer la vertu?
Nous étions vainement, dans une paix profonde,
Et les législateurs et l'exemple du monde;
Vainement par nos lois l'univers fut instruit:
La sagesse n'est rien; la force a tout détruit.
J'ai vu de ces brigands la horde hyperborée,
Par des fleuves de sang se frayant une entrée
Sur les corps entassés de nos frères mourans,
Portant partout le glaive et les feux dévorans.
Ils pénètrent en foule à la demeure auguste
Où de tous les humains le plus grand, le plus juste,

D'un front majestueux attendait le trépas.
La reine évanouie était entre ses bras.
De leurs nombreux enfans ceux en qui le courage
Commençait vainement à croître avec leur âge,
Et qui pouvaient mourir les armes à la main,
Étaient déja tombés sous le fer inhumain.
Il restait près de lui ceux dont la tendre enfance
N'avait que la faiblesse et des pleurs pour défense;
On les voyait encore autour de lui pressés,
Tremblans à ses genoux qu'ils tenaient embrassés.
J'entre par des détours inconnus au vulgaire;
J'approche en frémissant de ce malheureux père;
Je vois ces vils humains, ces monstres des déserts,
A notre auguste maître osant donner des fers,
Traîner dans son palais, d'une main sanguinaire,
Le père, les enfans et leur mourante mère.

IDAMÉ.
C'est donc la leur destin! Quel changement, ô cieux!

ZAMTI.
Ce prince infortuné tourne vers moi les yeux;
Il m'appelle, il me dit, dans la langue sacrée,
Du conquérant tartare et du peuple ignorée :
« Conserve au moins le jour au dernier de mes fils! »
Jugez si mes sermens et mon cœur l'ont promis;
Jugez de mon devoir quelle est la voix pressante.
J'ai senti ranimer ma force languissante;
J'ai revolé vers vous. Les ravisseurs sanglans
Ont laissé le passage à mes pas chancelans;
Soit que dans les fureurs de leur horrible joie,
Au pillage acharnés, occupés de leur proie,

ACTE I, SCÈNE II.

Leur superbe mépris ait détourné les yeux ;
Soit que cet ornement d'un ministre des cieux,
Ce symbole sacré du grand Dieu que j'adore,
A la férocité puisse imposer encore ;
Soit qu'enfin ce grand Dieu, dans ses profonds desseins,
Pour sauver cet enfant qu'il a mis dans mes mains,
Sur leurs yeux vigilans répandant un nuage,
Ait égaré leur vue, ou suspendu leur rage.

IDAMÉ.

Seigneur, il serait temps encor de le sauver :
Qu'il parte avec mon fils ; je les puis enlever :
Ne désespérons point, et préparons leur fuite ;
De notre prompt départ qu'Étan ait la conduite.
Allons vers la Corée, au rivage des mers,
Aux lieux où l'Océan ceint ce triste univers.
La terre a des déserts et des antres sauvages ;
Portons-y ces enfans, tandis que les ravages
N'inondent point encor ces asiles sacrés,
Éloignés du vainqueur, et peut-être ignorés.
Allons ; le temps est cher, et la plainte inutile.

ZAMTI.

Hélas ! le fils des rois n'a pas même un asile !
J'attends les Coréens ; ils viendront, mais trop tard :
Cependant la mort vole au pied de ce rempart.
Saisissons, s'il se peut, le moment favorable
De mettre en sûreté ce gage inviolable.

SCÈNE III.

ZAMTI, IDAMÉ, ASSÉLI, ÉTAN.

ZAMTI.

Étan, où courez-vous, interdit, consterné?

IDAMÉ

Fuyons de ce séjour au Scythe abandonne.

ÉTAN

Vous êtes observés; la fuite est impossible;
Autour de notre enceinte une garde terrible
Aux peuples consternés offre de toutes parts
Un rempart hérissé de piques et de dards.
Les vainqueurs ont parlé; l'esclavage en silence
Obéit à leur voix dans cette ville immense;
Chacun reste immobile et de crainte et d'horreur
Depuis que sous le glaive est tombé l'empereur.

ZAMTI.

Il n'est donc plus.

IDAME.

O cieux!

ÉTAN.

De ce nouveau carnage
Qui pourra retracer l'épouvantable image?
Son épouse, ses fils sanglans et déchirés...
O famille de dieux sur la terre adorés!
Que vous dirai-je, hélas! leurs têtes exposées
Du vainqueur insolent excitent les risées,
Tandis que leurs sujets, tremblant de murmurer,

ACTE I, SCÈNE III.

Baissent des yeux mourans qui craignent de pleurer.
De nos honteux soldats les phalanges errantes
A genoux ont jeté leurs armes impuissantes.
Les vainqueurs fatigués dans nos murs asservis,
Lassés de leur victoire et de sang assouvis,
Publiant à la fin le terme du carnage,
Ont, au lieu de la mort, annoncé l'esclavage.
Mais d'un plus grand désastre on nous menace encor;
On prétend que ce roi des fiers enfans du Nord,
Gengis-Kan, que le ciel envoya pour détruire,
Dont les seuls lieutenans oppriment cet empire,
Dans nos murs autrefois inconnu, dédaigné,
Vient, toujours implacable, et toujours indigné,
Consommer sa colère et venger son injure.
Sa nation farouche est d'une autre nature
Que les tristes humains qu'enferment nos remparts :
Ils habitent des champs, des tentes et des chars [3];
Ils se croiraient gênés dans cette ville immense;
De nos arts, de nos lois la beauté les offense.
Ces brigands vont changer en d'éternels déserts
Les murs que si long-temps admira l'univers.

IDAMÉ.

Le vainqueur vient sans doute armé de la vengeance.
Dans mon obscurité j'avais quelque espérance;
Je n'en ai plus. Les cieux, à nous nuire attachés,
Ont éclairé la nuit où nous étions cachés.
Trop heureux les mortels inconnus à leur maître !

ZAMTI.

Les nôtres sont tombés : le juste ciel peut-être
Voudra pour l'orphelin signaler son pouvoir:

Veillons sur lui ; voilà notre premier devoir.
Que nous veut ce Tartare ?

IDAME.

O ciel ! prends ma défense.

SCÈNE IV.

ZAMTI, IDAMÉ, ASSÉLI, OCTAR; GARDES.

OCTAR.

Esclaves, écoutez ; que votre obéissance
Soit l'unique réponse aux ordres de ma voix.
Il reste encore un fils du dernier de vos rois ;
C'est vous qui l'élevez : votre soin téméraire
Nourrit un ennemi dont il faut se défaire.
Je vous ordonne, au nom du vainqueur des humains,
De remettre aujourd'hui cet enfant dans mes mains :
Je vais l'attendre : allez ; qu'on m'apporte ce gage.
Pour peu que vous tardiez, le sang et le carnage
Vont de mon maître encor signaler le courroux,
Et la destruction commencera par vous.
La nuit vient, le jour fuit ; vous, avant qu'il finisse,
Si vous aimez la vie, allez, qu'on obéisse.

SCÈNE V.

ZAMTI, IDAMÉ.

IDAMÉ.

Où sommes-nous réduits ? O monstres ! ô terreur !
Chaque instant fait éclore une nouvelle horreur,

Et produit des forfaits dont l'ame intimidee
Jusqu'à ce jour de sang n'avait point eu d'idée.
Vous ne répondez rien ; vos soupirs élancés
Au ciel qui nous accable en vain sont adressés.
Enfant de tant de rois, faut-il qu'on sacrifie
Aux ordres d'un soldat ton innocente vie ?

ZAMTI.

J'ai promis, j'ai juré de conserver ses jours.

IDAMÉ.

De quoi lui serviront vos malheureux secours ?
Qu'importent vos sermens, vos stériles tendresses ?
Êtes-vous en état de tenir vos promesses ?
N'espérons plus.

ZAMTI.

    Ah, ciel ! Eh quoi. vous voudriez
Voir du fils de mes rois les jours sacrifiés ?

IDAME.

Non, je n'y puis penser sans des torrens de larmes,
Et si je n'étais mère, et si dans mes alarmes
Le ciel me permettait d'abréger un destin
Nécessaire à mon fils élevé dans mon sein,
Je vous dirais, mourons, et, lorsque tout succombe
Sur les pas de nos rois descendons dans la tombe.

ZAMTI.

Après l'atrocité de leur indigne sort,
Qui pourrait redouter et refuser la mort ?
Le coupable la craint, le malheureux l'appelle,
Le brave la défie et marche au devant d'elle ;
Le sage, qui l'attend, la reçoit sans regrets [4].

IDAME.

Quels sont en me parlant vos sentimens secrets?
Vous baissez vos regards, vos cheveux se hérissent,
Vous pâlissez, vos yeux de larmes se remplissent :
Mon cœur répond au vôtre; il sent tous vos tourmens.
Mais que résolvez-vous?

ZAMTI.

    De garder mes sermens.
Auprès de cet enfant, allez, daignez m'attendre.

IDAME

Mes prières, mes cris pourront-ils le défendre?

SCENE VI.

ZAMTI, ÉTAN.

ÉTAN.

Seigneur, votre pitié ne peut le conserver.
Ne songez qu'à l'état, que sa mort peut sauver :
Pour le salut du peuple il faut bien qu'il périsse [5].

ZAMTI.

Oui... je vois qu'il faut faire un triste sacrifice.
Écoute : cet empire est-il cher à tes yeux?
Reconnais-tu ce Dieu de la terre et des cieux,
Ce Dieu que sans mélange annonçaient nos ancêtres,
Méconnu par le bonze, insulté par nos maîtres?

ÉTAN.

Dans nos communs malheurs il est mon seul appui :
Je pleure la patrie, et n'espère qu'en lui.

ZAMTI.

Jure ici par son nom, par sa toute-puissance,

Que tu conserveras dans l'éternel silence
Le secret qu'en ton sein je dois ensevelir.
Jure-moi que tes mains oseront accomplir
Ce que les intérêts et les lois de l'empire,
Mon devoir et mon Dieu vont par moi te prescrire.

ETAN.

Je le jure, et je veux, dans ces murs désolés,
Voir nos malheurs communs sur moi seul assemblés,
Si, trahissant vos vœux, et démentant mon zèle,
Ou ma bouche ou ma main vous était infidèle.

ZAMTI.

Allons, il ne m'est plus permis de reculer.

ÉTAN.

De vos yeux attendris je vois des pleurs couler.
Hélas! de tant de maux les atteintes cruelles
Laissent donc place encore à des larmes nouvelles!

ZAMTI

On a porté l'arrêt! rien ne peut le changer...

ETAN.

On presse; et cet enfant, qui vous est étranger...

ZAMTI.

Étranger! lui! mon roi!

ÉTAN.

    Notre roi fut son père;
Je le sais, j'en frémis : parlez, que dois-je faire?

ZAMTI.

On compte ici mes pas; j'ai peu de liberté.
Sers-toi de la faveur de ton obscurité.
De ce dépôt sacré tu sais quel est l'asile :
Tu n'es point observé; l'accès t'en est facile.

Cachons pour quelque temps cet enfant précieux
Dans le sein des tombeaux bâtis par nos aïeux.
Nous remettrons bientôt au chef de la Corée
Ce tendre rejeton d'une tige adorée.
Il peut ravir du moins à nos cruels vainqueurs
Ce malheureux enfant, l'objet de leurs terreurs :
Il peut sauver mon roi. Je prends sur moi le reste.

ETAN.

Et que deviendrez-vous sans ce gage funeste?
Que pourrez-vous répondre au vainqueur irrité?

ZAMTI.

J'ai de quoi satisfaire à sa férocité.

ETAN.

Vous, seigneur?

ZAMTI.

O nature! ô devoir tyrannique!

ÉTAN.

Eh bien?

ZAMTI.

Dans son berceau saisis mon fils unique.

ÉTAN.

Votre fils!

ZAMTI.

Songe au roi que tu dois conserver.
Prends mon fils... que son sang... je ne puis achever.

ÉTAN.

Ah, que m'ordonnez-vous!

ZAMTI.

Respecte ma tendresse;
Respecte mon malheur, et surtout ma faiblesse :

N'oppose aucun obstacle à cet ordre sacré,
Et remplis ton devoir après l'avoir juré.

ÉTAN.

Vous m'avez arraché ce serment téméraire.
A quel devoir affreux me faut-il satisfaire ?
J'admire avec horreur ce dessein généreux ;
Mais si mon amitié...

ZAMTI.

C'en est trop, je le veux.
Je suis père ; et ce cœur, qu'un tel arrêt déchire,
S'en est dit cent fois plus que tu ne peux m'en dire.
J'ai fait taire le sang, fais taire l'amitié.
Pars.

ÉTAN.

Il faut obéir.

ZAMTI.

Laisse-moi, par pitié.

SCÈNE VII.

ZAMTI.

J'ai fait taire le sang ! Ah, trop malheureux père !
J'entends trop cette voix si fatale et si chère.
Ciel ! impose silence aux cris de ma douleur :
Mon épouse, mon fils, me déchirent le cœur.
De ce cœur effrayé cache-moi la blessure.
L'homme est trop faible, hélas ! pour dompter la nature :
Que peut-il par lui-même ? Achève, soutiens-moi ;
Affermis la vertu prête à tomber sans toi.

FIN DU PREMIER ACTE.

ACTE SECOND.

SCÈNE I.

ZAMTI.

Étan auprès de moi tarde trop à se rendre :
Il faut que je lui parle ; et je crains de l'entendre.
Je tremble malgré moi de son fatal retour.
O mon fils ! mon cher fils ! as-tu perdu le jour ?
Aura-t-on consommé ce fatal sacrifice ?
Je n'ai pu de ma main te conduire au supplice ;
Je n'en eus pas la force ; en ai-je assez au moins
Pour apprendre l'effet de mes funestes soins ?
En ai-je encore assez pour cacher mes alarmes ?

SCÈNE II.

ZAMTI, ÉTAN.

ZAMTI.

Viens, ami... je t'entends... je sais tout par tes larmes.

ETAN

Votre malheureux fils...

ZAMTI.

Arrête, parle-moi
De l'espoir de l'empire, et du fils de mon roi :
Est-il en sûreté ?

ACTE II, SCÈNE II.

ÉTAN.
>Les tombeaux de ses pères
Cachent à nos tyrans sa vie et ses misères.
Il vous devra des jours pour souffrir commencés;
Présent fatal peut-être !

ZAMTI.
>Il vit, c'en est assez.
O vous, à qui je rends ces services fidèles,
O mes rois! pardonnez mes larmes paternelles.

ÉTAN.
Osez-vous en ces lieux gémir en liberté?

ZAMTI.
Où porter ma douleur et ma calamité?
Et comment désormais soutenir les approches,
Le désespoir, les cris, les éternels reproches,
Les imprécations d'une mère en fureur?
Encor si nous pouvions prolonger son erreur !

ÉTAN.
On a ravi son fils dans sa fatale absence:
A nos cruels vainqueurs on conduit son enfance;
Et soudain j'ai volé pour donner mes secours
Au royal orphelin dont on poursuit les jours.

ZAMTI.
Ah! du moins, cher Étan, si tu pouvais lui dire
Que nous avons livré l'héritier de l'empire,
Que j'ai caché mon fils, qu'il est en sûreté !
Imposons quelque temps à sa crédulité.
Hélas! la vérité si souvent est cruelle!
On l'aime, et les humains sont malheureux par elle[6].

Allons... ciel! elle-même approche de ces lieux;
La douleur et la mort sont peintes dans ses yeux.

SCÈNE III.

ZAMTI, IDAMÉ.

IDAMÉ.

Qu'ai-je vu? Qu'a-t-on fait? barbare, est-il possible?
L'avez-vous commandé ce sacrifice horrible?
Non, je ne puis le croire; et le ciel irrité
N'a pas dans votre sein mis tant de cruauté.
Non, vous ne serez point plus dur et plus barbare
Que la loi du vainqueur et le fer du Tartare.
Vous pleurez, malheureux!

ZAMTI.

      Ah! pleurez avec moi;
Mais avec moi songez à sauver votre roi.

IDAMÉ.

Que j'immole mon fils!

ZAMTI.

     Telle est notre misère:
Vous êtes citoyenne avant que d'être mère.

IDAMÉ.

Quoi! sur toi la nature a si peu de pouvoir!

ZAMTI.

Elle n'en a que trop, mais moins que mon devoir;
Et je dois plus au sang de mon malheureux maître
Qu'à cet enfant obscur à qui j'ai donné l'être.

IDAMÉ.

Non, je ne connais point cette horrible vertu.

ACTE II, SCÈNE III.

J'ai vu nos murs en cendre et ce trône abattu ;
J'ai pleuré de nos rois les disgraces affreuses ;
Mais par quelles fureurs, encor plus douloureuses,
Veux-tu, de ton épouse avançant le trépas,
Livrer le sang d'un fils qu'on ne demande pas ?
Ces rois ensevelis, disparus dans la poudre,
Sont-ils pour toi des dieux dont tu craignes la foudre 7 ?
A ces dieux impuissans, dans la tombe endormis.
As-tu fait le serment d'assassiner ton fils ?
Hélas ! grands et petits, et sujets, et monarques,
Distingués un moment par de frivoles marques,
Égaux par la nature, égaux par le malheur,
Tout mortel est chargé de sa propre douleur [8] ;
Sa peine lui suffit, et, dans ce grand naufrage,
Rassembler nos débris, voilà notre partage.
Où serais-je, grand Dieu, si ma crédulité
Eût tombé dans le piége à mes pas présenté ?
Auprès du fils des rois si j'étais demeurée,
La victime aux bourreaux allait être livrée,
Je cessais d'être mère, et le même couteau
Sur le corps de mon fils me plongeait au tombeau.
Graces à mon amour, inquiète, troublée,
A ce fatal berceau l'instinct m'a rappelée.
J'ai vu porter mon fils à nos cruels vainqueurs ;
Mes mains l'ont arraché des mains des ravisseurs.
Barbare, ils n'ont point eu ta fermeté cruelle ;
J'en ai chargé soudain cette esclave fidèle,
Qui soutient de son lait ses misérables jours,
Ces jours qui périssaient sans moi, sans mon secours ;
J'ai conservé le sang du fils et de la mère,

Et j'ose dire encor de son malheureux père.

ZAMTI.

Quoi! mon fils est vivant!

IDAME.

Oui; rends graces au ciel,
Malgré toi favorable à ton cœur paternel.
Repens-toi.

ZAMTI.

Dieu des cieux, pardonnez cette joie,
Qui se mêle un moment aux pleurs où je me noie!
O ma chère Idamé! ces momens seront courts :
Vainement de mon fils vous prolongiez les jours;
Vainement vous cachiez cette fatale offrande :
Si nous ne donnons pas le sang qu'on nous demande,
Nos tyrans soupçonneux seront bientôt vengés;
Nos citoyens tremblans, avec nous égorgés,
Vont payer de vos soins les efforts inutiles;
De soldats entourés, nous n'avons plus d'asiles;
Et mon fils, qu'au trépas vous croyez arracher,
A l'œil qui le poursuit ne peut plus se cacher.
Il faut subir son sort 9.

IDAMÉ.

Ah! cher époux, demeure;
Écoute-moi du moins.

ZAMTI.

Hélas... il faut qu'il meure.

IDAMÉ.

Qu'il meure! arrête, tremble, et crains mon désespoir;
Crains sa mère.

ACTE II, SCÈNE III.

ZAMTI.
Je crains de trahir mon devoir.
Abandonnez le vôtre; abandonnez ma vie
Aux détestables mains d'un conquérant impie.
C'est mon sang qu'à Gengis il vous faut demander.
Allez, il n'aura pas de peine à l'accorder.
Dans le sang d'un époux trempez vos mains perfides;
Allez : ce jour n'est fait que pour des parricides.
Rendez vains mes sermens, sacrifiez nos lois,
Immolez votre époux et le sang de vos rois.

IDAMÉ.
De mes rois! Va, te dis-je; ils n'ont rien à prétendre;
Je ne dois point mon sang en tribut à leur cendre :
Va, le nom de sujet n'est pas plus saint pour nous
Que ces noms si sacrés et de père et d'époux.
La nature et l'hymen, voilà les lois premières,
Les devoirs, les liens des nations entières;
Ces lois viennent des dieux; le reste est des humains [10].
Ne me fais point haïr le sang des souverains :
Oui, sauvons l'orphelin d'un vainqueur homicide;
Mais ne le sauvons pas au prix d'un parricide;
Que les jours de mon fils n'achètent point ses jours :
Loin de l'abandonner, je vole à son secours;
Je prends pitié de lui; prends pitié de toi-même,
De ton fils innocent, de sa mère qui t'aime.
Je ne menace plus, je tombe à tes genoux.
O père infortuné! cher et cruel époux!
Pour qui j'ai méprisé, tu t'en souviens peut-être,
Ce mortel qu'aujourd'hui le sort a fait ton maître;
Accorde-moi mon fils, accorde-moi ce sang

Que le plus pur amour a formé dans mon flanc,
Et ne résiste point au cri terrible et tendre
Qu'à tes sens désolés l'amour a fait entendre[11].

ZAMTI.

Ah! c'est trop abuser du charme et du pouvoir
Dont la nature et vous combattez mon devoir.
Trop faible épouse, hélas! si vous pouviez connaître...

IDAME.

Je suis faible, oui, pardonne; une mère doit l'être.
Je n'aurai point de toi ce reproche à souffrir,
Quand il faudra te suivre et qu'il faudra mourir.
Cher époux, si tu peux au vainqueur sanguinaire,
A la place du fils, sacrifier la mère,
Je suis prête : Idamé ne se plaindra de rien ;
Et mon cœur est encore aussi grand que le tien.

ZAMTI.

Oui, j'en crois ta vertu.

SCÈNE IV.

ZAMTI, IDAMÉ, OCTAR; GARDES.

OCTAR.

Quoi! vous osez reprendre
Ce dépôt que ma voix vous ordonna de rendre?
Soldats, suivez leurs pas, et me répondez d'eux :
Saisissez cet enfant qu'ils cachent à mes yeux ;
Allez : votre empereur en ces lieux va paraître;
Apportez la victime aux pieds de votre maître.
Soldats, veillez sur eux.

ACTE II, SCÈNE V.

ZAMTI.

Je suis prêt d'obéir :
Vous aurez cet enfant.

IDAME.

Je ne le puis souffrir.
Non, vous ne l'obtiendrez, cruels, qu'avec ma vie.

OCTAR.

Qu'on fasse retirer cette femme hardie.
Voici votre empereur ; ayez soin d'empêcher
Que tous ces vils captifs osent en approcher.

SCÈNE V.

GENGIS, OCTAR, OSMAN; TROUPE DE GUERRIERS.

GENGIS.

On a poussé trop loin le droit de ma conquête.
Que le glaive se cache, et que la mort s'arrête :
Je veux que les vaincus respirent désormais.
J'envoyai la terreur, et j'apporte la paix :
La mort du fils des rois suffit à ma vengeance.
Étouffons dans son sang la fatale semence
Des complots éternels et des rebellions
Qu'un fantôme de prince inspire aux nations.
Sa famille est éteinte : il vit, il doit la suivre.
Je n'en veux qu'à des rois ; mes sujets doivent vivre.
   Cessez de mutiler tous ces grands monumens,
Ces prodiges des arts consacrés par les temps ;
Respectez-les, ils sont le prix de mon courage :
Qu'on cesse de livrer aux flammes, au pillage,

Ces archives de lois, ce vaste amas d'écrits,
Tous ces fruits du génie, objets de vos mépris :
Si l'erreur les dicta, cette erreur m'est utile ;
Elle occupe ce peuple, et le rend plus docile [12].
 Octar, je vous destine à porter mes drapeaux
Aux lieux où le soleil renaît du sein des eaux.
 (à un de ses suivans.)
Vous, dans l'Inde soumise, humble dans sa défaite,
Soyez de mes décrets le fidèle interprète,
Tandis qu'en Occident je fais voler mes fils
Des murs de Samarcande aux bords du Tanaïs.
Sortez : demeure, Octar.

SCÈNE VI.

GENGIS, OCTAR.

GENGIS.

      Eh bien, pouvais-tu croire
Que le sort m'élevât à ce comble de gloire ?
Je foule aux pieds ce trône, et je règne en des lieux
Où mon front avili n'osa lever les yeux.
Voici donc ce palais, cette superbe ville
Où, caché dans la foule, et cherchant un asile,
J'essuyai les mépris qu'à l'abri du danger
L'orgueilleux citoyen prodigue à l'étranger :
On dédaignait un Scythe, et la honte et l'outrage
De mes vœux mal conçus devinrent le partage ;
Une femme ici même a refusé la main
Sous qui depuis cinq ans tremble le genre humain.

ACTE II, SCÈNE VI.

OCTAR.

Quoi! dans ce haut degré de gloire et de puissance,
Quand le monde à vos pieds se prosterne en silence,
D'un tel ressouvenir vous seriez occupé!

GENGIS.

Mon esprit, je l'avoue, en fut toujours frappé.
Des affronts attachés à mon humble fortune,
C'est le seul dont je garde une idée importune.
Je n'eus que ce moment de faiblesse et d'erreur :
Je crus trouver ici le repos de mon cœur;
Il n'est point dans l'éclat dont le sort m'environne :
La gloire le promet; l'amour, dit-on, le donne.
J'en conserve un dépit trop indigne de moi;
Mais au moins je voudrais qu'elle connût son roi;
Que son œil entrevît, du sein de la bassesse,
De qui son imprudence outragea la tendresse;
Qu'à l'aspect des grandeurs, qu'elle eût pu partager,
Son désespoir secret servît à me venger.

OCTAR.

Mon oreille, seigneur, était accoutumée
Aux cris de la victoire et de la renommée,
Au bruit des murs fumans renversés sous vos pas,
Et non à ces discours que je ne conçois pas.

GENGIS.

Non, depuis qu'en ces lieux mon ame fut vaincue,
Depuis que ma fierté fut ainsi confondue,
Mon cœur s'est désormais défendu sans retour
Tous ces vils sentimens qu'ici l'on nomme amour.
Idamé, je l'avoue, en cette ame égarée
Fit une impression que j'avais ignorée.

Dans nos antres du Nord, dans nos stériles champs,
Il n'est point de beauté qui subjugue nos sens;
De nos travaux grossiers les compagnes sauvages
Partageaient l'âpreté de nos mâles courages :
Un poison tout nouveau me surprit en ces lieux;
La tranquille Idamé le portait dans ses yeux;
Ses paroles, ses traits, respiraient l'art de plaire.
Je rends grace au refus qui nourrit ma colère;
Son mépris dissipa ce charme suborneur,
Ce charme inconcevable, et souverain du cœur.
Mon bonheur m'eût perdu; mon ame tout entière
Se doit aux grands objets de ma vaste carrière.
J'ai subjugué le monde, et j'aurais soupiré !
Ce trait injurieux, dont je fus déchiré,
Ne rentrera jamais dans mon ame offensée;
Je bannis sans regret cette lâche pensée :
Une femme sur moi n'aura point ce pouvoir ;
Je la veux oublier, je ne veux point la voir.
Qu'elle pleure à loisir sa fierté trop rebelle;
Octar, je vous défends que l'on s'informe d'elle.

OCTAR.

Vous avez en ces lieux des soins plus importans.

GENGIS.

Oui, je me souviens trop de tant d'égaremens.

SCÈNE VII.

GENGIS, OCTAR, OSMAN.

OSMAN.

La victime, seigneur, allait être égorgée ;
Une garde autour d'elle était déja rangée ;
Mais un événement que je n'attendais pas
Demande un nouvel ordre et suspend son trépas :
Une femme éperdue, et de larmes baignée,
Arrive, tend les bras à la garde indignée ;
Et nous surprenant tous par ses cris forcenés,
« Arrêtez ! c'est mon fils que vous assassinez !
« C'est mon fils ! on vous trompe au choix de la victime. »
Le désespoir affreux qui parle et qui l'anime,
Ses yeux, son front, sa voix, ses sanglots, ses clameurs,
Sa fureur intrépide au milieu de ses pleurs,
Tout semblait annoncer, par ce grand caractère,
Le cri de la nature et le cœur d'une mère.
Cependant son époux devant nous appelé,
Non moins éperdu qu'elle, et non moins accablé,
Mais sombre et recueilli dans sa douleur funeste,
« De nos rois, a-t-il dit, voilà ce qui nous reste ;
« Frappez : voilà le sang que vous me demandez. »
De larmes, en parlant, ses yeux sont inondés.
Cette femme à ces mots d'un froid mortel saisie,
Long-temps sans mouvement, sans couleur et sans vie,
Ouvrant enfin les yeux, d'horreur appesantis,
Dès qu'elle a pu parler a réclamé son fils :
Le mensonge n'a point des douleurs si sincères ;

On ne versa jamais de larmes plus amères.
On doute, on examine, et je reviens confus
Demander à vos pieds vos ordres absolus.

GENGIS.

Je saurai démêler un pareil artifice ;
Et qui m'a pu tromper est sûr de son supplice.
Ce peuple de vaincus prétend-il m'aveugler ?
Et veut-on que le sang recommence à couler ?

OCTAR.

Cette femme ne peut tromper votre prudence :
Du fils de l'empereur elle a conduit l'enfance ;
Aux enfans de son maître on s'attache aisément ;
Le danger, le malheur ajoute au sentiment ;
Le fanatisme alors égale la nature,
Et sa douleur si vraie ajoute à l'imposture.
Bientôt, de son secret perçant l'obscurité,
Vos yeux sur cette nuit répandront la clarté.

GENGIS.

Quelle est donc cette femme ?

OCTAR.

On dit qu'elle est unie
A l'un de ces lettrés que respectait l'Asie,
Qui, trop enorgueillis du faste de leurs lois,
Sur leur vain tribunal osaient braver cent rois.
Leur foule est innombrable : ils sont tous dans les chaî-
Ils connaîtront enfin des lois plus souveraines : [nes ;
Zamti, c'est là le nom de cet esclave altier
Qui veillait sur l'enfant qu'on doit sacrifier.

GENGIS.

Allez interroger ce couple condamnable ;

Tirez la vérité de leur bouche coupable;
Que nos guerriers surtout, à leurs postes fixés,
Veillent dans tous les lieux où je les ai placés;
Qu'aucun d'eux ne s'écarte. On parle de surprise;
Les Coréens, dit-on, tentent quelque entreprise;
Vers les rives du fleuve on a vu des soldats.
Nous saurons quels mortels s'avancent au trépas,
Et si l'on veut forcer les enfans de la guerre
A porter le carnage aux bornes de la terre.

FIN DU SECOND ACTE.

ACTE TROISIÈME.

SCÈNE I.

GENGIS, OSMAN; troupe de guerriers.

GENGIS.
A-t-on de ces captifs éclairci l'imposture ?
A-t-on connu leur crime et vengé mon injure ?
Ce rejeton des rois à leur garde commis
Entre les mains d'Octar est-il enfin remis ?

OSMAN.
Il cherche à pénétrer dans ce sombre mystère.
A l'aspect des tourmens, ce mandarin sévère
Persiste en sa réponse avec tranquillité ;
Il semble sur son front porter la vérité :
Son épouse en tremblant nous répond par des larmes ;
Sa plainte, sa douleur augmente encor ses charmes.
De pitié malgré nous nos cœurs étaient surpris,
Et nous nous étonnions de nous voir attendris :
Jamais rien de si beau ne frappa notre vue.
Seigneur, le croiriez-vous ! cette femme éperdue
A vos sacrés genoux demande à se jeter.
« Que le vainqueur des rois daigne enfin m'écouter :
« Il pourra d'un enfant protéger l'innocence ;
« Malgré ses cruautés j'espère en sa clémence :
« Puisqu'il est tout puissant, il sera généreux ;

« Pourrait-il rebuter les pleurs des malheureux ? »
C'est ainsi qu'elle parle; et j'ai dû lui promettre
Qu'à vos pieds en ces lieux vous daignerez l'admettre.

GENGIS.

De ce mystère enfin je dois être éclairci.
(à sa suite.)
Oui, qu'elle vienne : allez, et qu'on l'amène ici.
Qu'elle ne pense pas que par de vaines plaintes,
Des soupirs affectés, et quelques larmes feintes,
Aux yeux d'un conquérant on puisse en imposer :
Les femmes de ces lieux ne peuvent m'abuser ;
Je n'ai que trop connu leurs larmes infidèles,
Et mon cœur dès long-temps s'est affermi contre elles.
Elle cherche un honneur dont dépendra son sort ;
Et vouloir me tromper, c'est demander la mort.

OSMAN.

Voilà cette captive à vos pieds amenée.

GENGIS.

Que vois-je ! est-il possible ? ô ciel ! ô destinée !
Ne me trompé-je point ? est-ce un songe, une erreur ?
C'est Idamé ! c'est elle ! et mes sens...

SCÈNE II.

GENGIS, IDAMÉ, OCTAR, OSMAN; GARDES.

IDAME.

Ah, seigneur :
Tranchez les tristes jours d'une femme éperdue.
Vous devez vous venger, je m'y suis attendue ;
Mais, seigneur, épargnez un enfant innocent.

GENGIS.

Rassurez-vous ; sortez de cet effroi pressant...
Ma surprise, madame, est égale à la vôtre...
Le destin qui fait tout nous trompa l'un et l'autre.
Les temps sont bien changés : mais si l'ordre des cieux
D'un habitant du Nord, méprisable à vos yeux,
A fait un conquérant sous qui tremble l'Asie,
Ne craignez rien pour vous, votre empereur oublie
Les affronts qu'en ces lieux essuya Témugin.
J'immole à ma victoire, à mon trône, au destin,
Le dernier rejeton d'une race ennemie :
Le repos de l'état me demande sa vie ;
Il faut qu'entre mes mains ce dépôt soit livré.
Votre cœur sur un fils doit être rassuré ;
Je le prends sous ma garde.

IDAMÉ.

A peine je respire.

GENGIS.

Mais de la vérité, madame, il faut m'instruire :
Quel indigne artifice ose-t-on m'opposer ?
De vous, de votre époux, qui prétend m'imposer

IDAMÉ.

Ah ! des infortunés épargnez la misère.

GENGIS.

Vous savez si je dois haïr ce téméraire.

IDAMÉ.

Vous, seigneur !

GENGIS.

J'en dis trop, et plus que je ne veux

ACTE III, SCÈNE II.

IDAMÉ.

Ah! rendez-moi, seigneur, un enfant malheureux :
Vous me l'avez promis; sa grace est prononcée.

GENGIS.

Sa grace est dans vos mains : ma gloire est offensée,
Mes ordres méprisés, mon pouvoir avili;
En un mot, vous savez jusqu'où je suis trahi.
C'est peu de m'enlever le sang que je demande,
De me désobéir alors que je commande;
Vous êtes dès long-temps instruite à m'outrager :
Ce n'est pas d'aujourd'hui que je dois me venger.
Votre époux... ce seul nom le rend assez coupable.
Quel est donc ce mortel pour vous si respectable,
Qui sous ses lois, madame, a pu vous captiver ?
Quel est cet insolent qui pense me braver ?
Qu'il vienne.

IDAMÉ.

Mon époux, vertueux et fidèle,
Objet infortuné de ma douleur mortelle,
Servit son Dieu, son roi, rendit mes jours heureux.

GENGIS.

Qui... lui ? Mais depuis quand formâtes-vous ces nœuds ?

IDAMÉ.

Depuis que loin de nous le sort, qui vous seconde,
Eut entraîné vos pas pour le malheur du monde.

GENGIS.

J'entends; depuis le jour que je fus outragé,
Depuis que de vous deux je dus être vengé,
Depuis que vos climats ont mérité ma haine.

SCÈNE III.

GENGIS, OCTAR, OSMAN, *d'un côté;* IDAMÉ, ZAMTI, *de l'autre;* GARDES.

GENGIS.
Parle : as-tu satisfait à ma loi souveraine ?
As-tu mis dans mes mains le fils de l'empereur ?
ZAMTI.
J'ai rempli mon devoir, c'en est fait; oui, seigneur.
GENGIS.
Tu sais si je punis la fraude et l'insolence :
Tu sais que rien n'échappe aux coups de ma vengeance;
Que si le fils des rois par toi m'est enlevé,
Malgré ton imposture il sera retrouvé;
Que son trépas certain va suivre ton supplice.
(à ses gardes.)
Mais je veux bien le croire. Allez, et qu'on saisisse
L'enfant que cet esclave a remis en vos mains.
Frappez.
ZAMTI.
Malheureux père !
IDAMÉ.
Arrêtez, inhumains !
Ah, seigneur ! est-ce ainsi que la pitié vous presse ?
Est-ce ainsi qu'un vainqueur sait tenir sa promesse ?
GENGIS.
Est-ce ainsi qu'on m'abuse, et qu'on croit me jouer ?
C'en est trop : écoutez, il faut tout m'avouer.

Sur cet enfant, madame, expliquez-vous sur l'heure,
Instruisez-moi de tout, répondez, ou qu'il meure.
IDAMÉ.
Eh bien ! mon fils l'emporte : et si, dans mon malheur,
L'aveu que la nature arrache à ma douleur
Est encore à vos yeux une offense nouvelle ;
S'il faut toujours du sang à votre ame cruelle,
Frappez ce triste cœur qui cède à son effroi,
Et sauvez un mortel plus généreux que moi.
Seigneur, il est trop vrai que notre auguste maître,
Qui, sans vos seuls exploits, n'eût point cessé de l'être,
A remis à mes mains, aux mains de mon époux,
Ce dépôt respectable à tout autre qu'à vous.
Seigneur, assez d'horreurs suivaient votre victoire,
Assez de cruautés ternissaient tant de gloire ;
Dans des fleuves de sang tant d'innocens plongés,
L'empereur et sa femme, et cinq fils égorgés,
Le fer de tous côtés dévastant cet empire,
Tous ces champs de carnage auraient dû vous suffire.
Un barbare en ces lieux est venu demander
Ce dépôt précieux que j'aurais dû garder,
Ce fils de tant de rois, notre unique espérance.
A cet ordre terrible, à cette violence,
Mon époux, inflexible en sa fidélité,
N'a vu que son devoir, et n'a point hésité :
Il a livré son fils. La nature outragée
Vainement déchirait son ame partagée ;
Il imposait silence à ses cris douloureux.
Vous deviez ignorer ce sacrifice affreux :
J'ai dû plus respecter sa fermeté sévère ;

Je devais l'imiter : mais enfin je suis mère;
Mon ame est au dessous d'un si cruel effort;
Je n'ai pu de mon fils consentir à la mort.
Hélas! au désespoir que j'ai trop fait paraître,
Une mère aisément pouvait se reconnaître.
Voyez de cet enfant le père confondu,
Qui ne vous a trahi qu'à force de vertu :
L'un n'attend son salut que de son innocence;
Et l'autre est respectable alors qu'il vous offense.
Ne punissez que moi, qui trahis à la fois
Et l'époux que j'admire, et le sang de mes rois.
Digne époux! digne objet de toute ma tendresse!
La pitié maternelle est ma seule faiblesse :
Mon sort suivra le tien; je meurs si tu péris;
Pardonne-moi du moins d'avoir sauvé ton fils.

ZAMTI.

Je t'ai tout pardonné, je n'ai plus à me plaindre.
Pour le sang de mon roi je n'ai plus rien à craindre;
Ses jours sont assurés.

GENGIS.

    Traître, ils ne le sont pas :
Va réparer ton crime, ou subir ton trépas.

ZAMTI.

Le crime est d'obéir à des ordres injustes.
La souveraine voix de mes maîtres augustes
Du sein de leurs tombeaux parle plus haut que toi.
Tu fus notre vainqueur, et tu n'es pas mon roi;
Si j'étais ton sujet, je te serais fidèle.
Arrache-moi la vie, et respecte mon zèle :
Je t'ai livré mon fils, j'ai pu te l'immoler;

ACTE III, SCÈNE IV.

Penses-tu que pour moi je puisse encor trembler?
GENGIS.
Qu'on l'ôte de mes yeux.
IDAMÉ.
Ah! daignez...
GENGIS.
Qu'on l'entraîne.
IDAMÉ.
Non, n'accablez que moi des traits de votre haine.
Cruel! qui m'aurait dit que j'aurais par vos coups
Perdu mon empereur, mon fils et mon époux?
Quoi! votre ame jamais ne peut être amollie?
GENGIS.
Allez, suivez l'époux à qui le sort vous lie.
Est-ce à vous de prétendre encore à me toucher?
Et quel droit avez-vous de me rien reprocher?
IDAMÉ.
Ah! je l'avais prévu, je n'ai plus d'espérance.
GENGIS.
Allez, dis-je, Idamé : si jamais la clémence
Dans mon cœur malgré moi pouvait encore entrer,
Vous sentez quels affronts il faudrait réparer.

SCÈNE IV.

GENGIS, OCTAR.

GENGIS.
D'où vient que je gémis? d'où vient que je balance?
Quel dieu parlait en elle et prenait sa défense?

Est-il dans les vertus, est-il dans la beauté
Un pouvoir au dessus de mon autorité?
Ah! demeurez, Octar; je me crains, je m'ignore:
Il me faut un ami, je n'en eus point encore;
Mon cœur en a besoin.

OCTAR.

Puisqu'il faut vous parler,
S'il est des ennemis qu'on vous doive immoler,
Si vous voulez couper d'une race odieuse,
Dans ses derniers rameaux, la tige dangereuse,
Précipitez sa perte; il faut que la rigueur,
Trop nécessaire appui du trône d'un vainqueur,
Frappe sans intervalle un coup sûr et rapide:
C'est un torrent qui passe en son cours homicide;
Le temps ramène l'ordre et la tranquillité;
Le peuple se façonne à la docilité;
De ses premiers malheurs l'image est affaiblie;
Bientôt il les pardonne, et même il les oublie.
Mais lorsque goutte à goutte on fait couler le sang,
Qu'on ferme avec lenteur et qu'on rouvre le flanc,
Que les jours renaissans ramènent le carnage,
Le désespoir tient lieu de force et de courage,
Et fait d'un peuple faible un peuple d'ennemis
D'autant plus dangereux qu'ils étaient plus soumis.

GENGIS.

Quoi! c'est cette Idamé! quoi! c'est là cette esclave!
Quoi! l'hymen l'a soumise au mortel qui me brave!

OCTAR.

Je conçois que pour elle il n'est point de pitié;
Vous ne lui devez plus que votre inimitié.

Cet amour, dites-vous, qui vous toucha pour elle,
Fut d'un feu passager la légère étincelle :
Ses imprudens refus, la colère, et le temps,
En ont éteint dans vous les restes languissans;
Elle n'est à vos yeux qu'une femme coupable,
D'un criminel obscur épouse méprisable.

GENGIS.

Il en sera puni; je le dois, je le veux :
Ce n'est pas avec lui que je suis généreux.
Moi, laisser respirer un vaincu que j'abhorre !
Un esclave ! un rival !

OCTAR.

Pourquoi vit-il encore?
Vous êtes tout-puissant, et n'êtes point vengé !

GENGIS.

Juste ciel ! à ce point mon cœur serait changé !
C'est ici que ce cœur connaîtrait les alarmes,
Vaincu par la beauté, désarmé par les larmes,
Dévorant mon dépit et mes soupirs honteux !
Moi, rival d'un esclave, et d'un esclave heureux !
Je souffre qu'il respire, et cependant on l'aime.
Je respecte Idamé jusqu'en son époux même;
Je crains de la blesser en enfonçant mes coups
Dans le cœur détesté de cet indigne époux.
Est-il bien vrai que j'aime ? est-ce moi qui soupire ?
Qu'est-ce donc que l'amour? a-t-il donc tant d'empire?

OCTAR.

Je n'appris qu'à combattre, à marcher sous vos lois;
Mes chars et mes coursiers, mes flèches, mon carquois,
Voilà mes passions et ma seule science :

Des caprices du cœur j'ai peu d'intelligence;
Je connais seulement la victoire et nos mœurs :
Les captives toujours ont suivi leurs vainqueurs.
Cette délicatesse, importune, étrangère,
Dément votre fortune et votre caractère.
Et qu'importe pour vous qu'une esclave de plus
Attende en gémissant vos ordres absolus?

GENGIS.

Qui connaît mieux que moi jusqu'où va ma puissance?
Je puis, je le sais trop, user de violence;
Mais quel bonheur honteux, cruel, empoisonné,
D'assujétir un cœur qui ne s'est point donné,
De ne voir en des yeux dont on sent les atteintes
Qu'un nuage de pleurs et d'éternelles craintes,
Et de ne posséder, dans sa funeste ardeur,
Qu'une esclave tremblante à qui l'on fait horreur!
Les monstres des forêts qu'habitent nos Tartares
Ont des jours plus sereins, des amours moins barbares.
Enfin il faut tout dire; Idamé prit sur moi
Un secret ascendant qui m'imposait la loi.
Je tremble que mon cœur aujourd'hui s'en souvienne:
J'en étais indigné; son ame eut sur la mienne,
Et sur mon caractère, et sur ma volonté,
Un empire plus sûr et plus illimité
Que je n'en ai reçu des mains de la victoire
Sur cent rois détrônés, accablés de ma gloire :
Voilà ce qui tantôt excitait mon dépit.
Je la veux pour jamais chasser de mon esprit;
Je me rends tout entier à ma grandeur suprême;
Je l'oublie : elle arrive; elle triomphe, et j'aime.

SCÈNE V.

GENGIS, OCTAR, OSMAN.

GENGIS.
Eh bien, que résout-elle? et que m'apprenez-vous?
OSMAN.
Elle est prête à périr auprès de son époux,
Plutôt que découvrir l'asile impénétrable
Où leurs soins ont caché cet enfant misérable;
Ils jurent d'affronter le plus cruel trépas.
Son époux la retient tremblante entre ses bras ;
Il soutient sa constance, il l'exhorte au supplice :
Ils demandent tous deux que la mort les unisse.
Tout un peuple autour d'eux pleure et frémit d'effroi.
GENGIS.
Idamé, dites-vous, attend la mort de moi?
Ah! rassurez son ame, et faites-lui connaître
Que ses jours sont sacrés, qu'ils sont chers à son maître.
C'en est assez; volez.

SCÈNE VI.

GENGIS, OCTAR.

OCTAR.
Quels ordres donnez-vous
Sur cet enfant des rois qu'on dérobe à nos coups ?

GENGIS.

Aucun.

OCTAR.

Vous commandiez que notre vigilance
Aux mains d'Idamé même enlevât son enfance.

GENGIS.

Qu'on attende.

OCTAR.

On pourrait...

GENGIS.

Il ne peut m'échapper.

OCTAR.

Peut-être elle vous trompe.

GENGIS.

Elle ne peut tromper.

OCTAR.

Voulez-vous de ces rois conserver ce qui reste ?

GENGIS.

Je veux qu'Idamé vive; ordonne tout le reste.
Va la trouver. Mais non, cher Octar, hâte-toi
De forcer son époux à fléchir sous ma loi :
C'est peu de cet enfant, c'est peu de son supplice;
Il faut bien qu'il me fasse un plus grand sacrifice.

OCTAR.

Lui?

GENGIS.

Sans doute : oui, lui-même.

OCTAR.

Et quel est votre espoir?

GENGIS.

De dompter Idamé, de l'aimer, de la voir,
D'être aimé de l'ingrate, ou de me venger d'elle,
De la punir. Tu vois ma faiblesse nouvelle :
Emporté malgré moi par de contraires vœux,
Je frémis, et j'ignore encor ce que je veux.

FIN DU TROISIÈME ACTE.

ACTE QUATRIÈME.

SCÈNE I.

GENGIS; TROUPE DE GUERRIERS TARTARES.

GENGIS.

Ainsi la liberté, le repos et la paix,
Ce but de mes travaux me fuira pour jamais!
Je ne puis être à moi? D'aujourd'hui je commence
A sentir tout le poids de ma triste puissance :
Je cherchais Idamé; je ne vois près de moi
Que ces chefs importuns qui fatiguent leur roi.
  (à sa suite.)
Allez, au pied des murs hâtez-vous de vous rendre;
L'insolent Coréen ne pourra nous surprendre :
Ils ont proclamé roi cet enfant malheureux,
Et, sa tête à la main, je marcherai contre eux.
Pour la dernière fois que Zamti m'obéisse !
J'ai trop de cet enfant différé le supplice.
  (il reste seul.)
Allez. Ces soins cruels, à mon sort attachés,
Gênent trop mes esprits d'un autre soin touchés :
Ce peuple à contenir, ces vainqueurs à conduire,
Des périls à prévoir, des complots à détruire;
Que tout pèse à mon cœur en secret tourmenté!
Ah! je fus plus heureux dans mon obscurité.

SCÈNE II.

GENGIS, OCTAR.

GENGIS.
Eh bien ! vous avez vu ce mandarin farouche ?
OCTAR.
Nul péril ne l'émeut, nul respect ne le touche.
Seigneur, en votre nom j'ai rougi de parler
A ce vil ennemi qu'il fallait immoler;
D'un œil d'indifférence il a vu le supplice;
Il répète les noms de devoir, de justice;
Il brave la victoire ; on dirait que sa voix
Du haut d'un tribunal nous dicte ici des lois.
Confondez avec lui son épouse rebelle;
Ne vous abaissez point à soupirer pour elle ;
Et détournez les yeux de ce couple proscrit,
Qui vous ose braver quand la terre obéit.
GENGIS.
Non, je ne reviens point encor de ma surprise :
Quels sont donc ces humains que mon bonheur maîtrise ?
Quels sont ces sentimens, qu'au fond de nos climats
Nous ignorions encore, et ne soupçonnions pas ?
A son roi, qui n'est plus, immolant la nature,
L'un voit périr son fils sans crainte et sans murmure;
L'autre pour son époux est prête à s'immoler :
Rien ne peut les fléchir, rien ne les fait trembler.
Que dis-je ! si j'arrête une vue attentive
Sur cette nation désolée et captive,

Malgré moi je l'admire en lui donnant des fers :
Je vois que ses travaux ont instruit l'univers ;
Je vois un peuple antique, industrieux, immense.
Ses rois sur la sagesse ont fondé leur puissance,
De leurs voisins soumis heureux législateurs,
Gouvernant sans conquête, et régnant par les mœurs.
Le ciel ne nous donna que la force en partage ;
Nos arts sont les combats, détruire est notre ouvrage.
Ah! de quoi m'ont servi tant de succès divers?
Quel fruit me revient-il des pleurs de l'univers?
Nous rougissons de sang le char de la victoire.
Peut-être qu'en effet il est une autre gloire :
Mon cœur est en secret jaloux de leurs vertus;
Et, vainqueur, je voudrais égaler les vaincus.

OCTAR.

Pouvez-vous de ce peuple admirer la faiblesse?
Quel mérite ont des arts enfans de la mollesse,
Qui n'ont pu les sauver des fers et de la mort?
Le faible est destiné pour servir le plus fort :
Tout cède sur la terre aux travaux, au courage;
Mais c'est vous qui cédez, qui souffrez un outrage,
Vous qui tendez les mains, malgré votre courroux,
A je ne sais quels fers inconnus parmi nous ;
Vous qui vous exposez à la plainte importune
De ceux dont la valeur a fait votre fortune.
Ces braves compagnons de vos travaux passés
Verront-ils tant d'honneurs par l'amour effacés? [sent;
Leur grand cœur s'en indigne et leurs fronts en rougis-
Leurs clameurs jusqu'à vous par ma voix retentissent;
Je vous parle en leur nom comme au nom de l'état.

ACTE IV, SCÈNE III.

Excusez un Tartare, excusez un soldat
Blanchi sous le harnois et dans votre service,
Qui ne peut supporter un amoureux caprice,
Et qui montre la gloire à vos yeux éblouis.

GENGIS.

Que l'on cherche Idamé.

OCTAR.

Vous voulez...

GENGIS.

Obéis.

De ton zèle hardi réprime la rudesse;
Je veux que mes sujets respectent ma faiblesse.

SCÈNE III.

GENGIS.

A mon sort à la fin je ne puis résister;
Le ciel me la destine, il n'en faut point douter.
Qu'ai-je fait, après tout, dans ma grandeur suprême?
J'ai fait des malheureux, et je le suis moi-même;
Et de tous ces mortels attachés à mon rang,
Avides de combats, prodigues de leur sang,
Un seul a-t-il jamais, arrêtant ma pensée,
Dissipé les chagrins de mon ame oppressée?
Tant d'états subjugués ont-ils rempli mon cœur?
Ce cœur, lassé de tout, demandait une erreur
Qui pût de mes ennuis chasser la nuit profonde,
Et qui me consolât sur le trône du monde [13].
Par ses tristes conseils Octar m'a révolté :

Je ne vois près de moi qu'un tas ensanglanté
De monstres affamés et d'assassins sauvages,
Disciplinés au meurtre et formés aux ravages;
Ils sont nés pour la guerre et non pas pour ma cour;
Je les prends en horreur, en connaissant l'amour :
Qu'ils combattent sous moi, qu'ils meurent à ma suite;
Mais qu'ils n'osent jamais juger de ma conduite.
Idamé ne vient point... C'est elle, je la voi.

SCÈNE IV.

GENGIS, IDAMÉ.

IDAMÉ.

Quoi! vous voulez jouir encor de mon effroi?
Ah, seigneur! épargnez une femme, une mère :
Ne rougissez-vous pas d'accabler ma misère?

GENGIS.

Cessez à vos frayeurs de vous abandonner :
Votre époux peut se rendre, on peut lui pardonner;
J'ai déja suspendu l'effet de ma vengeance,
Et mon cœur pour vous seule a connu la clémence.
Peut-être ce n'est pas sans un ordre des cieux
Que mes prospérités m'ont conduit à vos yeux;
Peut-être le destin voulut vous faire naître
Pour fléchir un vainqueur, pour captiver un maître,
Pour adoucir en moi cette âpre dureté
Des climats où mon sort en naissant m'a jeté.
Vous m'entendez, je règne, et vous pourriez reprendre
Un pouvoir que sur moi vous deviez peu prétendre.

ACTE III, SCÈNE IV.

Le divorce, en un mot, par mes lois est permis ;
Et le vainqueur du monde à vous seule est soumis.
S'il vous fut odieux, le trône a quelques charmes ;
Et le bandeau des rois peut essuyer des larmes 14.
L'intérêt de l'état et de vos citoyens
Vous presse autant que moi de former ces liens.
Ce langage, sans doute, a de quoi vous surprendre :
Sur les débris fumans des trônes mis en cendre,
Le destructeur des rois dans la poudre oubliés
Semblait n'être plus fait pour se voir à vos pieds :
Mais sachez qu'en ces lieux votre foi fut trompée ;
Par un rival indigne elle fut usurpée :
Vous la devez, madame, au vainqueur des humains ;
Témugin vient à vous vingt sceptres dans les mains.
Vous baissez vos regards, et je ne puis comprendre
Dans vos yeux interdits ce que je dois attendre :
Oubliez mon pouvoir, oubliez ma fierté,
Pesez vos intérêts, parlez en liberté.

IDAMÉ.

A tant de changemens tour à tour condamnée,
Je ne le cèle point, vous m'avez étonnée :
Je vais, si je le puis, reprendre mes esprits ;
Et, quand je répondrai, vous serez plus surpris.
Il vous souvient du temps et de la vie obscure
Où le ciel enfermait votre grandeur future ;
L'effroi des nations n'était que Témugin ;
L'univers n'était pas, seigneur, en votre main :
Elle était pure alors, et me fut présentée :
Apprenez qu'en ce temps je l'aurais acceptée.

GENGIS.

Ciel! que m'avez-vous dit? ô ciel! vous m'aimeriez!
Vous!

IDAMÉ.

J'ai dit que ces vœux, que vous me présentiez,
N'auraient point révolté mon ame assujétie,
Si les sages mortels à qui j'ai dû la vie
N'avaient fait à mon cœur un contraire devoir.
De nos parens sur nous vous savez le pouvoir :
Du Dieu que nous servons ils sont la vive image;
Nous leur obéissons en tout temps, en tout âge.
Cet empire détruit, qui dut être immortel,
Seigneur, était fondé sur le droit paternel,
Sur la foi de l'hymen, sur l'honneur, la justice,
Le respect des sermens; et, s'il faut qu'il périsse,
Si le sort l'abandonne à vos heureux forfaits,
L'esprit qui l'anima ne périra jamais.
Vos destins sont changés; mais le mien ne peut l'être

GENGIS.

Quoi! vous m'auriez aimé!

IDAMÉ.

C'est à vous de connaître
Que ce serait encore une raison de plus
Pour n'attendre de moi qu'un éternel refus.
Mon hymen est un nœud formé par le ciel même :
Mon époux m'est sacré : je dirai plus, je l'aime.
Je le préfère à vous, au trône, à vos grandeurs.
Pardonnez mon aveu, mais respectez nos mœurs.
Ne pensez pas non plus que je mette ma gloire
A remporter sur vous cette illustre victoire,

A braver un vainqueur, à tirer vanité
De ces justes refus qui ne m'ont point coûté :
Je remplis mon devoir, et je me rends justice ;
Je ne fais point valoir un pareil sacrifice.
Portez ailleurs les dons que vous me proposez,
Détachez-vous d'un cœur qui les a méprisés ;
Et, puisqu'il faut toujours qu'Idamé vous implore,
Permettez qu'à jamais mon époux les ignore.
De ce faible triomphe il serait moins flatté
Qu'indigné de l'outrage à ma fidélité.

GENGIS.

Il sait mes sentimens, madame ; il faut les suivre :
Il s'y conformera s'il aime encore à vivre.

IDAMÉ.

Il en est incapable, et si dans les tourmens
La douleur égarait ses nobles sentimens,
Si son ame vaincue avait quelque mollesse,
Mon devoir et ma foi soutiendraient sa faiblesse ;
De son cœur chancelant je deviendrais l'appui
En attestant des nœuds déshonorés par lui.

GENGIS.

Ce que je viens d'entendre, ô dieux ! est-il croyable ?
Quoi ! lorsque envers vous-même il s'est rendu coupable ;
Lorsque sa cruauté, par un barbare effort,
Vous arrachant un fils, l'a conduit à la mort !

IDAMÉ.

Il eut une vertu, seigneur, que je révère :
Il pensait en héros, je n'agissais qu'en mère ;
Et, si j'étais injuste assez pour le haïr,

Je me respecte assez pour ne le point trahir.
GENGIS.
Tout m'étonne dans vous, mais aussi tout m'outrage :
J'adore avec dépit cet excès de courage ;
Je vous aime encor plus quand vous me résistez :
Vous subjuguez mon cœur et vous le révoltez.
Redoutez-moi ; sachez que, malgré ma faiblesse,
Ma fureur peut aller plus loin que ma tendresse.
IDAMÉ.
Je sais qu'ici tout tremble ou périt sous vos coups :
Les lois vivent encore et l'emportent sur vous.
GENGIS.
Les lois ! il n'en est plus : quelle erreur obstinée
Ose les alléguer contre ma destinée ?
Il n'est ici de lois que celles de mon cœur,
Celles d'un souverain, d'un Scythe, d'un vainqueur :
Les lois que vous suivez m'ont été trop fatales.
Oui, lorsque dans ces lieux nos fortunes égales,
Nos sentimens, nos cœurs l'un vers l'autre emportés,
(Car je le crois ainsi malgré vos cruautés)
Quand tout nous unissait, vos lois, que je déteste,
Ordonnèrent ma honte et votre hymen funeste.
Je les anéantis, je parle, c'est assez :
Imitez l'univers, madame ; obéissez.
Vos mœurs que vous vantez, vos usages austères,
Sont un crime à mes yeux quand ils me sont contraires.
Mes ordres sont donnés, et votre indigne époux
Doit remettre en mes mains votre empereur et vous :
Leurs jours me répondront de votre obéissance.
Pensez-y ; vous savez jusqu'où va ma vengeance,

Et songez à quel prix vous pouvez désarmer
Un maître qui vous aime et qui rougit d'aimer.

SCÈNE V.

IDAMÉ, ASSÉLI.

IDAMÉ.

Il me faut donc choisir leur perte ou l'infamie !
O pur sang de mes rois ! ô moitié de ma vie !
Cher époux, dans mes mains quand je tiens votre sort,
Ma voix sans balancer vous condamne à la mort !

ASSÉLI.

Ah! reprenez plutôt cet empire suprême
Qu'aux beautés, aux vertus, attacha le ciel même;
Ce pouvoir qui soumit ce Scythe furieux
Aux lois de la raison qu'il lisait dans vos yeux.
Long-temps accoutumée à dompter sa colère,
Que ne pouvez-vous point puisque vous savez plaire !

IDAMÉ.

Dans l'état où je suis c'est un malheur de plus.

ASSÉLI.

Vous seule adouciriez le destin des vaincus :
Dans nos calamités, le ciel qui vous seconde
Veut vous opposer seule à ce tyran du monde :
Vous avez vu tantôt son courage irrité
Se dépouiller pour vous de sa férocité.
Il aurait dû cent fois, il devrait même encore
Perdre dans votre époux un rival qu'il abhorre ;
Zamti pourtant respire après l'avoir bravé ;

A son épouse encore il n'est point enlevé.
On vous respecte en lui; ce vainqueur sanguinaire
Sur les débris du monde a craint de vous déplaire.
Enfin souvenez-vous que dans ces mêmes lieux
Il sentit le premier le pouvoir de vos yeux :
Son amour autrefois fut pur et légitime.

IDAMÉ.

Arrête, il ne l'est plus; y penser est un crime.

SCÈNE VI.

ZAMTI, IDAMÉ, ASSÉLI.

IDAMÉ.

Ah! dans ton infortune et dans mon désespoir,
Suis-je encor ton épouse, et peux-tu me revoir?

ZAMTI.

On le veut : du tyran tel est l'ordre funeste;
Je dois à ses fureurs ce moment qui me reste.

IDAMÉ.

On t'a dit à quel prix ce tyran daigne enfin
Sauver tes tristes jours et ceux de l'orphelin?

ZAMTI.

Ne parlons pas des miens, laissons notre infortune.
Un citoyen n'est rien dans la perte commune;
Il doit s'anéantir. Idamé, souviens-toi
Que mon devoir unique est de sauver mon roi :
Nous lui devions nos jours, nos services, notre être,
Tout, jusqu'au sang d'un fils qui naquit pour son maître;
Mais l'honneur est un bien que nous ne devons pas.

ACTE IV, SCÈNE VI.

Cependant l'orphelin n'attend que le trépas ;
Mes soins l'ont enfermé dans ces asiles sombres
Où des rois ses aïeux on révère les ombres ;
La mort, si nous tardons, l'y dévore avec eux.
En vain des Coréens le prince généreux
Attend ce cher dépôt que lui promit mon zèle.
Étan, de son salut ce ministre fidèle,
Étan, ainsi que moi, se voit chargé de fers.
Toi seule à l'orphelin restes dans l'univers ;
C'est à toi maintenant de conserver sa vie,
Et ton fils et ta gloire à mon honneur unie.

IDAMÉ.
Ordonne; que veux-tu? que faut-il?

ZAMTI.
M'oublier,
Vivre pour ton pays, lui tout sacrifier.
Ma mort, en éteignant les flambeaux d'hyménée,
Est un arrêt des cieux qui fait ta destinée.
Il n'est plus d'autres soins ni d'autres lois pour nous :
L'honneur d'être fidèle aux cendres d'un époux
Ne saurait balancer une gloire plus belle.
C'est au prince, à l'état, qu'il faut être fidèle.
Remplissons de nos rois les ordres absolus ;
Je leur donnai mon fils, je leur donne encor plus.
Libre par mon trépas, enchaîne ce Tartare ;
Éteins sur mon tombeau les foudres du barbare [15] :
Je commence à sentir la mort avec horreur,
Quand ma mort t'abandonne à cet usurpateur :
Je fais en frémissant ce sacrifice impie ;
Mais mon devoir l'épure et mon trépas l'expie :

Il était nécessaire autant qu'il est affreux.
Idamé, sers de mère à ton roi malheureux;
Règne, que ton roi vive, et que ton époux meure :
Règne, dis-je, à ce prix : oui, je le veux...
IDAMÉ.

Demeure.

Me connais-tu? veux-tu que ce funeste rang
Soit le prix de ma honte et le prix de ton sang?
Penses-tu que je sois moins épouse que mère?
Tu t'abuses, cruel; et ta vertu sévère
A commis contre toi deux crimes en un jour,
Qui font frémir tous deux la nature et l'amour.
Barbare envers ton fils, et plus envers moi-même,
Ne te souvient-il plus qui je suis, et qui t'aime?
Crois-moi, dans nos malheurs il est un sort plus beau,
Un plus noble chemin pour descendre au tombeau.
Soit amour, soit mépris, le tyran qui m'offense,
Sur moi, sur mes desseins, n'est pas en défiance :
Dans ces remparts fumans et de sang abreuvés,
Je suis libre, et mes pas ne sont point observés;
Le chef des Coréens s'ouvre un secret passage
Non loin de ces tombeaux, où ce précieux gage
A l'œil qui le poursuit fut caché par tes mains :
De ces tombeaux sacrés je sais tous les chemins;
Je cours y ranimer sa languissante vie,
Le rendre aux défenseurs armés pour la patrie,
Le porter en mes bras dans leurs rangs belliqueux,
Comme un présent d'un Dieu qui combat avec eux.
Nous mourrons, je le sais, mais tout couverts de gloire;
Nous laisserons de nous une illustre mémoire.

Mettons nos noms obscurs au rang des plus grands noms.
Et juge si mon cœur a suivi tes leçons.

ZAMTI.

Tu l'inspires, grand Dieu ! que ton bras la soutienne !
Idamé, ta vertu l'emporte sur la mienne ;
Toi seule as mérité que les cieux attendris
Daignent sauver par toi ton prince et ton pays.

FIN DU QUATRIÈME ACTE.

ACTE CINQUIÈME.

SCÈNE I.

IDAMÉ, ASSÉLI.

ASSÉLI.
Quoi! rien n'a résisté! tout a fui sans retour!
Quoi! je vous vois deux fois sa captive en un jour!
Fallait-il affronter ce conquérant sauvage?
Sur les faibles mortels il a trop d'avantage.
Une femme, un enfant, des guerriers sans vertu!
Que pouviez-vous? hélas!

IDAMÉ.
J'ai fait ce que j'ai dû.
Tremblante pour mon fils, sans force, inanimée,
J'ai porté dans mes bras l'empereur à l'armée.
Son aspect a d'abord animé les soldats :
Mais Gengis a marché; la mort suivait ses pas;
Et des enfans du Nord la horde ensanglantée
Aux fers dont je sortais m'a soudain rejetée.
C'en est fait.

ASSÉLI.
Ainsi donc ce malheureux enfant
Retombe entre ses mains, et meurt presque en naissant
Votre époux avec lui termine sa carrière.

IDAMÉ.
L'un et l'autre bientôt voit son heure dernière.

Si l'arrêt de la mort n'est point porté contre eux,
C'est pour leur préparer des tourmens plus affreux.
Mon fils, ce fils si cher, va les suivre peut-être.
Devant ce fier vainqueur il m'a fallu paraître;
Tout fumant de carnage, il m'a fait appeler
Pour jouir de mon trouble et pour mieux m'accabler.
Ses regards inspiraient l'horreur et l'épouvante.
Vingt fois il a levé sa main toute sanglante
Sur le fils de mes rois, sur mon fils malheureux.
Je me suis en tremblant jetée au devant d'eux;
Toute en pleurs, à ses pieds je me suis prosternée,
Mais lui me repoussant d'une main forcenée,
La menace à la bouche, en détournant les yeux,
Il est sorti pensif, et rentré furieux;
Et s'adressant aux siens d'une voix oppressée,
Il leur criait vengeance, et changeait de pensée;
Tandis qu'autour de lui ses barbares soldats
Semblaient lui demander l'ordre de mon trépas.

ASSÉLI.

Pensez-vous qu'il donnât un ordre si funeste?
Il laisse vivre encor votre époux qu'il déteste;
L'orphelin aux bourreaux n'est point abandonné.
Daignez demander grace, et tout est pardonné.

IDAMÉ.

Non, ce féroce amour est tourné tout en rage.
Ah! si tu l'avais vu redoubler mon outrage,
M'assurer de sa haine, insulter à mes pleurs!

ASSÉLI.

Et vous doutez encor d'asservir ses fureurs?
Ce lion subjugué, qui rugit dans sa chaîne,

S'il ne vous aimait pas, parlerait moins de haine.
IDAMÉ.
Qu'il m'aime ou me haïsse, il est temps d'achever
Des jours que sans horreur je ne puis conserver.
ASSÉLI.
Ah ! que résolvez-vous ?
IDAMÉ.
Quand le ciel en colère
De ceux qu'il persécute a comblé la misère,
Il les soutient souvent dans le sein des douleurs,
Et leur donne un courage égal à leurs malheurs.
J'ai pris dans l'horreur même où je suis parvenue
Une force nouvelle à mon cœur inconnue.
Va, je ne craindrai plus ce vainqueur des humains;
Je dépendrai de moi : mon sort est dans mes mains.
ASSÉLI.
Mais ce fils, cet objet de crainte et de tendresse,
L'abandonnerez-vous ?
IDAMÉ.
Tu me rends ma faiblesse,
Tu me perces le cœur. Ah, sacrifice affreux !
Que n'avais-je point fait pour ce fils malheureux !
Mais Gengis, après tout, dans sa grandeur altière,
Environné de rois couchés dans la poussière,
Ne recherchera point un enfant ignoré,
Parmi les malheureux dans la foule égaré ;
Ou peut-être il verra d'un regard moins sévère
Cet enfant innocent dont il aima la mère :
A cet espoir au moins mon triste cœur se rend ;
C'est une illusion que j'embrasse en mourant.

Haïra-t-il ma cendre après m'avoir aimée ?
Dans la nuit de la tombe en serai-je opprimée ?
Poursuivra-t-il mon fils ?

SCÈNE II.

IDAMÉ, ASSÉLI, OCTAR.

OCTAR.

Idamé, demeurez :
Attendez l'empereur en ces lieux retirés.
(à sa suite.)
Veillez sur ces enfans ; et vous à cette porte,
Tartares, empêchez qu'aucun n'entre et ne sorte.
(à Asséli.)
Éloignez-vous.

IDAMÉ.

Seigneur, il veut encor me voir !
J'obéis, il le faut, je cède à son pouvoir.
Si j'obtenais du moins, avant de voir un maître,
Qu'un moment à mes yeux mon époux pût paraître,
Peut-être du vainqueur les esprits ramenés
Rendraient enfin justice à deux infortunés.
Je sens que je hasarde une prière vaine :
La victoire est chez vous implacable, inhumaine ;
Mais enfin la pitié, seigneur, en vos climats,
Est-elle un sentiment qu'on ne connaisse pas ?
Et ne puis-je implorer votre voix favorable ?

OCTAR.

Quand l'arrêt est porté, qui conseille est coupable.
Vous n'êtes plus ici sous vos antiques rois,

Qui laissaient désarmer la rigueur de leurs lois.
D'autres temps, d'autres mœurs : ici règnent les armes ;
Nous ne connaissons point les prières, les larmes.
On commande, et la terre écoute avec terreur.
Demeurez, attendez l'ordre de l'empereur.

SCÈNE III.

IDAMÉ.

Dieu des infortunés, qui voyez mon outrage,
Dans ces extrémités soutenez mon courage ;
Versez du haut des cieux, dans ce cœur consterné,
Les vertus de l'époux que vous m'avez donné.

SCÈNE IV.

GENGIS, IDAMÉ.

GENGIS.

Non, je n'ai point assez déployé ma colère,
Assez humilié votre orgueil téméraire,
Assez fait de reproche aux infidélités
Dont votre ingratitude a payé mes bontés.
Vous n'avez pas conçu l'excès de votre crime,
Ni tout votre danger, ni l'horreur qui m'anime,
Vous que j'avais aimée, et que je dus haïr ;
Vous qui me trahissiez, et que je dois punir.

IDAMÉ.

Ne punissez que moi ; c'est la grace dernière

ACTE V, SCÈNE IV.

ue j'ose demander à la main meurtrière
ont j'espérais en vain fléchir la cruauté.
teignez dans mon sang votre inhumanité.
engez-vous d'une femme à son devoir fidèle;
inissez ses tourmens.

GENGIS.
　　　　　Je ne le puis, cruelle;
es miens sont plus affreux, je les veux terminer.
e viens pour vous punir, je puis tout pardonner.
oi, pardonner! à vous! non, craignez ma vengeance:
e tiens le fils des rois, le vôtre, en ma puissance.
e votre indigne époux je ne vous parle pas;
epuis que vous l'aimez, je lui dois le trépas:
l me trahit, me brave, il ose être rebelle.
lille morts punissaient sa fraude criminelle:
ous retenez mon bras, et j'en suis indigné;
ui, jusqu'à ce moment le traître est épargné.
ais je ne prétends plus supplier ma captive.
l le faut oublier, si vous voulez qu'il vive.
ien n'excuse à présent votre cœur obstiné:
l n'est plus votre époux, puisqu'il est condamné;
l a péri pour vous : votre chaîne odieuse
a se rompre à jamais par une mort honteuse.
'est vous qui m'y forcez; et je ne conçois pas
e scrupule insensé qui le livre au trépas.
Tout couvert de son sang, je devais sur sa cendre
A mes vœux absolus vous forcer de vous rendre;
ais sachez qu'un barbare, un Scythe, un destructeur,
A quelques sentimens dignes de votre cœur.
Le destin, croyez-moi, nous devait l'un à l'autre;

Et mon ame a l'orgueil de régner sur la vôtre.
Abjurez votre hymen, et dans le même temps
Je place votre fils au rang de mes enfans.
Vous tenez dans vos mains plus d'une destinée;
Du rejeton des rois l'enfance condamnée,
Votre époux, qu'à la mort un mot peut arracher,
Les honneurs les plus hauts tout prêts à le chercher,
Le destin de son fils, le vôtre, le mien même,
Tout dépendra de vous, puisque enfin je vous aime.
Oui, je vous aime encor; mais ne présumez pas
D'armer contre mes vœux l'orgueil de vos appas;
Gardez-vous d'insulter à l'excès de faiblesse
Que déja mon courroux reproche à ma tendresse.
C'est un danger pour vous que l'aveu que je fais :
Tremblez de mon amour, tremblez de mes bienfaits.
Mon ame à la vengeance est trop accoutumée;
Et je vous punirais de vous avoir aimée.
Pardonnez : je menace encore en soupirant;
Achevez d'adoucir ce courroux qui se rend :
Vous ferez d'un seul mot le sort de cet empire;
Mais ce mot important, madame, il faut le dire :
Prononcez sans tarder, sans feinte, sans détour,
Si je vous dois enfin ma haine ou mon amour.

IDAMÉ.

L'un et l'autre aujourd'hui serait trop condamnable;
Votre haine est injuste, et votre amour coupable;
Cet amour est indigne et de vous et de moi :
Vous me devez justice; et si vous êtes roi,
Je la veux, je l'attends pour moi contre vous-même.
Je suis loin de braver votre grandeur suprême;

ACTE V, SCÈNE IV.

Je la rappelle en vous, lorsque vous l'oubliez;
Et vous-même en secret vous me justifiez.

GENGIS.

Eh bien! vous le voulez; vous choisissez ma haine,
Vous l'aurez; et déja je la retiens à peine :
Je ne vous connais plus, et mon juste courroux
Me rend la cruauté que j'oubliais pour vous.
Votre époux, votre prince, et votre fils, cruelle!
Vont payer de leur sang votre fierté rebelle.
Ce mot que je voulais les a tous condamnés;
C'en est fait, et c'est vous qui les assassinez.

IDAMÉ.

Barbare!

GENGIS.

Je le suis; j'allais cesser de l'être :
Vous aviez un amant, vous n'avez plus qu'un maître,
Un ennemi sanglant, féroce, sans pitié,
Dont la haine est égale à votre inimitié.

IDAMÉ.

Eh bien, je tombe aux pieds de ce maître sévère :
Le ciel l'a fait mon roi; seigneur, je le révère :
Je demande à genoux une grace de lui.

GENGIS.

Inhumaine! est-ce à vous d'en attendre aujourd'hui?
Levez-vous : je suis prêt encore à vous entendre.
Pourrai-je me flatter d'un sentiment plus tendre?
Que voulez-vous? parlez.

IDAMÉ.

Seigneur, qu'il soit permis

Qu'en secret mon époux près de moi soit admis,
Que je lui parle.

GENGIS.

Vous !

IDAMÉ.

Écoutez ma prière.
Cet entretien sera ma ressource dernière :
Vous jugerez après si j'ai dû résister.

GENGIS.

Non, ce n'était pas lui qu'il fallait consulter :
Mais je veux bien encor souffrir cette entrevue.
Je crois qu'à la raison son ame enfin rendue
N'osera plus prétendre à cet honneur fatal
De me désobéir et d'être mon rival.
Il m'enleva son prince, il vous a possédée.
Que de crimes ! Sa grace est encore accordée.
Qu'il la tienne de vous, qu'il vous doive son sort ;
Présentez à ses yeux le divorce ou la mort :
Oui, j'y consens. Octar, veillez à cette porte.
Vous, suivez-moi. Quel soin m'abaisse et me transporte !
Faut-il encore aimer ? est-ce là mon destin ?

(Il sort.)

IDAMÉ.

Je renais, et je sens s'affermir dans mon sein
Cette intrépidité dont je doutais encore.

SCÈNE V.

ZAMTI, IDAMÉ.

IDAMÉ.

O toi, qui me tiens lieu de ce ciel que j'implore,
Mortel plus respectable et plus grand à mes yeux
Que tous ces conquérans dont l'homme a fait des dieux
L'horreur de nos destins ne t'est que trop connue;
La mesure est comblée, et notre heure est venue.

ZAMTI.

Je le sais.

IDAMÉ.

C'est en vain que tu voulus deux fois
Sauver le rejeton de nos malheureux rois.

ZAMTI.

Il n'y faut plus penser, l'espérance est perdue;
De tes devoirs sacrés tu remplis l'étendue :
Je mourrai consolé.

IDAMÉ.

Que deviendra mon fils ?
Pardonne encor ce mot à mes sens attendris,
Pardonne à ces soupirs; ne vois que mon courage.

ZAMTI.

Nos rois sont au tombeau, tout est dans l'esclavage.
Va, crois-moi, ne plaignons que les infortunés
Qu'à respirer encor le ciel a condamnés.

IDAMÉ.

La mort la plus honteuse est ce qu'on te prépare.

ZAMTI.

Sans doute; et j'attendais les ordres du barbare :
Ils ont tardé long-temps.

IDAMÉ.

Eh bien, écoute-moi :
Ne saurons-nous mourir que par l'ordre d'un roi ?
Les taureaux aux autels tombent en sacrifice ;
Les criminels tremblans sont traînés au supplice ;
Les mortels généreux disposent de leur sort :
Pourquoi des mains d'un maître attendre ici la mort ?
L'homme était-il donc né pour tant de dépendance ?
De nos voisins altiers imitons la constance ;
De la nature humaine ils soutiennent les droits,
Vivent libres chez eux et meurent à leur choix ;
Un affront leur suffit pour sortir de la vie,
Et plus que le néant ils craignent l'infamie.
Le hardi Japonais n'attend pas qu'au cercueil
Un despote insolent le plonge d'un coup d'œil.
Nous avons enseigné ces braves insulaires ;
Apprenons d'eux enfin des vertus nécessaires ;
Sachons mourir comme eux.

ZAMTI.

Je t'approuve, et je crois
Que le malheur extrême est au dessus des lois.
J'avais déja conçu tes desseins magnanimes ;
Mais seuls et désarmés, esclaves et victimes,
Courbés sous nos tyrans, nous attendons leurs coups.

IDAMÉ, *en tirant un poignard.*

Tiens, sois libre avec moi; frappe, et délivre-nous.

ACTE V, SCÈNE V.

ZAMTI.

Ciel !

IDAMÉ.

Déchire ce sein, ce cœur qu'on déshonore.
J'ai tremblé que ma main, mal affermie encore,
Ne portât sur moi-même un coup mal assuré.
Enfonce dans ce cœur un bras moins égaré ;
Immole avec courage une épouse fidèle ;
Tout couvert de mon sang, tombe et meurs auprès d'elle ;
Qu'à mes derniers momens j'embrasse mon époux ;
Que le tyran le voie, et qu'il en soit jaloux.

ZAMTI.

Grace au ciel, jusqu'au bout ta vertu persévère ;
Voilà de ton amour la marque la plus chère.
Digne épouse, reçois mes éternels adieux ;
Donne ce glaive, donne, et détourne les yeux.

IDAMÉ, *en lui donnant le poignard.*

Tiens, commence par moi ; tu le dois : tu balances !

ZAMTI.

Je ne puis.

IDAMÉ.

Je le veux.

ZAMTI.

Je frémis.

IDAMÉ.

Tu m'offenses.
Frappe, et tourne sur toi tes bras ensanglantés.

ZAMTI.

Eh bien ! imite-moi.

IDAMÉ, *lui saisissant le bras.*

Frappe, dis-je...

SCÈNE VI.

GENGIS, OCTAR, IDAMÉ, ZAMTI; GARDES.

GENGIS, *accompagné de ses gardes, et désarmant Zamti.*

Arrêtez,
Arrêtez, malheureux! O ciel! qu'alliez-vous faire?

IDAMÉ.

Nous délivrer de toi, finir notre misère,
A tant d'atrocités dérober notre sort.

ZAMTI.

Veux-tu nous envier jusques à notre mort?

GENGIS.

Oui... Dieu, maître des rois, à qui mon cœur s'adresse,
Témoin de mes affronts, témoin de ma faiblesse,
Toi qui mis à mes pieds tant d'états, tant de rois,
Deviendrai-je à la fin digne de mes exploits?
Tu m'outrages, Zamti; tu l'emportes encore
Dans un cœur né pour moi, dans un cœur que j'adore.
Ton épouse à mes yeux, victime de sa foi,
Veut mourir de ta main, plutôt que d'être à moi.
Vous apprendrez tous deux à souffrir mon empire,
Peut-être à faire plus.

IDAMÉ.

Que prétends-tu nous dire?

ZAMTI.

Quel est ce nouveau trait de l'inhumanité?

IDAMÉ.

D'où vient que notre arrêt n'est pas encor porté?

GENGIS.

Il va l'être, madame, et vous allez l'apprendre.
Vous me rendiez justice, et je vais vous la rendre.
A peine dans ces lieux je crois ce que j'ai vu :
Tous deux je vous admire, et vous m'avez vaincu.
Je rougis, sur le trône où m'a mis la victoire,
D'être au dessous de vous au milieu de ma gloire.
En vain par mes exploits j'ai su me signaler;
Vous m'avez avili : je veux vous égaler.
J'ignorais qu'un mortel pût se dompter lui-même;
Je l'apprends; je vous dois cette gloire suprême :
Jouissez de l'honneur d'avoir pu me changer.
Je viens vous réunir; je viens vous protéger.
Veillez, heureux époux, sur l'innocente vie
De l'enfant de vos rois, que ma main vous confie;
Par le droit des combats j'en pouvais disposer;
Je vous remets ce droit, dont j'allais abuser.
Croyez qu'à cet enfant, heureux dans sa misère,
Ainsi qu'à votre fils, je tiendrai lieu de père.
Vous verrez si l'on peut se fier à ma foi.
Je fus un conquérant, vous m'avez fait un roi.
(à Zamti.)
Soyez ici des lois l'interprète suprême;
Rendez leur ministère aussi saint que vous-même;
Enseignez la raison, la justice et les mœurs.
Que les peuples vaincus gouvernent les vainqueurs,
Que la sagesse règne et préside au courage;
Triomphez de la force, elle vous doit hommage :
J'en donnerai l'exemple, et votre souverain
Se soumet à vos lois les armes à la main.

IDAMÉ.

Ciel! que viens-je d'entendre? Hélas! puis-je vous croire?

ZAMTI.

Êtes-vous digne enfin, seigneur, de votre gloire?
Ah! vous ferez aimer votre joug aux vaincus.

IDAMÉ.

Qui peut vous inspirer ce dessein?

GENGIS.

Vos vertus.

FIN DE L'ORPHELIN DE LA CHINE.

NOTES
DE L'ORPHELIN DE LA CHINE.

[1] On peut comparer ces vers à ceux que dit Aricie dans la *Phèdre* de Racine :

> Phèdre en vain s'honoroit des soupirs de Thésée :
> Pour moi je suis plus fière, et fuis la gloire aisée
> D'arracher un hommage à mille autres offert,
> Et d'entrer dans un cœur de toutes parts ouvert ;
> Mais de faire fléchir un courage inflexible,
> De porter la douleur dans une ame insensible,
> D'enchaîner un captif de ses fers étonné,
> Contre un joug qui lui plaît vainement mutiné ;
> C'est là ce que je veux, c'est là ce qui m'irrite.
> Hercule à désarmer coûtoit moins qu'Hippolyte ;
> Et vaincu plus souvent, et plutôt surmonté,
> Préparoit moins de gloire aux yeux qui l'ont dompté.

Quelle différence entre la coquetterie bourgeoise d'Aricie, qui se plaît *à porter la douleur dans une ame insensible*, et le noble orgueil d'Idamé, qui tire une vanité secrète *d'adoucir ce lion dans ses fers arrêté, et d'instruire aux vertus son féroce courage !*

Comment l'habitude avait-elle pu familiariser Racine avec le goût d'une galanterie ridicule, au point d'introduire dans une tragédie une princesse qui préfère un jeune héros à Hercule, parce que *Hercule préparait moins de gloire aux yeux qui l'avaient dompté ?* Idamé ne parle point *de la gloire de ses yeux. Un refus a causé les malheurs de la terre.*

[2] . . . Fuimus Troes, fuit Ilium et ingens
   Gloria Teucrorum . . .
. . . Incensa Danai dominantur in urbe.
            (VIRG., *Æn.*, lib. II, v. 325.)

Tout ce récit est imité du passage indiqué dans Virgile. Voyez encore dans le même, liv. v, 361, 500, etc.

³ Campestres melius Scythæ
Quorum plaustra vagas rite trahunt domos
Vivunt, et rigidi Getæ,
Immetata quibus jugera liberas
Fruges et Cererem ferunt.
(Hor., liv. III, *ode* xxiv.)

⁴ Catilina, dans la pièce de Crébillon, dit :

.... La mort n'est qu'un instant
Que le grand cœur défie, et que le lâche attend.

C'est un soldat romain qui se donne la mort pour se dérober au supplice : Zamti est un philosophe chinois résigné à la mort.

⁵ Expedit unum hominem mori pro populo.
(Joan.... 18, 14.)

⁶ L'abbé Mongault était très vaporeux. Employé dans l'éducation du duc d'Orléans, fils du régent, comme l'abbé Dubois l'avait été dans celle du régent, il n'avait eu qu'une abbaye; et Dubois était devenu cardinal, premier ministre, quoique l'abbé Mongault lui fût supérieur en naissance, en esprit, en lumières et en probité. Il eut la faiblesse d'être malheureux de la destinée du cardinal, et il n'aurait pas voulu, sans doute, l'acheter au même prix. Un jour, on lui demandait ce que c'était que les vapeurs dont il se plaignait : « C'est une terrible maladie, répondit-il; elle fait voir les « choses telles qu'elles sont. » C'est dans ce même sens que ces vers de Zamti sont vrais.

⁷ Id cinerem aut manes credis curare sepultos.
(Virg., *Æn.* IV, 34.)

⁸ Quisque suos patimur manes.
(Virg., *Æn.* VI, 743.)

⁹ Nec nos obniti contra, neque tendere tantum
Sufficimus : superat quoniam fortuna, sequamur.
(Virg., *Æn.* V, 21.)

DE L'ORPHELIN DE LA CHINE.

¹⁰ On était accoutumé sur notre théâtre à voir des sujets immoler leurs enfans pour sauver ceux de leurs rois ; et l'on fut étonné d'entendre dans l'*Orphelin* le cri de la nature. Zamti ne devait pas sacrifier son fils pour le fils de l'empereur. Un particulier, une nation même, n'a pas le droit de livrer un innocent à la mort pour des vues d'utilité politique. Mais Zamti, en immolant son fils unique, fesait à ce qu'il regardait comme son devoir le sacrifice le plus grand qu'un homme puisse faire. En sacrifiant un étranger, il n'eût été qu'odieux; en sacrifiant son fils, il est intéressant, quoique injuste.

¹¹ On peut comparer cette situation à celle de Clytemnestre. Observons que, dans *Iphigénie*, un père égorge sa fille pour faire changer le vent; qu'aucun personnage dans la pièce ne s'élève contre cet absurde fanatisme; que Clytemnestre trouve qu'il serait plus naturel d'immoler la fille d'Hélène, puisque enfin c'est Hélène qui est coupable : tant les idées superstitieuses qu'on a reçues dans l'enfance familiarisent les hommes avec les principes les plus absurdes, non seulement des superstitions régnantes, mais même des superstitions qui n'existent plus !

¹² On a pendant quelque temps retranché ces huit vers. La police de Paris ne voulait pas que Gengis apprît aux Parisiens qu'il lui était utile de laisser aux Chinois certaines erreurs qui entraînaient leur docilité.

¹³ On peut comparer cette situation de Gengis à celle d'Auguste, et ces vers de l'*Orphelin* à ceux-ci de *Cinna* :

> Et comme notre esprit jusqu'au dernier soupir
> Toujours vers quelque objet pousse quelque désir,
> Il se ramène en soi n'ayant plus où se prendre ;
> Et, monté sur le faite, il aspire à descendre.

Rien ne forme plus le goût, comme le remarque M. de Voltaire, que ces comparaisons, lorsque surtout deux hommes d'un génie égal, mais très différent, ont à exprimer un même fonds d'idées, dans des circonstances et avec des accessoires qui ne sont pas les mêmes. Ici l'un peint un tyran, et la satiété d'une ame épuisée par des passions violentes; et l'autre peint un conquérant, et le vide d'un cœur qui a conservé sa sensibilité et son énergie.

[14] Égée dit à Églé, dans l'opéra de *Thésée :*

> C'est peut-être un peu tard m'offrir à vos beaux yeux :
> Je ne suis plus au temps de l'aimable jeunesse ;
>   Mais je suis roi, belle princesse,
>   Et roi victorieux.

[15] Dans les premières éditions, on lisait :

> Passe sur mon tombeau dans les bras du barbare.

SOCRATE,

DRAME EN TROIS ACTES,

Traduit de l'anglais de feu M. Thomson, par feu M. Fatema, comme on sait.

1759.

AVIS DES ÉDITEURS.

Cette pièce n'est autre chose qu'une allégorie satirique et transparente, où les conventions du genre ne sont pas même toujours gardées; et M. de La Harpe a fait remarquer que l'auteur, qui a toujours Paris devant les yeux, oublie de temps en temps que sa pièce représente Athènes, l'aréopage et les prêtres de Cérès.

PRÉFACE DE M. FATEMA,

TRADUCTEUR.

On a dit dans un livre, et répété dans un autre, qu'il est impossible qu'un homme simplement vertueux, sans intrigue, sans passions, puisse plaire sur la scène. C'est une injure faite au genre humain : elle doit être repoussée, et ne peut l'être plus fortement que par la pièce de feu M. Thomson. Le célèbre Addison avait balancé long-temps entre ce sujet et celui de Caton. Addison pensait que Caton était l'homme vertueux qu'on cherchait, mais que Socrate était encore au dessus. Il disait que la vertu de Socrate avait été moins dure, plus humaine, plus résignée à la volonté de Dieu que celle de Caton. Ce sage Grec, disait-il, ne crut pas, comme le Romain, qu'il fût permis d'attenter sur soi-même, et d'abandonner le poste où Dieu nous a placés. Enfin Addison regardait Caton comme la victime de la liberté, et Socrate comme le martyr de la sagesse. Mais le chevalier Richard Steele lui persuada que le sujet de Caton était plus théâtral que l'autre, et surtout plus convenable à sa nation dans un temps de trouble.

En effet, la mort de Socrate aurait fait peu d'impression peut-être dans un pays où l'on ne persécute personne pour sa religion, et où la tolérance a si prodigieusement augmenté la population et les richesses, ainsi que dans la Hollande, ma chère patrie. Richard Steele dit expressément, dans le *Tatler*, « qu'on doit « choisir pour le sujet des pièces de théâtre le vice le « plus dominant chez la nation pour laquelle on tra-

« vaille. » Le succès de *Caton* ayant enhardi Addison, il jeta enfin sur le papier l'esquisse de *la Mort de Socrate*, en trois actes. La place de secrétaire d'état, qu'il occupa quelque temps après, lui déroba le temps dont il avait besoin pour finir cet ouvrage. Il donna son manuscrit à M. Thomson, son élève; celui-ci n'osa pas d'abord traiter un sujet si grave et si dénué de tout ce qui est en possession de plaire au théâtre.

Il commença par d'autres tragédies; il donna *Sophonisbe*, *Coriolan*, *Tancrède*, etc., et finit sa carrière par *la Mort de Socrate*, qu'il écrivit en prose scène par scène, et qu'il confia à ses illustres amis M. Doddington et M. Littleton, comptés parmi les plus beaux génies d'Angleterre. Ces deux hommes, toujours consultés par lui, voulurent qu'il renouvelât la méthode de Shakespeare, d'introduire des personnages du peuple dans la tragédie, de peindre Xantippe, femme de Socrate, telle qu'elle était en effet, une bourgeoise acariâtre, grondant son mari, et l'aimant; de mettre sur la scène tout l'aréopage, et de faire, en un mot, de cette pièce, une de ces représentations naïves de la vie humaine, un de ces tableaux où l'on peint toutes les conditions.

Cette entreprise n'est pas sans difficulté; et quoique le sublime continu soit d'un genre infiniment supérieur, cependant ce mélange du pathétique et du familier a son mérite. On peut comparer ce genre à l'*Odyssée*, et l'autre à l'*Iliade*. M. Littleton ne voulut pas qu'on jouât cette pièce, parce que le caractère de Mélitus ressemblait trop à celui du sergent de loi Catbrée, dont il était allié. D'ailleurs ce drame était une esquisse, plutôt qu'un ouvrage achevé.

Il me donna donc ce drame de M. Thomson à son dernier voyage en Hollande. Je le traduisis d'abord en

PRÉFACE.

hollandais, ma langue maternelle. Cependant je ne le fis point jouer sur le théâtre d'Amsterdam, quoique, Dieu merci, nous n'ayons parmi nos pédans aucun pédant aussi odieux et aussi impertinent que M. Catbrée. Mais la multiplicité des acteurs que ce drame exige m'empêcha de le faire exécuter; je le traduisis ensuite en français, et je veux bien laisser courir cette traduction, en attendant que je fasse imprimer l'original.

A Amsterdam, 1755.

Depuis ce temps on a représenté *la Mort de Socrate* à Londres, mais ce n'est pas le drame de M. Thomson.

N. B. Il y a eu des gens assez bêtes pour réfuter les vérités palpables qui sont dans cette préface. Ils prétendent que M. Fatema n'a pu écrire cette préface en 1755, parce qu'il était mort, disent-ils, en 1754. Quand cela serait, voilà une plaisante raison! Mais le fait est qu'il est décédé en 1757.

PERSONNAGES.

SOCRATE.
ANITUS, grand-prêtre de Cérès.
MÉLITUS, un des juges d'Athènes.
XANTIPPE, femme de Socrate.
AGLAÉ, jeune Athénienne élevée par Socrate.
SOPHRONIME, jeune Athénien élevé par Socrate.
DRIXA, marchande,
TERPANDRE, } attachés à Anitus.
ACROS,
JUGES.
DISCIPLES DE SOCRATE.
NONOTI,
CHOMOS, } pédans protégés par Anitus.
BERTIOS*,

---

* Aucune édition ne comprend dans la liste des personnages les noms des complices d'Anitus, qui paraissent dans la scène septième du second acte, et qui rappellent les noms de *Nonnotte*, *Chaumeix* et *Berthier*. (B.)

SOCRATE,

DRAME.

ACTE PREMIER.

SCÈNE I.

ANITUS, DRIXA, TERPANDRE, ACROS.

ANITUS.

Ma chère confidente, et mes chers affidés, vous savez combien d'argent je vous ai fait gagner aux dernières fêtes de Cérès. Je me marie, et j'espère que vous ferez votre devoir dans cette grande occasion.

DRIXA.

Oui, sans doute, monseigneur, pourvu que vous nous en fassiez gagner encore davantage.

ANITUS.

Il me faudra, madame Drixa, deux beaux tapis de Perse : vous, Terpandre, je ne vous demande que deux grands candélabres d'argent, et à vous une demi-douzaine de robes de soie brochées d'or.

TERPANDRE.

Cela est un peu fort; mais, monseigneur, il n'y a rien qu'on ne fasse pour mériter votre sainte protection.

ANITUS.

Vous regagnerez tout cela au centuple. C'est le meilleur moyen de mériter les faveurs des dieux et des déesses. Donnez beaucoup et vous recevrez beaucoup; et surtout ne manquez jamais d'ameuter le peuple contre tous les gens de qualité qui ne font point assez de vœux, et qui ne présentent point assez d'offrandes.

ACROS.

C'est à quoi nous ne manquerons jamais; c'est un devoir trop sacré pour n'y être pas fidèles.

ANITUS.

Allez, mes chers amis, les dieux vous maintiennent dans des sentimens si pieux et si justes! et comptez que vous prospèrerez, vous, vos enfans, et les enfans de vos petits-enfans.

TERPANDRE.

C'est de quoi nous sommes sûrs, car vous l'avez dit.

SCÈNE II.

ANITUS, DRIXA.

ANITUS.

Eh bien, ma chère madame Drixa, je crois que vous ne trouverez pas mauvais que j'épouse Aglaé; mais je ne vous en aime pas moins, et nous vivrons ensemble comme à l'ordinaire.

DRIXA.

Oh, monseigneur! je ne suis point jalouse; et, pourvu que le commerce aille bien, je suis fort con-

ACTE I, SCÈNE II.

tente. Quand j'ai eu l'honneur d'être une de vos maîtresses, j'ai joui d'une grande considération dans Athènes. Si vous aimez Aglaé, j'aime le jeune Sophronime; et Xantippe, la femme de Socrate, m'a promis qu'elle me le donnerait en mariage. Vous aurez toujours les mêmes droits sur moi. Je suis seulement fâchée que ce jeune homme soit élevé par ce vilain Socrate, et qu'Aglaé soit encore entre ses mains. Il faut les en tirer au plus vite. Xantippe sera charmée d'être débarrassée d'eux. Le beau Sophronime et la belle Aglaé sont fort mal entre les mains de Socrate.

ANITUS.

Je me flatte bien, ma chère madame Drixa, que Mélitus et moi nous perdrons cet homme dangereux, qui ne prêche que la vertu et la divinité, et qui s'est osé moquer de certaines aventures arrivées aux mystères de Cérès; mais il est le tuteur d'Aglaé. Agaton, père d'Aglaé, a laissé, dit-on, de grands biens; Aglaé est adorable; j'idolâtre Aglaé : il faut que j'épouse Aglaé, et que je ménage Socrate, en attendant que je le fasse pendre.

DRIXA.

Ménagez Socrate, pourvu que j'aie mon jeune homme. Mais comment Agaton a-t-il pu laisser sa fille entre les mains de ce vieux nez épaté de Socrate, de cet insupportable raisonneur, qui corrompt les jeunes gens, et qui les empêche de fréquenter les courtisanes et les saints mystères?

ANITUS.

Agaton était entiché des mêmes principes. C'était

un de ces sobres et sérieux extravagans, qui ont d'autres mœurs que les nôtres, qui sont d'un autre siècle et d'une autre patrie; un de nos ennemis jurés, qui pensent avoir rempli tous leurs devoirs quand ils ont adoré la divinité, secouru l'humanité, cultivé l'amitié et étudié la philosophie; de ces gens qui prétendent insolemment que les dieux n'ont pas écrit l'avenir sur le foie d'un bœuf; de ces raisonneurs impitoyables qui trouvent à redire que les prêtres sacrifient des filles, ou passent la nuit avec elles, selon le besoin : vous sentez que ce sont des monstres qui ne sont bons qu'à étouffer. S'il y avait seulement dans Athènes cinq ou six sages qui eussent autant de considération que lui, c'en serait assez pour m'ôter la moitié de mes rentes et de mes honneurs.

DRIXA.

Diable! voilà qui est sérieux cela.

ANITUS.

En attendant que je l'étrangle, je vais lui parler sous ces portiques, et conclure avec lui l'affaire de mon mariage.

DRIXA.

Le voici : vous lui faites trop d'honneur. Je vous laisse, et je vais parler de mon jeune homme à Xantippe.

ANITUS.

Les dieux vous conduisent, ma chère Drixa; servez-les toujours, gardez-vous de ne croire qu'un seul Dieu, et n'oubliez pas mes deux beaux tapis de Perse.

SCÈNE III.

ANITUS, SOCRATE.

ANITUS.

Eh, bonjour, mon cher Socrate, le favori des dieux et le plus sage des mortels ! Je me sens élevé au dessus de moi-même toutes les fois que je vous vois, et je respecte en vous la nature humaine.

SOCRATE.

Je suis un homme simple, dépourvu de science, et plein de faiblesses comme les autres. C'est beaucoup si vous me supportez.

ANITUS.

Vous supporter ! je vous admire : je voudrais vous ressembler, s'il était possible; et c'est pour être plus souvent témoin de vos vertus, pour entendre plus souvent vos leçons, que je veux épouser votre belle pupille Aglaé, dont la destinée dépend de vous.

SOCRATE.

Il est vrai que son père Agaton, qui était mon ami, c'est-à-dire beaucoup plus qu'un parent, me confia par son testament cette aimable et vertueuse orpheline.

ANITUS.

Avec des richesses considérables? car on dit que c'est le meilleur parti d'Athènes.

SOCRATE.

C'est sur quoi je ne puis vous donner aucun éclaircissement; son père, ce tendre ami dont les volontés me sont sacrées, m'a défendu, par ce même testament, de divulguer l'état de la fortune de sa fille.

ANITUS.

Ce respect pour les dernières volontés d'un ami, et cette discrétion, sont dignes de votre belle ame. Mais on sait assez qu'Agaton était un homme riche.

SOCRATE.

Il méritait de l'être si les richesses sont une faveur de l'Être suprême.

ANITUS.

On dit qu'un petit écervelé, nommé Sophronime, lui fait la cour à cause de sa fortune; mais je suis persuadé que vous éconduirez un pareil personnage, et qu'un homme comme moi n'aura point de rival.

SOCRATE.

Je sais ce que je dois penser d'un homme comme vous : mais ce n'est pas à moi de gêner les sentimens d'Aglaé. Je lui sers de père, je ne suis point son maître : elle doit disposer de son cœur. Je regarde la contrainte comme un attentat. Parlez-lui; si elle écoute vos propositions, je souscris à ses volontés.

ANITUS.

J'ai déja le consentement de Xantippe votre femme; sans doute elle est instruite des sentimens d'Aglaé; ainsi je regarde la chose comme faite.

SOCRATE.

Je ne puis regarder les choses comme faites que quand elles le sont.

SCÈNE IV.

SOCRATE, ANITUS, AGLAÉ.

SOCRATE.

Venez, belle Aglaé, venez décider de votre sort. Voilà un monseigneur, prêtre d'un haut rang, le premier prêtre d'Athènes, qui s'offre pour être votre époux. Je vous laisse toute la liberté de vous expliquer avec lui. Cette liberté serait gênée par ma présence. Quelque choix que vous fassiez, je l'approuve. Xantippe préparera tout pour vos noces.

(Il sort.)

AGLAÉ.

Ah, généreux Socrate! c'est avec bien du regret que je vous vois partir.

ANITUS.

Il paraît, aimable Aglaé, que vous avez une grande confiance dans le bon Socrate.

AGLAÉ.

Je le dois : il me sert de père et il forme mon ame.

ANITUS.

Eh bien! s'il dirige vos sentimens, pourriez-vous me dire ce que vous pensez de Cérès, de Cybèle, de Vénus?

AGLAÉ.

Hélas! j'en penserai tout ce que vous voudrez.

ANITUS.

C'est bien dit : vous ferez aussi tout ce que je voudrai.

AGLAÉ.

Non : l'un est fort différent de l'autre.

ANITUS.

Vous voyez que le sage Socrate consent à notre union; Xantippe, sa femme, presse ce mariage. Vous savez quels sentimens vous m'avez inspirés. Vous connaissez mon rang et mon crédit; vous voyez que mon bonheur, et peut-être le vôtre, ne dépendent que d'un mot de votre bouche.

AGLAÉ.

Je vais vous répondre avec la vérité que ce grand homme qui sort d'ici m'a instruite à ne dissimuler jamais, et avec la liberté qu'il me laisse. Je respecte votre dignité, je connais peu votre personne, et je ne puis me donner à vous.

ANITUS.

Vous ne pouvez! vous qui êtes libre! Ah! cruelle Aglaé, vous ne le voulez donc pas?

AGLAÉ.

Il est vrai, je ne le veux pas.

ANITUS.

Songez-vous bien à l'affront que vous me faites? Je vois trop que Socrate me trahit; c'est lui qui dicte votre réponse; c'est lui qui donne la préférence à ce jeune Sophronime, à mon indigne rival, à cet impie...

AGLAÉ.

Sophronime n'est point impie; il lui est attaché dès l'enfance; Socrate lui sert de père comme à moi. Sophronime est plein de graces et de vertus. Je l'aime,

ACTE I, SCÈNE IV.

j'en suis aimée : il ne tient qu'à moi d'être sa femme; mais je ne serai pas plus à lui qu'à vous.

ANITUS.

Tout ce que vous me dites m'étonne. Quoi! vous osez m'avouer que vous aimez Sophronime?

AGLAÉ.

Oui, j'ose vous l'avouer, parce que rien n'est plus vrai.

ANITUS.

Et quand il ne tient qu'à vous d'être heureuse avec lui, vous refusez sa main?

AGLAÉ.

Rien n'est plus vrai encore.

ANITUS.

C'est sans doute la crainte de me déplaire qui suspend votre engagement avec lui?

AGLAÉ.

Non assurément; car n'ayant jamais cherché à vous plaire, je ne crains point de vous déplaire.

ANITUS.

Vous craignez donc d'offenser les dieux, en préférant un profane comme Sophronime à un ministre des autels?

AGLAÉ.

Point du tout; je suis persuadée que l'Être suprême se soucie fort peu que je vous épouse ou non.

ANITUS.

L'Être suprême! ma chère fille, ce n'est pas ainsi qu'il faut parler; vous devez dire les dieux et les déesses. Prenez garde, j'entrevois en vous des sentimens dangereux, et je sais trop qui vous les a inspirés. Sachez que Cérès, dont je suis le grand-prêtre, peut vous punir d'avoir méprisé son culte et son ministre.

AGLAÉ.

Je ne méprise ni l'un ni l'autre. On m'a dit que Cérès préside aux blés; je le veux croire : mais elle ne se mêlera pas de mon mariage.

ANITUS.

Elle se mêle de tout. Vous en savez trop : mais enfin j'espère vous convertir. Êtes-vous bien résolue à ne point épouser Sophronime?

AGLAE.

Oui, j'y suis très résolue; et j'en suis très fâchée.

ANITUS.

Je ne comprends rien à toutes ces contradictions. Écoutez : je vous aime; j'ai voulu faire votre bonheur, et vous placer dans un haut rang. Croyez-moi, ne m'offensez pas, ne rejetez point votre fortune; songez qu'il faut sacrifier tout à un établissement avantageux; que la jeunesse passe, et que la fortune reste; que les richesses et les honneurs doivent être votre unique but; que je vous parle de la part des dieux et des déesses. Je vous conjure d'y faire réflexion. Adieu, ma chère fille : je vais prier Cérès qu'elle vous inspire, et j'espère encore qu'elle touchera votre cœur. Adieu encore une fois : souvenez-vous que vous m'avez promis de ne point épouser Sophronime.

AGLAÉ.

C'est à moi que je l'ai promis, non à vous.

(Anitus sort.)

(Aglaé seule.)

Que cet homme redouble mon chagrin! je ne sais pourquoi je ne vois jamais ce prêtre sans frémir. Mais voici Sophronime : hélas! tandis que son rival me remplit de terreur, celui-ci redouble mes regrets et mon attendrissement.

SCÈNE V.

AGLAÉ, SOPHRONIME.

SOPHRONIME.

Chère Aglaé, je vois Anitus, ce prêtre de Cérès, ce méchant homme, cet ennemi juré de Socrate, sortir d'auprès de vous, et vos yeux semblent mouillés de quelques larmes.

AGLAE.

Lui! il est l'ennemi de notre bienfaiteur Socrate? Je ne m'étonne plus de l'aversion qu'il m'inspirait avant même qu'il m'eût parlé.

SOPHRONIME.

Hélas! serait-ce à lui que je dois imputer les pleurs qui obscurcissent vos yeux?

AGLAE.

Il ne peut m'inspirer que des dégoûts. Non, Sophronime, il n'y a que vous qui puissiez faire couler mes larmes.

SOPHRONIME.

Moi, grands dieux! moi qui voudrais les payer de mon sang! moi qui vous adore, qui me flatte d'être aimé de vous, qui ne vis que pour vous, qui voudrais mourir pour vous! moi, j'aurais à me reprocher d'avoir jeté un moment d'amertume sur votre vie! Vous pleurez, et j'en suis la cause! qu'ai-je donc fait? quel crime ai-je commis?

AGLAÉ.

Vous n'en pouvez commettre. Je pleure, parce que vous méritez toute ma tendresse, parce que vous l'avez, et qu'il me faut renoncer à vous.

SOPHRONIME.

Quels mots funestes avez-vous prononcés! Non, je ne puis le croire; vous m'aimez, vous ne pouvez changer. Vous m'avez promis d'être à moi, vous ne voulez point ma mort.

AGLAE.

Je veux que vous viviez heureux, Sophronime, et je ne puis vous rendre heureux. J'espérais, mais ma fortune m'a trompée : je jure que, ne pouvant être à vous, je ne serai à personne. Je l'ai déclaré à cet Anitus qui me recherche et que je méprise; je vous le déclare, le cœur pénétré de la plus vive douleur et de l'amour le plus tendre.

SOPHRONIME.

Puisque vous m'aimez, je dois vivre; mais si vous me refusez votre main je dois mourir. Chère Aglaé, au nom de tant d'amour, au nom de vos charmes et de vos vertus, expliquez-moi ce mystère funeste.

SCÈNE VI.

SOCRATE, SOPHRONIME, AGLAÉ.

SOPHRONIME.

O Socrate! mon maître, mon père! je me vois ici le plus infortuné des hommes entre les deux êtres par qui je respire : c'est vous qui m'avez appris la sagesse; c'est Aglaé qui m'a appris à sentir l'amour. Vous avez donné votre consentement à notre hymen : la belle Aglaé, qui semblait le désirer, me refuse; et, en me disant qu'elle m'aime, elle me plonge le poignard dans le cœur. Elle rompt notre hymen sans m'apprendre la cause d'un si cruel caprice : ou empêchez mon malheur, ou apprenez-moi, s'il est possible, à le soutenir.

SOCRATE.

Aglaé est maîtresse de ses volontés; son père m'a fait son tuteur, et non pas son tyran. Je fesais mon bonheur de vous unir ensemble : si elle a changé d'avis, j'en suis surpris, j'en suis affligé; mais il faut écouter ses raisons : si elles sont justes, il faut s'y conformer.

SOPHRONIME.

Elles ne peuvent être justes.

AGLAÉ.

Elles le sont, du moins à mes yeux : daignez m'écouter l'un et l'autre. Quand vous eûtes accepté le testament secret de mon père, sage et généreux Socrate, vous me dîtes qu'il me laissait un bien honnête avec lequel je pourrais m'établir. Je formai dès lors le dessein de donner cette fortune à votre cher disciple Sophronime, qui n'a que vous d'appui, et qui ne possède pour toute richesse que sa vertu : vous avez approuvé ma résolution. Vous concevez quel était mon bonheur de faire celui d'un Athénien que je regarde comme votre fils. Pleine de ma félicité, transportée d'une douce joie, que mon cœur ne pouvait contenir, j'ai confié cet état délicieux de mon ame à Xantippe votre femme, et aussitôt cet état a disparu. Elle m'a traitée de visionnaire. Elle m'a montré le testament de mon père, qui est mort dans la pauvreté, qui ne me laisse rien, et qui me recommande à l'amitié dont vous fûtes unis.

En ce moment, éveillée après mon songe, je n'ai senti que la douleur de ne pouvoir faire la fortune de Sophronime : je ne veux point l'accabler du poids de ma misère.

SOPHRONIME.

Je vous l'avais bien dit, Socrate, que ses raisons ne vaudraient rien : si elle m'aime, ne suis-je pas assez riche? Je n'ai subsisté, il est vrai, que par vos bienfaits; mais il n'est point d'emploi pénible que je n'embrasse pour faire subsister ma chère Aglaé. Je devrais, il est vrai, lui faire le sacrifice de mon amour, lui chercher moi-même un parti avantageux : mais j'avoue que je n'en ai pas la force, et par là je suis indigne d'elle. Mais si elle pouvait se contenter de mon état, si elle pouvait s'abaisser jusqu'à moi! Non, je n'ose le demander, je n'ose le souhaiter; et je succombe à un malheur qu'elle supporte.

ACTE I, SCÈNE VI.

SOCRATE.

Mes enfans, Xantippe est bien indiscrète de vous avoir montré ce testament; mais croyez, belle Aglaé, qu'elle vous a trompée.

AGLAÉ.

Elle ne m'a point trompée : j'ai vu de mes yeux ma misère; l'écriture de mon père m'est assez connue. Soyez sûr, Socrate, que je saurai soutenir la pauvreté; je sais travailler de mes mains : c'est assez pour vivre, c'est tout ce qu'il me faut; mais ce n'est pas assez pour Sophronime.

SOPHRONIME.

C'en est trop mille fois pour moi, ame tendre, ame sublime, digne d'avoir été élevée par Socrate : une pauvreté noble et laborieuse est l'état naturel de l'homme. J'aurais voulu vous offrir un trône; mais si vous daignez vivre avec moi, notre pauvreté respectable est au dessus du trône de Crésus.

SOCRATE.

Vos sentimens me plaisent autant qu'ils m'attendrissent; je vois avec transport germer dans vos cœurs cette vertu que j'y ai semée. Jamais mes soins n'ont été mieux récompensés; jamais mon espérance n'a été plus remplie. Mais encore une fois, Aglaé, croyez-moi, ma femme vous a mal instruite. Vous êtes plus riche que vous ne pensez. Ce n'est pas à elle, c'est à moi que votre père vous a confiée. Ne peut-il pas avoir laissé un bien que Xantippe ignore?

AGLAÉ.

Non, Socrate, il dit précisément dans son testament qu'il me laisse pauvre.

SOCRATE.

Et moi je vous dis que vous vous trompez, qu'il vous a laissé de quoi vivre heureuse avec le vertueux Sophronime, et qu'il faut que vous veniez tous deux signer le contrat tout à l'heure.

SCÈNE VII.

SOCRATE, XANTIPPE, AGLAÉ, SOPHRONIME.

XANTIPPE.

Allons, allons, ma fille, ne vous amusez point aux visions de mon mari : la philosophie est fort bonne quand on est à son aise, mais vous n'avez rien; il faut vivre : vous philosopherez après. J'ai conclu votre mariage avec Anitus, digne prêtre, homme puissant, homme de crédit : venez, suivez-moi; il ne faut ni lenteur ni contradiction; j'aime qu'on m'obéisse, et vite; c'est pour votre bien : ne raisonnez pas, et suivez-moi.

SOPHRONIME.

Ah, ciel! ah, chère Aglaé!

SOCRATE.

Laissez-la dire, et fiez-vous à moi de votre bonheur.

XANTIPPE.

Comment, qu'on me laisse dire? vraiment, je le prétends bien, et surtout qu'on me laisse faire. C'est bien à vous, avec votre sagesse et votre démon familier, et votre ironie, et toutes vos fadaises qui ne sont bonnes à rien, à vous mêler de marier des filles! Vous êtes un bon homme, mais vous n'entendez rien aux affaires de ce monde, et vous êtes trop heureux que je vous gouverne. Allons, Aglaé, venez, que je vous établisse. Et vous, qui restez là tout étonné, j'ai aussi votre affaire : Drixa est votre fait : vous me remercierez tous deux, tout sera conclu dans la minute; je suis expéditive, ne perdons point de temps : tout cela devrait déja être terminé.

SOCRATE.

Ne la cabrez pas, mes enfans, marquez-lui toute sorte de déférences; il faut lui complaire, puisqu'on ne peut la corriger. C'est le triomphe de la raison de bien vivre avec les gens qui n'en ont pas.

FIN DU PREMIER ACTE.

ACTE SECOND.

SCÈNE I.

SOCRATE, SOPHRONIME.

SOPHRONIME.

Divin Socrate, je ne puis croire mon bonheur: comment se peut-il qu'Aglaé, dont le père est mort dans une pauvreté extrême, ait cependant une dot si considérable?

SOCRATE.

Je vous l'ai déja dit; elle avait plus qu'elle ne croyait. Je connais mieux qu'elle les ressources de son père. Qu'il vous suffise de jouir tous deux d'une fortune que vous méritez : pour moi, je dois le secret aux morts comme aux vivans.

SOPHRONIME.

Je n'ai plus qu'une crainte, c'est que ce prêtre de Cérès, à qui vous m'avez préféré, ne venge sur vous les refus d'Aglaé : c'est un homme bien à craindre.

SOCRATE.

Eh! que peut craindre celui qui fait son devoir? Je connais la rage de mes ennemis, je sais toutes leurs calomnies; mais quand on ne cherche qu'à faire du bien aux hommes, et qu'on n'offense point le ciel, on ne redoute rien, ni pendant la vie, ni à la mort.

SOPHRONIME.

Rien n'est plus vrai; mais je mourrais de douleur, si la félicité que je vous dois portait vos ennemis à vous forcer de mettre en usage votre héroïque constance.

SCÈNE II.

SOCRATE, SOPHRONIME, AGLAÉ.

AGLAÉ.

Mon bienfaiteur, mon père, homme au dessus des hommes, j'embrasse vos genoux. Secondez-moi, Sophronime : c'est lui, c'est Socrate qui nous marie aux dépens de sa fortune, qui paye ma dot, qui se prive pour nous de la plus grande partie de son bien. Non, nous ne le souffrirons pas; nous ne serons pas riches à ce prix : plus notre cœur est reconnaissant, plus nous devons imiter la noblesse du sien.

SOPHRONIME.

Je me jette à vos pieds comme elle; je suis saisi comme elle; nous sentons également vos bienfaits. Nous vous aimons trop, Socrate, pour en abuser. Regardez-nous comme vos enfans; mais que vos enfans ne vous soient point à charge. Votre amitié est le plus grand des biens, c'est le seul que nous voulons. Quoi! vous n'êtes pas riche, et vous faites ce que les puissans de la terre ne feraient pas! Si nous acceptions vos bienfaits, nous en serions indignes.

SOCRATE.

Levez-vous, mes enfans, vous m'attendrissez trop.

Écoutez-moi : ne faut-il pas respecter les volontés des morts ? Votre père, Aglaé, que je regardais comme la moitié de moi-même, ne m'a-t-il pas ordonné de vous traiter comme ma fille ? je lui obéis : je trahirais l'amitié et la confiance si je fesais moins. J'ai accepté son testament, je l'exécute : le peu que je vous donne est inutile à ma vieillesse, qui est sans besoins. Enfin, si j'ai dû obéir à mon ami, vous devez obéir à votre père : c'est moi qui le suis aujourd'hui ; c'est moi qui, par ce nom sacré, vous ordonne de ne me pas accabler de douleur en me refusant. Mais retirez-vous, j'aperçois Xantippe. J'ai mes raisons pour vous conjurer de l'éviter dans ces momens.

AGLAÉ.

Ah ! que vous nous ordonnez des choses cruelles !

SCÈNE III.

SOCRATE, XANTIPPE.

XANTIPPE.

Vraiment, vous venez de faire là un beau chef-d'œuvre ; par ma foi, mon cher mari, il faudrait vous interdire. Voyez, s'il vous plaît, que de sottises ! Je promets Aglaé au prêtre Anitus, qui a du crédit parmi les grands ; je promets Sophronime à cette grosse marchande Drixa, qui a du crédit chez le peuple ; et vous mariez vos deux étourdis ensemble pour me faire manquer à ma parole : ce n'est pas assez, vous les dotez de la plus grande partie de votre bien. Vingt mille drachmes! justes dieux, vingt mille drachmes! n'êtes-vous pas honteux? De quoi vivrez-vous à l'âge de soixante-dix ans? qui paiera vos médecins quand vous serez malade, vos avocats quand vous aurez des procès? enfin que ferai-je quand ce fripon, ce cou tors d'Anitus et son parti, que vous auriez eus pour vous, s'attacheront à vous persécuter comme ils ont fait tant de fois? Le ciel confonde les philosophes et la philosophie, et ma sotte amitié pour vous! Vous vous mêlez de conduire les autres, et il vous faudrait des lisières; vous raisonnez sans cesse, et vous n'avez pas le sens commun. Si vous n'étiez pas le meilleur homme du monde, vous seriez le plus ridicule et le plus insupportable. Écoutez : il n'y a qu'un mot qui serve; rompez dans l'instant cet impertinent marché, et faites tout ce que veut votre femme.

SOCRATE.

C'est très bien parler, ma chère Xantippe, et avec modération; mais écoutez-moi à votre tour. Je n'ai point proposé ce mariage. Sophronime et Aglaé s'aiment, et sont dignes l'un de l'autre. Je vous ai déja donné tout le bien que je pouvais vous céder par les lois; je donne presque tout ce qui me reste à la fille de mon ami : le peu que je garde me suffit. Je n'ai ni médecin à payer, parce que je suis sobre; ni avocat, parce que je n'ai ni prétentions ni dettes. A l'égard de la philosophie que vous me reprochez, elle m'enseigne à souffrir l'indignation d'Anitus et vos injures, à vous aimer malgré votre humeur.

(Il sort.)

SCÈNE IV.

XANTIPPE.

Le vieux fou ! il faut que je l'estime malgré moi ; car, après tout, il y a je ne sais quoi de grand dans sa folie. Le sang-froid de ses extravagances me fait enrager. J'ai beau le gronder, je perds mes peines. Il y a trente ans que je crie après lui ; et quand j'ai bien crié, il m'en impose, et je suis toute confondue : est-ce qu'il y aurait dans cette ame-là quelque chose de supérieur à la mienne ?

SCÈNE V.

XANTIPPE, DRIXA.

DRIXA.

Eh bien, madame Xantippe, voilà comme vous êtes maîtresse chez vous ! Fi ! que cela est lâche de se laisser gouverner par son mari ! Ce maudit Socrate m'enlève donc ce beau garçon dont je voulais faire la fortune. Il me le paiera, le traître.

XANTIPPE.

Ma pauvre madame Drixa, ne vous fâchez pas contre mon mari ; je me suis assez fâchée contre lui : c'est un imbécille, je le sais bien ; mais dans le fond c'est bien le meilleur cœur du monde : cela n'a point de malice ; il fait toutes les sottises possibles sans y entendre

ACTE II, SCÈNE VI.

finesse, et avec tant de probité, que cela désarme. D'ailleurs il est têtu comme une mule. J'ai passé ma vie à le tourmenter, je l'ai même battu quelquefois; non seulement je n'ai pu le corriger, je n'ai même jamais pu le mettre en colère. Que voulez-vous que j'y fasse?

DRIXA.

Je me vengerai, vous dis-je. J'aperçois sous ces portiques son bon ami Anitus et quelques uns des nôtres : laissez-moi faire.

XANTIPPE.

Mon dieu, je crains que tous ces gens-là ne jouent quelque tour à mon mari. Allons vite l'avertir; car, après tout, on ne peut s'empêcher de l'aimer.

SCÈNE VI.

ANITUS, DRIXA, TERPANDRE, ACROS.

DRIXA.

Nos injures sont communes, respectable Anitus : vous êtes trahi comme moi. Ce malhonnête homme de Socrate donne presque tout son bien à Aglaé, uniquement pour vous désespérer. Il faut que vous en tiriez une vengeance éclatante.

ANITUS.

C'est bien mon intention, le ciel y est intéressé : cet homme méprise sans doute les dieux, puisqu'il me dédaigne. On a déja intenté contre lui quelques accusations; il faut que vous m'aidiez tous à les renouveler : nous le mettrons en danger de sa vie ; alors je lui offrirai ma protection, à condition qu'il me cède Aglaé et qu'il vous rende votre beau Sophronime ; par là nous remplirons tous nos devoirs : il sera puni par la crainte que nous lui aurons donnée : j'obtiendrai ma maîtresse, et vous aurez votre amant.

DRIXA.

Vous parlez comme la sagesse elle-même : il faut que quelque divinité vous inspire. Instruisez-nous ; que faut-il faire ?

ANITUS.

Voici bientôt l'heure où les juges passeront pour aller au tribunal : Mélitus est à leur tête.

DRIXA.

Mais ce Mélitus est un petit pédant, un méchant homme, qui est votre ennemi.

ANITUS.

Oui, mais il est encore plus l'ennemi de Socrate : c'est un scélérat hypocrite qui soutient les droits de l'aréopage contre moi ; mais nous nous réunissons toujours quand il s'agit de perdre ces faux sages capables d'éclairer le peuple sur notre conduite. Écoutez, ma chère Drixa, vous êtes dévote ?

DRIXA.

Oui, assurément, monseigneur : j'aime l'argent et le plaisir de tout mon cœur : mais en fait de dévotion je ne cède à personne.

ANITUS.

Allez prendre quelque dévot du peuple avec vous ; et quand les juges passeront, criez à l'impiété.

TERPANDRE.

Y a-t-il quelque chose à gagner? nous sommes prêts.

ACROS.

Oui; mais quelle espèce d'impiété?

ANITUS.

De toutes les espèces. Vous n'avez qu'à l'accuser hardiment de ne point croire aux dieux : c'est le plus court.

DRIXA.

Oh! laissez-moi faire.

ANITUS.

Vous serez parfaitement secondés. Allez sous ces portiques ameuter vos amis. Je vais cependant instruire quelques gazetiers de controverse, quelques folliculaires qui viennent souvent dîner chez moi. Ce sont des gens bien méprisables, je l'avoue; mais ils peuvent nuire dans l'occasion, quand ils sont bien dirigés. Il faut se servir de tout pour faire triompher la bonne cause. Allez, mes chers amis : recommandez-vous à Cérès : vous viendrez crier, au signal que je donnerai; c'est le sûr moyen de gagner le ciel, et surtout de vivre heureux sur la terre.

SCÈNE VII.

ANITUS, NONOTI, CHOMOS, BERTIOS.

ANITUS.

Infatigable Nonoti, profond Chomos, délicat Bertios, avez-vous fait contre ce méchant Socrate les petits ouvrages que je vous ai commandés?

NONOTI.
J'ai travaillé, monseigneur : il ne s'en relèvera pas.
CHOMOS.
J'ai démontré la vérité contre lui : il est confondu.
BERTIOS.
Je n'ai dit qu'un mot dans mon journal : il est perdu.
ANITUS.
Prenez garde, Nonoti. Je vous ai défendu la prolixité. Vous êtes ennuyeux de votre naturel : vous pourriez lasser la patience de la cour.
NONOTI.
Monseigneur, je n'ai fait qu'une feuille, j'y prouve que l'ame est une quintessence infuse, que les queues ont été données aux animaux pour chasser les mouches, que Cérès fait des miracles, et que par conséquent Socrate est un ennemi de l'état qu'il faut exterminer.
ANITUS.
On ne peut mieux conclure. Allez porter votre délation au second juge, qui est un excellent philosophe : je vous réponds que vous serez bientôt défait de votre ennemi Socrate.
NONOTI.
Monseigneur, je ne suis point son ennemi : je suis fâché seulement qu'il ait tant de réputation; et tout ce que j'en fais est pour la gloire de Cérès et pour le bien de la patrie.
ANITUS.
Allez, dis-je, dépêchez-vous. Eh bien, savant Chomos, qu'avez-vous fait?

CHOMOS.

Monseigneur, n'ayant rien trouvé à reprendre dans les écrits de Socrate, je l'accuse adroitement de penser tout le contraire de ce qu'il a dit; et je montre le venin répandu dans tout ce qu'il dira.

ANITUS.

A merveille. Portez cette pièce au quatrième juge : c'est un homme qui n'a pas le sens commun, et qui vous entendra parfaitement. Et vous, Bertios?

BERTIOS.

Monseigneur, voici mon dernier journal sur le chaos. Je fais voir adroitement, en passant du chaos aux jeux olympiques, que Socrate pervertit la jeunesse.

ANITUS.

Admirable! Allez de ma part chez le septième juge, et dites-lui que je lui recommande Socrate. Bon, voici déja Mélitus, le chef des onze, qui s'avance. Il n'y a point de détour à prendre avec lui : nous nous connaissons trop l'un et l'autre.

SCÈNE VIII.

ANITUS, MÉLITUS.

ANITUS.

Monsieur le juge, un mot. Il faut perdre Socrate.

MÉLITUS.

Monsieur le prêtre, il y a long-temps que j'y pense : unissons-nous sur ce point, nous n'en serons pas moins brouillés sur le reste.

ANITUS.

Je sais bien que nous nous haïssons tous deux; mais, en se détestant, il faut se réunir pour gouverner la république.

MÉLITUS.

D'accord. Personne ne nous entend ici : je sais que vous êtes un fripon; vous ne me regardez pas comme un honnête homme; je ne puis vous nuire, parce que vous êtes grand-prêtre; vous ne pouvez me perdre, parce que je suis grand-juge : mais Socrate peut nous faire tort à l'un et à l'autre en nous démasquant; nous devons donc commencer, vous et moi, par le faire mourir, et puis nous verrons comment nous pourrons nous exterminer l'un l'autre à la première occasion.

ANITUS.

On ne peut mieux parler. (*à part.*) Hom! que je voudrais tenir ce coquin d'aréopagite sur un autel, les bras pendans d'un côté et les jambes de l'autre, lui ouvrir le ventre avec mon couteau d'or, et consulter son foie tout à mon aise !

MÉLITUS, *à part*.

Ne pourrai-je jamais tenir ce pendard de sacrificateur dans la geôle, et lui faire avaler une pinte de ciguë à mon plaisir?

ANITUS.

Or ça, mon cher ami, voilà vos camarades qui avancent : j'ai préparé les esprits du peuple.

MÉLITUS.

Fort bien, mon cher ami; comptez sur moi comme sur vous-même dans ce moment, mais rancune tenant toujours.

SCÈNE IX.

ANITUS, MÉLITUS, *quelques* JUGES *d'Athènes qui passent sous les portiques.* (*Anitus parle à l'oreille de Mélitus.*)

DRIXA, TERPANDRE, ACROS, *ensemble.*
Justice, justice, scandale, impiété, justice, justice, irréligion, impiété, justice !

ANITUS.
Qu'est-ce donc, mes amis? de quoi vous plaignez-vous?

DRIXA, TERPANDRE, ACROS.
Justice, au nom du peuple!

MÉLITUS.
Contre qui?

DRIXA, TERPANDRE, ACROS.
Contre Socrate.

MÉLITUS.
Ah, ah! contre Socrate? ce n'est pas d'aujourd'hui qu'on se plaint de lui. Qu'a-t-il fait?

ACROS.
Je n'en sais rien.

TERPANDRE.
On dit qu'il donne de l'argent aux filles pour se marier.

ACROS.
Oui, il corrompt la jeunesse.

DRIXA.
C'est un impie : il n'a point offert de gâteaux à

Cérès. Il dit qu'il y a trop d'or et trop d'argent inutiles dans les temples ; que les pauvres meurent de faim, et qu'il faut les soulager.

ACROS.

Oui, il dit que les prêtres de Cérès s'enivrent quelquefois : cela est vrai, c'est un impie.

DRIXA.

C'est un hérétique; il nie la pluralité des dieux; il est déiste; il ne croit qu'un seul Dieu; c'est un athée.

(Tous trois ensemble.)

Oui, il est hérétique, déiste, athée.

MÉLITUS.

Voilà des accusations très graves et très vraisemblables : on m'avait déja averti de tout ce que vous nous dites.

ANITUS.

L'état est en danger si on laisse de telles horreurs impunies. Minerve nous ôtera son secours.

DRIXA.

Oui, Minerve, sans doute : je l'ai entendu faire des plaisanteries sur le hibou de Minerve.

MÉLITUS.

Sur le hibou de Minerve! O ciel! n'êtes-vous pas d'avis, messieurs, qu'on le mette en prison tout à l'heure?

LES JUGES, *ensemble*.

Oui, en prison; vite, en prison!

MÉLITUS.

Huissiers, amenez à l'instant Socrate en prison.

ACTE II, SCÈNE X.

DRIXA.

Et qu'ensuite il soit brûlé sans avoir été entendu.

UN DES JUGES.

Ah! il faut du moins l'entendre : nous ne pouvons enfreindre la loi.

ANITUS.

C'est ce que cette bonne dévote voulait dire : il faut l'entendre, mais ne se pas laisser surprendre à ce qu'il dira; car vous savez que ces philosophes sont d'une subtilité diabolique : ce sont eux qui ont troublé tous les états où nous apportions la concorde.

MÉLITUS.

En prison! en prison!

SCÈNE X.

LES PRÉCÉDENS; XANTIPPE, SOPHRONIME, AGLAÉ; SOCRATE, *enchaîné;* VALETS DE VILLE.

XANTIPPE.

Eh, miséricorde! on traîne mon mari en prison : n'avez-vous pas honte, messieurs les juges, de traiter ainsi un homme de son âge? quel mal a-t-il pu faire? il en est incapable : hélas! il est plus bête que méchant*. Messieurs, ayez pitié de lui. Je vous l'avais bien dit, mon mari, que vous vous attireriez quelque

---

* On prétend que la servante de La Fontaine en disait autant de son maître : ce n'est pas la faute de M. Thomson si Xantippe l'a dit avant cette servante. M. Thomson a peint Xantippe telle qu'elle était : il ne devait pas en faire une Cornélie.

méchante affaire : voilà ce que c'est que de doter des filles. Que jé suis malheureuse !

SOPHRONIME.

Ah, messieurs ! respectez sa vieillesse et sa vertu ; chargez-moi de fers : je suis prêt à donner ma liberté, ma vie pour la sienne.

AGLAÉ.

Oui, nous irons en prison au lieu de lui ; nous mourrons pour lui, s'il le faut. N'attentez rien sur le plus juste et le plus grand des hommes. Prenez-nous pour vos victimes.

MÉLITUS.

Vous voyez comme il corrompt la jeunesse.

SOCRATE.

Cessez, ma femme, cessez, mes enfans, de vous opposer à la volonté du ciel : elle se manifeste par l'organe des lois. Quiconque résiste à la loi est indigne d'être citoyen. Dieu veut que je sois chargé de fers, je me soumets à ses décrets sans murmure. Dans ma maison, dans Athènes, dans les cachots, je suis également libre : et puisque je vois en vous tant de reconnaissance et tant d'amitié, je suis toujours heureux. Qu'importe que Socrate dorme dans sa chambre ou dans la prison d'Athènes ? Tout est dans l'ordre éternel, et ma volonté doit y être.

MÉLITUS.

Qu'on entraîne ce raisonneur. Voilà comme ils sont tous ; ils vous poussent des argumens jusque sous la potence.

ANITUS.

Messieurs, ce qu'il vient de dire m'a touché. Cet homme montre de bonnes dispositions. Je pourrais me flatter de le convertir. Laissez-moi lui parler un moment en particulier, et ordonnez que sa femme et ces jeunes gens se retirent.

UN JUGE.

Nous le voulons bien, vénérable Anitus; vous pouvez lui parler avant qu'il comparaisse devant notre tribunal.

SCÈNE XI.

ANITUS, SOCRATE.

ANITUS.

Vertueux Socrate, le cœur me saigne de vous voir en cet état.

SOCRATE.

Vous avez donc un cœur?

ANITUS.

Oui, et je suis prêt à tout faire pour vous.

SOCRATE.

Vraiment, je suis persuadé que vous avez déja beaucoup fait.

ANITUS.

Écoutez; votre situation est plus dangereuse que vous ne pensez : il y va de votre vie.

SOCRATE.

Il s'agit donc de peu de chose.

ANITUS.

C'est peu pour votre ame intrépide et sublime;

c'est tout aux yeux de ceux qui chérissent comme moi votre vertu. Croyez-moi, de quelque philosophie que votre ame soit armée, il est dur de périr par le dernier supplice. Ce n'est pas tout ; votre réputation, qui doit vous être chère, sera flétrie dans tous les siècles. Non seulement tous les dévots et toutes les dévotes riront de votre mort, vous insulteront, allumeront le bûcher si on vous brûle, serreront la corde si on vous étrangle, broieront la ciguë si on vous empoisonne; mais ils rendront votre mémoire exécrable à tout l'avenir. Vous pouvez aisément détourner de vous une fin si funeste : je vous réponds de vous sauver la vie, et même de vous faire déclarer par les juges le plus sage des hommes, ainsi que vous l'avez été par l'oracle d'Apollon; il ne s'agit que de me céder votre jeune pupille Aglaé, avec la dot que vous lui donnez, s'entend; nous ferons aisément casser son mariage avec Sophronime. Vous jouirez d'une vieillesse paisible et honorée, et les dieux et les déesses vous béniront.

SOCRATE.

Huissiers, conduisez-moi en prison sans tarder davantage.

(On l'emmène.)

ANITUS.

Cet homme est incorrigible : ce n'est pas ma faute; j'ai fait mon devoir, je n'ai rien à me reprocher : il faut l'abandonner à son sens réprouvé, et le laisser mourir impénitent.

FIN DU SECOND ACTE.

ACTE TROISIÈME.

SCÈNE I.

LES JUGES, *assis sur leur tribunal ;* SOCRATE *debout.*

UN JUGE, à *Anitus.*

Vous ne devriez pas siéger ici ; vous êtes prêtre de Cérès.

ANITUS.

Je n'y suis que pour l'édification.

MÉLITUS.

Silence. Écoutez, Socrate ; vous êtes accusé d'être mauvais citoyen, de corrompre la jeunesse, de nier la pluralité des dieux, d'être hérétique, déiste et athée : répondez.

SOCRATE.

Juges athéniens, je vous exhorte à être toujours bons citoyens comme j'ai toujours tâché de l'être, à répandre votre sang pour la patrie comme j'ai fait dans plus d'une bataille. A l'égard de la jeunesse dont vous parlez, ne cessez de la guider par vos conseils, et surtout par vos exemples ; apprenez-lui à aimer la véritable vertu, et à fuir la misérable philosophie de l'école. L'article de la pluralité des dieux est d'une discussion un peu plus difficile ; mais vous m'entendrez aisément.

Juges athéniens, il n'y a qu'un Dieu.

MÉLITUS ET UN AUTRE JUGE.

Ah, le scélérat!

SOCRATE.

Il n'y a qu'un Dieu, vous dis-je; sa nature est d'être infini; nul être ne peut partager l'infini avec lui. Levez vos yeux vers les globes célestes, tournez-les vers la terre et les mers, tout se correspond, tout est fait l'un pour l'autre; chaque être est intimement lié avec les autres êtres; tout est d'un même dessein : il n'y a donc qu'un seul architecte, un seul maître, un seul conservateur. Peut-être a-t-il daigné former des génies, des démons, plus puissans et plus éclairés que les hommes; et s'ils existent, ce sont des créatures comme vous; ce sont ses premiers sujets, et non pas des dieux : mais rien dans la nature ne nous avertit qu'ils existent, tandis que la nature entière nous annonce un Dieu et un père. Ce Dieu n'a pas besoin de Mercure et d'Iris pour nous signifier ses ordres : il n'a qu'à vouloir, et c'est assez. Si par Minerve vous n'entendiez que la sagesse de Dieu, si par Neptune vous n'entendiez que ses lois immuables, qui élèvent et qui abaissent les mers, je vous dirais : Il vous est permis de révérer Neptune et Minerve, pourvu que dans ces emblèmes vous n'adoriez jamais que l'Être éternel, et que vous ne donniez pas occasion aux peuples de s'y méprendre.

ANITUS.

Quel galimatias impie!

SOCRATE.

Gardez-vous de tourner jamais la religion en métaphysique : la morale est son essence. Adorez et ne disputez plus. Si nos ancêtres ont dit que le Dieu suprême descendit dans les bras d'Alcmène, de Danaé, de Sémélé, et qu'il en eut des enfans, nos ancêtres ont imaginé des fables dangereuses. C'est insulter la Divinité de prétendre qu'elle ait commis avec une femme, de quelque manière que ce puisse être, ce que nous appelons chez les hommes un adultère. C'est décourager le reste des hommes d'oser dire que pour être un grand homme il faut être né de l'accouplement mystérieux de Jupiter et d'une de vos femmes ou filles. Miltiade, Cimon, Thémistocle, Aristide, que vous avez persécutés, valaient bien peut-être Persée, Hercule et Bacchus; il n'y a d'autre manière d'être les enfans de Dieu que de chercher à lui plaire et d'être justes. Méritez ce titre, en ne rendant jamais de jugemens iniques.

MÉLITUS.

Que de blasphèmes et d'insolences!

UN AUTRE JUGE.

Que d'absurdités! On ne sait ce qu'il veut dire.

MÉLITUS.

Socrate, vous vous mêlez toujours de faire des raisonnemens; ce n'est pas là ce qu'il nous faut : répondez net et avec précision. Vous êtes-vous moqué du hibou de Minerve?

SOCRATE.

Juges athéniens, prenez garde à vos hibous. Quand vous proposez des choses ridicules à croire, trop de gens alors se déterminent à ne rien croire du tout; ils ont assez d'esprit pour voir que votre doctrine est impertinente, mais ils n'en ont pas assez pour s'élever jusqu'à la loi véritable; ils savent rire de vos petits dieux, et ils ne savent pas adorer le Dieu de tous les êtres, unique, incompréhensible, incommunicable, éternel, et tout juste, comme tout puissant.

MÉLITUS.

Ah, le blasphémateur! ah, le monstre! Il n'en a dit que trop : je conclus à la mort.

PLUSIEURS JUGES.

Et nous aussi.

UN JUGE.

Nous sommes plusieurs qui ne sommes pas de cet avis; nous trouvons que Socrate a très bien parlé. Nous croyons que les hommes seraient plus justes et plus sages s'ils pensaient comme lui; et pour moi, loin de le condamner, je suis d'avis qu'on le récompense.

PLUSIEURS JUGES.

Nous pensons de même.

MÉLITUS.

Les opinions semblent se partager.

ANITUS.

Messieurs de l'aréopage, laissez-moi interroger Socrate. Croyez-vous que le soleil tourne, et que l'aréopage soit de droit divin?

SOCRATE.

Vous n'êtes pas en droit de me faire des questions; mais je suis en droit de vous enseigner ce que vous ignorez. Il importe peu pour la société que ce soit la terre qui tourne; mais il importe que les hommes qui tournent avec elle soient justes. La vertu seule est de droit divin; et vous et l'aréopage n'avez d'autres droits que ceux que la nation vous a donnés.

ANITUS.

Illustres et équitables juges, faites sortir Socrate.
(Mélitus fait un signe. On emmène Socrate. Anitus continue.)

Vous l'avez entendu, auguste aréopage institué par le ciel; cet homme dangereux nie que le soleil tourne et que vos charges soient de droit divin. Si ces horribles opinions se répandent, plus de magistrats, et plus de soleil : vous n'êtes plus ces juges établis par les lois fondamentales de Minerve, vous n'êtes plus les maîtres de l'état, vous ne devez plus juger que suivant les lois; et si vous dépendez des lois, vous êtes perdus. Punissez la rebellion, vengez le ciel et la terre. Je sors. Redoutez la colère des dieux si Socrate reste en vie.

(Anitus sort, et les juges opinent.)

UN JUGE.

Je ne veux point me brouiller avec Anitus, c'est un homme trop à craindre. S'il ne s'agissait que des dieux, encore passe.

UN JUGE, *à celui qui vient de parler.*

Entre nous, Socrate a raison; mais il a tort d'avoir raison si publiquement. Je ne fais pas plus de cas de Cérès et de Neptune que lui; mais il ne devait pas dire devant tout l'aréopage ce qu'il ne faut dire qu'à l'oreille. Où est le mal, après tout, d'empoisonner un philosophe, surtout quand il est laid et vieux?

UN AUTRE JUGE.

S'il y a de l'injustice à condamner Socrate, c'est l'affaire d'Anitus, ce n'est pas la mienne; je mets tout sur sa conscience; d'ailleurs il est tard, on perd son temps. A la mort, à la mort, et qu'on n'en parle plus.

UN AUTRE.

On dit qu'il est hérétique et athée; à la mort, à la mort.

MÉLITUS.

Qu'on appelle Socrate. (*On l'amène.*) Les dieux soient bénis, la pluralité est pour la mort. Socrate, les dieux vous condamnent, par notre bouche, à boire de la ciguë tant que mort s'ensuive.

SOCRATE.

Nous sommes tous mortels; la nature vous condamne à mourir tous dans peu de temps, et probablement vous aurez tous une fin plus triste que la mienne. Les maladies qui amènent le trépas sont plus douloureuses qu'un gobelet de ciguë. Au reste, je dois des éloges aux juges qui ont opiné en faveur de l'innocence; je ne dois aux autres que ma pitié.

UN JUGE, *sortant.*

Certainement cet homme-là méritait une pension de l'état au lieu d'un gobelet de ciguë.

UN AUTRE JUGE.

Cela est vrai; mais aussi de quoi s'avisait-il de se brouiller avec un prêtre de Cérès?

UN AUTRE JUGE.

Je suis bien aise, après tout, de faire mourir un

philosophe : ces gens-là ont une certaine fierté dans l'esprit qu'il est bon de mater un peu.

UN JUGE.

Messieurs, un petit mot : ne ferions-nous pas bien, tandis que nous avons la main à la pâte, de faire mourir tous les géomètres, qui prétendent que les trois angles d'un triangle sont égaux à deux droits? Ils scandalisent étrangement la populace occupée à lire leurs livres.

UN AUTRE JUGE.

Oui, oui, nous les pendrons à la première session. Allons dîner[1].

SCÈNE II.

SOCRATE.

Depuis long-temps j'étais préparé à la mort. Tout ce que je crains à présent, c'est que ma femme Xantippe ne vienne troubler mes derniers momens et interrompre la douceur du recueillement de mon ame; je ne dois m'occuper que de l'Être suprême, devant qui je dois bientôt paraître. Mais la voilà : il faut se résigner à tout.

---

[1] Au seizième siècle, il se passa une scène à peu près semblable, et un des juges dit ces propres paroles : *A la mort, et allons dîner.*

SCÈNE III.

SOCRATE, XANTIPPE; LES DISCIPLES DE SOCRATE.

XANTIPPE.

Eh bien! pauvre homme, qu'est-ce que ces gens de loi ont conclu? êtes-vous condamné à l'amende? êtes-vous banni? êtes-vous absous? Mon Dieu! que vous m'avez donné d'inquiétude! tâchez, je vous prie, que cela n'arrive pas une seconde fois.

SOCRATE.

Non, ma femme, cela n'arrivera pas deux fois, je vous en réponds; ne soyez en peine de rien. Soyez les bienvenus, mes chers disciples, mes amis.

CRITON, *à la tête des disciples de Socrate.*

Vous nous voyez aussi alarmés de votre sort que votre femme Xantippe : nous avons obtenu des juges la permission de vous voir. Juste ciel! faut-il voir Socrate chargé de chaînes? Souffrez que nous baisions ces fers que vous honorez, et qui sont la honte d'Athènes. Est-il possible qu'Anitus et les siens aient pu vous mettre en cet état?

SOCRATE.

Ne pensons point à ces bagatelles, mes chers amis, et continuons l'examen que nous fesions hier de l'immortalité de l'ame. Nous disions, ce me semble, que rien n'est plus probable et plus consolant que cette idée. En effet, la matière change et ne périt point; pourquoi l'ame périrait-elle? Se pourrait-il faire que nous étant élevés jusqu'à la connaissance d'un Dieu, à travers le voile du corps mortel, nous cessassions de le connaître quand ce voile sera tombé ? Non ; puisque nous pensons, nous penserons toujours : la pensée est l'être de l'homme, cet être paraîtra devant un Dieu juste, qui récompense la vertu, qui punit le crime, et qui pardonne les faiblesses.

XANTIPPE.

C'est bien dit; je n'y entends rien : on pensera toujours parce qu'on a pensé ! Est-ce qu'on se mouchera toujours parce qu'on s'est mouché ? Mais que nous veut ce vilain homme avec son gobelet ?

LE GEÔLIER OU VALET DES ONZE, *apportant la tasse de ciguë.*

Tenez, Socrate, voilà ce que le sénat vous envoie.

XANTIPPE.

Quoi ! maudit empoisonneur de la république, tu viens ici tuer mon mari en ma présence ! je te dévisagerai, monstre !

SOCRATE.

Mon cher ami, je vous demande pardon pour ma femme; elle a toujours grondé son mari, elle vous traite de même : je vous prie d'excuser cette petite vivacité. Donnez.

(Il prend le gobelet.)

UN DES DISCIPLES.

Que ne nous est-il permis de prendre ce poison, divin Socrate ! par quelle horrible injustice nous êtes-vous ravi ? Quoi ! les criminels ont condamné le juste ! les fanatiques ont proscrit le sage ! Vous allez mourir !

SOCRATE.

Non, je vais vivre. Voici le breuvage de l'immortalité. Ce n'est pas ce corps périssable qui vous a aimés, qui vous a enseignés, c'est mon ame seule qui a vécu avec vous; et elle vous aimera à jamais.

(Il veut boire.)

LE VALET DES ONZE.

Il faut auparavant que je détache vos chaînes, c'est la règle.

SOCRATE.

Si c'est la règle, détachez.

(Il se gratte un peu la jambe.)

UN DES DISCIPLES.

Quoi! vous souriez?

SOCRATE.

Je souris en réfléchissant que le plaisir vient de la douleur. C'est ainsi que la félicité éternelle naîtra des misères de cette vie [1].

(Il boit.)

CRITON.

Hélas! qu'avez-vous fait?

XANTIPPE.

Hélas! c'est pour je ne sais combien de discours ridicules de cette espèce qu'on fait mourir ce pauvre homme. En vérité, mon mari, vous me fendez le cœur,

---

[1] J'ai pris la liberté de retrancher ici deux pages entières du beau sermon de Socrate. Ces moralités, qui sont devenues lieux communs, sont bien ennuyeuses. Les bonnes gens qui ont cru qu'il fallait faire parler Socrate long-temps, ne connaissent ni le cœur humain ni le théâtre. *Semper ad eventum festinat;* voilà la grande règle que M. Thomson a observée.

et j'étranglerais tous les juges de mes mains. Je vous grondais, mais je vous aimais; et ce sont des gens polis qui vous empoisonnent. Ah, ah! mon cher mari, ah!

SOCRATE.

Calmez-vous, ma bonne Xantippe; ne pleurez point, mes amis : il ne sied pas aux disciples de Socrate de répandre des larmes.

CRITON.

Et peut-on n'en pas verser après cette sentence affreuse, après cet empoisonnement juridique, ordonné par des ignorans pervers qui ont acheté cinquante mille dragmes le droit d'assassiner impunément leurs concitoyens?

SOCRATE.

C'est ainsi qu'on traitera souvent les adorateurs d'un seul Dieu, et les ennemis de la superstition.

CRITON.

Hélas! faut-il que vous soyez une de ces victimes?

SOCRATE.

Il est beau d'être la victime de la Divinité. Je meurs satisfait. Il est vrai que j'aurais voulu joindre à la consolation de vous voir celle d'embrasser aussi Sophronime et Aglaé : je suis étonné de ne les pas voir ici; ils auraient rendu mes derniers momens encore plus doux qu'ils ne sont.

CRITON.

Hélas! ils ignorent que vous avez consommé l'iniquité de vos juges : ils parlent au peuple; ils encouragent les magistrats qui ont pris votre parti. Aglaé révèle le crime d'Anitus : sa honte va être publique :

Aglaé et Sophronime vous sauveraient peut-être la vie. Ah, cher Socrate! pourquoi avez-vous précipité vos derniers momens?

SCÈNE IV.

LES PRÉCÉDENS; AGLAÉ, SOPHRONIME.

AGLAÉ.

Divin Socrate, ne craignez rien: Xantippe, consolez-vous; dignes disciples de Socrate, ne pleurez plus.

SOPHRONIME.

Vos ennemis sont confondus : tout le peuple prend votre défense.

AGLAÉ.

Nous avons parlé, nous avons révélé la jalousie et l'intrigue de l'impie Anitus. C'était à moi de demander justice de son crime, puisque j'en étais la cause.

SOPHRONIME.

Anitus se dérobe par la fuite à la fureur du peuple, on le poursuit lui et ses complices; on rend des graces solennelles aux juges qui ont opiné en votre faveur. Le peuple est à la porte de la prison, et attend que vous paraissiez pour vous conduire chez vous en triomphe. Tous les juges se sont rétractés.

XANTIPPE.

Hélas! que de peines perdues!

UN DES DISCIPLES.

O ciel! ô Socrate! pourquoi obéissiez-vous?

ACTE III, SCÈNE IV.

AGLAE.

Vivez, cher Socrate, bienfaiteur de votre patrie, modèle des hommes, vivez pour le bonheur du monde.

CRITON.

Couple vertueux, dignes amis, il n'est plus temps.

XANTIPPE.

Vous avez trop tardé.

AGLAÉ.

Comment! il n'est plus temps! juste ciel!

SOPHRONIME.

Quoi! Socrate aurait déja bu la coupe empoisonnée?

SOCRATE.

Aimable Aglaé, tendre Sophronime, la loi ordonnait que je prisse le poison : j'ai obéi à la loi, tout injuste qu'elle est, parce qu'elle n'opprime que moi. Si cette injustice eût été commise envers un autre, j'aurais combattu. Je vais mourir : mais l'exemple d'amitié et de grandeur d'ame que vous donnez au monde ne périra jamais. Votre vertu l'emporte sur le crime de ceux qui m'ont accusé. Je bénis ce qu'on appelle mon malheur; il a mis au jour toute la force de votre belle ame. Ma chère Xantippe, soyez heureuse, et songez que pour l'être il faut dompter son humeur. Mes disciples bien-aimés, écoutez toujours la voix de la philosophie qui méprise les persécuteurs, et qui prend pitié des faiblesses humaines; et vous, ma fille Aglaé, mon fils Sophronime, soyez toujours semblables à vous-mêmes.

AGLAÉ.

Que nous sommes à plaindre de n'avoir pu mourir pour vous!

SOCRATE.

Votre vie est précieuse, la mienne est inutile : recevez mes tendres et derniers adieux. Les portes de l'éternité s'ouvrent pour moi.

XANTIPPE.

C'était un grand homme, quand j'y songe! Ah! je vais soulever la nation et manger le cœur d'Anitus.

SOPHRONIME.

Puissions-nous élever des temples à Socrate, si un homme en mérite!

CRITON.

Puisse au moins sa sagesse apprendre aux hommes que c'est à Dieu seul que nous devons des temples!

FIN DE SOCRATE.

L'ÉCOSSAISE,

COMÉDIE EN CINQ ACTES,

PAR M. HUME,

TRADUITE EN FRANÇAIS PAR JÉROME CARRÉ.

Représentée à Paris, au mois d'auguste 1760.

J'ai vengé l'univers autant que je l'ai pu.

ÉPITRE DÉDICATOIRE

DU TRADUCTEUR DE L'ÉCOSSAISE,

A M. LE COMTE DE LAURAGUAIS.

Monsieur,

La petite bagatelle que j'ai l'honneur de mettre sous votre protection n'est qu'un prétexte pour vous parler avec liberté.

Vous avez rendu un service éternel aux beaux arts et au bon goût en contribuant par votre générosité à donner à la ville de Paris un théâtre moins indigne d'elle. Si on ne voit plus sur la scène César et Ptolémée, Athalie et Joad, Mérope et son fils, entourés et pressés d'une foule de jeunes gens, si les spectacles ont plus de décence, c'est à vous seul qu'on en est redevable. Ce bienfait est d'autant plus considérable, que l'art de la tragédie et de la comédie est celui dans lequel les Français se sont distingués davantage. Il n'en est aucun dans lequel ils n'aient de très illustres rivaux, ou même des maîtres. Nous avons quelques bons philosophes; mais, il faut l'avouer, nous ne sommes que les disciples des Newton, des Locke, des Galilée. Si la France a quelques historiens, les Espagnols, les Italiens, les Anglais même, nous disputent la supériorité dans ce genre. Le seul Massillon aujourd'hui passe chez les gens de goût pour un orateur agréable; mais qu'il est encore loin de l'archevêque Tillotson aux yeux du reste de l'Europe! Je ne prétends point peser le mérite des hommes de génie; je n'ai pas la main assez forte pour tenir cette balance : je vous dis seulement comment pensent les autres peuples; et vous savez, monsieur, vous qui dans votre première jeunesse avez voyagé pour vous instruire, vous savez que presque chaque peuple a ses hommes de génie, qu'il préfère à ceux de ses voisins.

Si vous descendez des arts de l'esprit pur à ceux où la main a plus de part, quel peintre oserions-nous préférer aux grands peintres d'Italie? C'est dans le seul art des Sophocle que toutes les nations s'accordent à donner la préférence à la nôtre : c'est pourquoi, dans plusieurs villes d'Italie, la bonne compagnie se rassemble pour représenter nos pièces, ou dans notre langue, ou en italien ; c'est ce qui fait qu'on trouve des théâtres français à Vienne et à Pétersbourg.

Ce qu'on pouvait reprocher à la scène française était le manque d'action et d'appareil. Les tragédies étaient souvent de longues conversations en cinq actes. Comment hasarder ces spectacles pompeux, ces tableaux frappans, ces actions grandes et terribles, qui, bien ménagées, sont un des plus grands ressorts de la tragédie? comment apporter le corps de César sanglant sur la scène? comment faire descendre une reine éperdue dans le tombeau de son époux, et l'en faire sortir mourante de la main de son fils, au milieu d'une foule qui cache, et le tombeau, et le fils, et la mère, et qui énerve la terreur du spectacle par le contraste du ridicule?

C'est de ce défaut monstrueux que vos seuls bienfaits ont purgé la scène; et quand il se trouvera des génies qui sauront allier la pompe d'un appareil nécessaire et la vivacité d'une action également terrible et vraisemblable, à la force des pensées, et surtout à la belle et naturelle poésie, sans laquelle l'art dramatique n'est rien, ce sera vous, monsieur, que la postérité devra remercier [1].

---

[1] Il y avait long-temps que M. de Voltaire avait réclamé contre l'usage ridicule de placer les spectateurs sur le théâtre, et de rétrécir l'avant-scène par des banquettes, lorsque M. le comte de Lauraguais donna les sommes nécessaires pour mettre les comédiens à portée de détruire cet usage.

M. de Voltaire s'est élevé contre l'indécence d'un parterre debout et tumultueux; et dans les nouvelles salles construites à Paris, le parterre est assis. Ses justes réclamations ont été écoutées sur des objets plus importans. On lui doit en grande partie la suppression des sépultures dans les églises, l'établissement des cimetières hors des villes, la diminution du nombre des fêtes, même celle qu'ont ordonnée des évêques qui n'a-

ÉPITRE DÉDICATOIRE.

Mais il ne faut pas laisser ce soin à la postérité; il faut avoir le courage de dire à son siècle ce que nos contemporains font de noble et d'utile. Les justes éloges sont un parfum qu'on réserve pour embaumer les morts. Un homme fait du bien, on étouffe ce bien pendant qu'il respire; et si on en parle, on l'exténue, on le défigure: n'est-il plus, on exagère son mérite pour abaisser ceux qui vivent.

Je veux du moins que ceux qui pourront lire ce petit ouvrage sachent qu'il y a dans Paris plus d'un homme estimable et malheureux secouru par vous; je veux qu'on sache que tandis que vous occupez votre loisir à faire revivre, par les soins les plus coûteux et les plus pénibles, un art utile perdu dans l'Asie, qui l'inventa, vous faites renaître un secret plus ignoré, celui de soulager par vos bienfaits cachés la vertu indigente [1].

Je n'ignore pas qu'à Paris il y a, dans ce qu'on appelle le monde, des gens qui croient pouvoir donner des ridicules aux belles actions qu'ils sont incapables de faire; et c'est ce qui redouble mon respect pour vous.

P. S. Je ne mets point mon inutile nom au bas de cette épître, parce que je ne l'ai jamais mis à aucun de mes ouvrages; et quand on le voit à la tête d'un livre ou dans une affiche, qu'on s'en prenne uniquement à l'afficheur ou au libraire.

vaient jamais lu ses ouvrages; enfin l'abolition de la servitude de la glèbe et celle de la torture. Tous ces changemens se sont faits, à la vérité, lentement, à demi, et comme si l'on eût voulu prouver en les fesant qu'on suivait non sa propre raison, mais qu'on cédait à l'impulsion irrésistible que M. de Voltaire avait donnée aux esprits.

La tolérance qu'il avait tant prêchée s'est établie, peu de temps après sa mort, en Suède et dans les états héréditaires de la maison d'Autriche; et, quoi qu'on en dise, nous la verrons bientôt s'établir en France.

[1] M. le comte de Lauraguais avait fait une pension au célèbre du Marsais, qui sans lui eût traîné sa vieillesse dans la misère. Le gouvernement ne lui donnait aucun secours, parce qu'il était soupçonné d'être janséniste, et même d'avoir écrit en faveur du gouvernement contre les prétentions de la cour de Rome.

A MESSIEURS LES PARISIENS[1].

Messieurs,

Je suis forcé par l'illustre M. Fréron de m'exposer *vis-à-vis* de vous. Je parlerai sur le *ton* du sentiment et du respect; ma plainte sera marquée au *coin* de la bienséance, et éclairée du *flambeau* de la vérité. J'espère que M. Fréron sera confondu *vis-à-vis* des honnêtes gens qui ne sont pas accoutumés à se prêter aux méchancetés de ceux qui, n'étant pas *sentimentés*, font *métier et marchandise* d'insulter *le tiers et le quart*, sans aucune *provocation*, comme dit Cicéron dans l'oraison *pro Murena*, page 4.

Messieurs, je m'appelle Jérôme Carré, natif de Montauban; je suis un pauvre jeune homme sans fortune; et comme la volonté me change d'entrer dans Montauban, à cause que M. Le Franc de Pompignan m'y persécute, je suis venu implorer la protection des Parisiens. J'ai traduit la comédie de l'*Écossaise* de M. Hume. Les comédiens français et les italiens voulaient la représenter : elle aurait peut-être été jouée cinq ou six fois, et voilà que M. Fréron emploie son autorité et son crédit pour empêcher ma traduction de paraître; lui qui encourageait tant les jeunes gens, quand il était jésuite, les opprime aujourd'hui : il a fait une feuille entière contre moi; il commence par dire méchamment que ma traduction vient de Genève, pour me faire *suspecter* d'être hérétique.

Ensuite il appelle M. Hume, M. Home; et puis il dit que M. Hume le prêtre, auteur de cette pièce, n'est pas parent de M. Hume le philosophe. Qu'il consulte seulement le *Journal encyclopédique* du mois d'avril 1758, journal que je regarde comme le premier des cent soixante-treize journaux qui paraissent tous les mois en Europe, il y verra cette annonce, pag. 137.

[1] Cette plaisanterie fut publiée la veille de la représentation.

A MESSIEURS LES PARISIENS.

« L'auteur de *Douglas* est le ministre Hume, parent du
« fameux David Hume, si célèbre par son impiété. »

Je ne sais pas si M. David Hume est impie : s'il l'est, j'en
suis bien fâché, et je prie Dieu pour lui, comme je le dois;
mais il résulte que l'auteur de *l'Écossaise* est M. Hume le
prêtre, parent de M. David Hume; ce qu'il fallait prouver,
et ce qui est très indifférent.

J'avoue, à ma honte, que je l'ai cru son frère; mais qu'il soit
frère ou cousin, il est toujours certain qu'il est l'auteur de
l'Écossaise. Il est vrai que, dans le journal que je cite, *l'Écossaise* n'est pas expressément nommée; on n'y parle que d'*Agis*
et de *Douglas* : mais c'est une bagatelle.

Il est si vrai qu'il est l'auteur de *l'Écossaise*, que j'ai en
main plusieurs de ses lettres, par lesquelles il me remercie
de l'avoir traduite : en voici une que je soumets aux lumières
du charitable lecteur.

My dear translator, mon cher traducteur, *you have committed
many a blunder in your performance*, vous avez fait plusieurs
balourdises dans votre traduction : *you have quite impoverish'd
the character of Wasp, and you have blotted his chastisement
at the end of the drama...* vous avez affaibli le caractère de
Frélon, et vous avez supprimé son châtiment à la fin de la
pièce.

Il est vrai, et je l'ai déja dit, que j'ai fort adouci les traits
dont l'auteur peint son Wasp (ce mot *wasp* veut dire *frélon*);
mais je ne l'ai fait que par le conseil des personnes les plus
judicieuses de Paris. La politesse française ne permet pas
certains termes que la liberté anglaise emploie volontiers. Si
je suis coupable, c'est par excès de retenue; et j'espère que
messieurs les Parisiens, dont je demande la protection, pardonneront les défauts de la pièce en faveur de ma circonspection.

Il semble que M. Hume, ait fait sa comédie uniquement
dans la vue de mettre son Wasp sur la scène, et moi j'ai retranché tout ce que j'ai pu de ce personnage; j'ai aussi retranché quelque chose de milady Alton, pour m'éloigner moins

de vos mœurs, et pour faire voir quel est mon respect pour les dames.

M. Fréron, dans la vue de me nuire, dit dans sa feuille, pag. 114, qu'on l'appelle aussi Frélon, que plusieurs personnes de mérite l'ont souvent nommé ainsi. Mais, messieurs, qu'est-ce que cela peut avoir de commun avec un personnage anglais dans la pièce de M. Hume? Vous voyez qu'il ne cherche que de vains prétextes pour me ravir la protection dont je vous supplie de m'honorer.

Voyez, je vous prie, jusqu'où va sa malice : il dit, page 115, que le bruit courut long-temps qu'*il avait été condamné aux galères*; et il affirme qu'en effet, pour la condamnation, elle n'a jamais eu lieu : mais, je vous en supplie, que ce monsieur ait été aux galères quelque temps, ou qu'il y aille, quel rapport cette anecdote peut-elle avoir avec la traduction d'un drame anglais? Il parle des raisons qui *pouvaient*, dit-il, *lui avoir attiré ce malheur*. Je vous jure, messieurs, que je n'entre dans aucune de ces raisons; il peut y en avoir de bonnes sans que M. Hume doive s'en inquiéter : qu'il aille aux galères ou non, je n'en suis pas moins le traducteur de *l'Écossaise*. Je vous demande, messieurs, votre protection contre lui. Recevez ce petit drame avec cette affabilité que vous témoignez aux étrangers.

J'ai l'honneur d'être avec un profond respect,

Messieurs,

Votre très humble et très obéissant serviteur,

Jérôme CARRÉ,

Natif de Montauban, demeurant dans l'impasse de Saint Thomas-du-Louvre; car j'appelle *impasse*, messieurs, ce que vous appelez *cul-de-sac*. Je trouve qu'une rue ne ressemble ni à un cul ni à un sac. Je vous prie de vous servir du mot *impasse*, qui est noble, sonore, intelligible, nécessaire, au lieu de celui de cul, en dépit du sieur Fréron, ci-devant jésuite.

AVERTISSEMENT.

Cette lettre de M. Jérôme Carré eut tout l'effet qu'elle méritait. La pièce fut représentée au commencement d'auguste 1760. On commença tard; et quelqu'un demandant pourquoi on attendait si long-temps : *C'est apparemment*, répondit tout haut un homme d'esprit, *que Fréron est monté à l'Hôtel-de-Ville.* Comme ce Fréron avait eu l'inadvertance de se reconnaître dans la comédie de *l'Écossaise*, quoique M. Hume ne l'eût jamais eu en vue, le public le reconnut aussi. La comédie était sue de tout le monde par cœur avant qu'on la jouât, et cependant elle fut reçue avec un succès prodigieux. Fréron fit encore la faute d'imprimer dans je ne sais quelles feuilles, intitulées *l'Année littéraire*, que *l'Écossaise* n'avait réussi qu'à l'aide d'une cabale composée de douze à quinze cents personnes, qui toutes, disait-il, le haïssaient et le méprisaient souverainement. Mais M. Jérôme Carré était bien loin de faire des cabales. Tout Paris sait assez qu'il n'est pas à portée d'en faire; d'ailleurs il n'avait jamais vu ce Fréron, et il ne pouvait comprendre pourquoi tous les spectateurs s'obstinaient à voir Fréron dans Frélon. Un avocat, à la seconde représentation, s'écria : *Courage, monsieur Carré; vengez le public!* Le parterre et les loges applaudirent à ces paroles par des battemens de mains qui ne finissaient point. Carré, au sortir du spectacle, fut embrassé par

plus de cent personnes. « Que vous êtes aimable, mon-
« sieur Carré, lui disait-on, d'avoir fait justice de cet
« homme, dont les mœurs sont encore plus odieuses que
« la plume! Eh, messieurs! répondit Carré, vous me
« faites plus d'honneur que je ne mérite; je ne suis qu'un
« pauvre traducteur d'une comédie pleine de morale et
« d'intérêt. »

Comme il parlait ainsi sur l'escalier, il fut barbouillé
de deux baisers par la femme de Fréron. « Que je vous
« suis obligée, dit-elle, d'avoir puni mon mari! Mais vous
« ne le corrigerez point. » L'innocent Carré était tout
confondu; il ne comprenait pas comment un personnage anglais pouvait être pris pour un Français nommé
Fréron; et toute la France lui fesait compliment de
l'avoir peint trait pour trait. Ce jeune homme apprit,
par cette aventure, combien il faut avoir de circonspection : il comprit en général que toutes les fois qu'on
fait le portrait d'un homme ridicule, il se trouve toujours quelqu'un qui lui ressemble.

Ce rôle de Frélon était très peu important dans la
pièce; il ne contribua en rien au vrai succès, car elle
reçut dans plusieurs provinces les mêmes applaudisse-
mens qu'à Paris. On peut dire à cela que ce Frélon était
autant estimé dans les provinces que dans la capitale;
mais il est bien plus vraisemblable que le vif intérêt
qui règne dans la pièce de M. Hume en a fait tout le
succès. Peignez un faquin, vous ne réussirez qu'auprès
de quelques personnes : intéressez, vous plairez à tout
le monde.

Quoi qu'il en soit, voici la traduction d'une lettre

de milord Boldthinker au prétendu Hume, au sujet de sa pièce de *l'Écossaise :*

« Je crois, mon cher Hume, que vous avez encore
« quelque talent; vous en êtes comptable à la nation :
« c'est peu d'avoir immolé ce vilain Frélon à la risée
« publique sur tous les théâtres de l'Europe, où l'on
« joue votre aimable et vertueuse *Écossaise :* faites plus;
« mettez sur la scène tous ces vils persécuteurs de la
« littérature, tous ces hypocrites noircis de vices, et ca-
« lomniateurs de la vertu; traînez sur le théâtre, devant
« le tribunal du public, ces fanatiques enragés qui jet-
« tent leur écume sur l'innocence, et ces hommes faux
« qui vous flattent d'un œil et qui vous menacent de
« l'autre, qui n'osent parler devant un philosophe, et qui
« tâchent de le détruire en secret; exposez au grand jour
« ces détestables cabales qui voudraient replonger les
« hommes dans les ténèbres.

« Vous avez gardé trop long-temps le silence : on ne
« gagne rien à vouloir adoucir les pervers; il n'y a plus
« d'autre moyen de rendre les lettres respectables que
« de faire trembler ceux qui les outragent. C'est le der-
« nier parti que prit Pope avant que de mourir. Il rendit
« ridicules à jamais, dans sa *Dunciade*, tous ceux qui
« devaient l'être; ils n'osèrent plus se montrer, ils dis-
« parurent; toute la nation lui applaudit; car si, dans
« les commencemens, la malignité donna un peu de
« vogue à ces lâches ennemis de Pope, de Swift et de
« leurs amis, la raison reprit bientôt le dessus. Les Zoïles
« ne sont soutenus qu'un temps. Le vrai talent des vers
« est une arme qu'il faut employer à venger le genre

« humain. Ce n'est pas les Pantolabes et les Nomentanus
« seulement qu'il faut effleurer ; ce sont les Anitus et les
« Mélitus qu'il faut écraser. Un vers bien fait transmet
« à la dernière postérité la gloire d'un homme de bien
« et la honte d'un méchant. Travaillez, vous ne man-
« querez pas de matière, etc. »

Voyez au sujet du personnage de *l'Écossaise*, une note sur *les Vous et les Tu*, épître adressée à mademoiselle de Livri.

(R.)

PRÉFACE.

La comédie dont nous présentons la traduction aux amateurs de la littérature est de M. Hume*, pasteur de l'église d'Édimbourg, déja connu par deux belles tragédies jouées à Londres : il est parent et ami de ce célèbre philosophe M. Hume qui a creusé avec tant de hardiesse et de sagacité les fondemens de la métaphysique et de la morale. Ces deux philosophes font également honneur à l'Écosse, leur patrie.

La comédie intitulée *l'Écossaise* nous parut un de ces ouvrages qui peuvent réussir dans toutes les langues, parce que l'auteur peint la nature, qui est partout la même : il a la naïveté et la vérité de l'estimable Goldoni, avec peut-être plus d'intrigue, de force et d'intérêt. Le dénoûment, le caractère de l'héroïne et celui de Freeport ne ressemblent à rien de ce que nous connaissons sur les théâtres de France; et cependant c'est la nature pure. Cette pièce paraît un peu dans le goût de ces romans anglais qui ont fait tant de fortune; ce sont des touches semblables, la même peinture des mœurs; rien de recherché, nulle envie d'avoir de l'esprit, et de montrer misérablement l'auteur quand on ne doit montrer que les personnages; rien d'étranger au sujet; point de tirade d'écolier, de ces maximes triviales qui remplissent le vide de l'action : c'est une justice que nous sommes obligés de rendre à notre célèbre auteur.

* On sent bien que c'était une plaisanterie d'attribuer cette pièce à M. Hume.

PRÉFACE.

Nous avouons en même temps que nous avons cru, par le conseil des hommes les plus éclairés, devoir retrancher quelque chose du rôle de Frélon, qui paraissait encore dans les derniers actes. Il était puni, comme de raison, à la fin de la pièce; mais cette justice qu'on lui rendait semblait mêler un peu de froideur au vif intérêt qui entraîne l'esprit au dénoûment.

De plus, le caractère de Frélon est si lâche et si odieux, que nous avons voulu épargner aux lecteurs la vue trop fréquente de ce personnage, plus dégoûtant que comique. Nous convenons qu'il est dans la nature; car, dans les grandes villes où la presse jouit de quelque liberté, on trouve toujours quelques une de ces misérables qui se font un revenu de leur impudence, de ces Arétins subalternes qui gagnent leur pain à dire et à faire du mal, sous le prétexte d'être utiles aux belles lettres; comme si les vers qui rongent les fruits et les fleurs pouvaient leur être utiles !

L'un des deux illustres savans, et, pour nous exprimer encore plus correctement, l'un de ces deux hommes de génie qui ont présidé au *Dictionnaire encyclopédique*, à cet ouvrage nécessaire au genre humain, dont la suspension fait gémir l'Europe ; l'un de ces deux grands hommes, dis-je, dans des essais qu'il s'est amusé à faire sur l'art de la comédie, remarque très judicieusement que l'on doit songer à mettre sur le théâtre les conditions et les états des hommes. L'emploi du Frélon de M. Hume est une espèce d'état en Angleterre : il y a même une taxe établie sur les feuilles de ces gens-là. Ni cet état ni ce caractère ne paraissaient dignes du théâtre en France ; mais le pinceau anglais ne dédaigne rien; il se plaît quelquefois à tracer des objets dont la bassesse peut révolter quelques autres nations. Il n'importe aux Anglais que le sujet soit bas, pourvu qu'il soit vrai. Ils disent que la comédie étend ses droits sur tous les caractères et sur toutes les conditions; que tout ce qui est dans la nature doit être peint; que nous avons une fausse délicatesse, et que l'homme le plus méprisable peut servir de contraste au plus galant homme.

J'ajouterai, pour la justification de M. Hume, qu'il a l'art de ne présenter son Frélon que dans des momens où l'intérêt n'est pas encore vif et touchant. Il a imité ces peintres qui peignent un crapaud, un lézard, une couleuvre, dans un coin du tableau, en conservant aux personnages la noblesse de leur caractère.

Ce qui nous a frappé vivement dans cette pièce, c'est que l'unité de temps, de lieu et d'action y est observée scrupuleusement. Elle a encore ce mérite, rare chez les Anglais comme chez les Italiens, que le théâtre n'est jamais vide. Rien n'est plus commun et plus choquant que de voir deux acteurs sortir de la scène, et deux autres venir à leur place sans être appelés, sans être attendus; ce défaut insupportable ne se trouve point dans l'*Écossaise.*

Quant au genre de la pièce, il est dans le haut comique, mêlé au genre de la simple comédie. L'honnête homme y sourit de ce sourire de l'ame, préférable au rire de la bouche. Il y a des endroits attendrissans jusqu'aux larmes, mais sans pourtant qu'aucun personnage s'étudie à être pathétique; car de même que la bonne plaisanterie consiste à ne vouloir point être plaisant, ainsi celui qui vous émeut ne songe point à vous émouvoir; il n'est point rhétoricien; tout part du cœur. Malheur à celui qui tâche, dans quelque genre que ce puisse être !

Nous ne savons pas si cette pièce pourrait être représentée à Paris ; notre état et notre vie, qui ne nous ont pas permis de fréquenter souvent les spectacles, nous laissent dans l'impuissance de juger quel effet une pièce anglaise ferait en France.

Tout ce que nous pouvons dire, c'est que, malgré tous les efforts que nous avons faits pour rendre exactement l'original, nous sommes très loin d'avoir atteint au mérite de ses expressions, toujours fortes et toujours naturelles.

Ce qui est beaucoup plus important, c'est que cette comédie est d'une excellente morale, et digne de la gravité du sacerdoce dont l'auteur est revêtu, sans rien perdre de ce qui peut plaire aux honnêtes gens du monde.

La comédie ainsi traitée est un des plus utiles efforts de l'esprit humain ; il faut convenir que c'est un art, et un art très difficile. Tout le monde peut compiler des faits et des raisonnemens : il est aisé d'apprendre la trigonométrie ; mais tout art demande un talent, et le talent est rare.

Nous ne pouvons mieux finir cette préface que par ce passage de notre compatriote Montaigne sur les spectacles :

« J'ay soustenu les premiers personnages ez tragedies
« latines de Bucanan, de Guerente et de Muret, qui se
« representerent en nostre college de Guienne, avecques
« dignité. En cela, Andreas Goveanus, nostre principal,
« comme en toutes aultres parties de sa charge, feut
« sans comparaison le plus grand principal de France;
« et m'en tenoit on maistre ouvrier. C'est un exercice
« que ie ne mesloue point aux ieunes enfants de maison,
« et ay veu nos princes s'y addonner depuis en personne,
« à l'exemple d'aulcuns des anciens, honnestement et

PRÉFACE.

« louablement : il estoit loisible mesme d'en faire mes-
« tier aux gents d'honneur en Grece, *Aristoni tragico*
« *actori rem aperit : huic et genus et fortuna honesta*
« *erant ; nec ars, quia nihil tale apud Græcos pudori*
« *est, ea deformabat* (Tit.-Liv.); car i'ay tousiours ac-
« cusé d'impertinence ceulx qui condamnent ces esbat-
« tements, et d'iniustice ceulx qui refusent l'entrée de
« nos bonnes villes aux comediens qui le valent, et en-
« vient aux peuples ces plaisirs publicques. Les bonnes
« polices prennent soing d'assembler les citoyens, et les
« r'allier, comme aux offices serieux de la dévotion,
« aussi aux exercices et ieux ; la société et amitié s'en
« augmente ; et puis on ne leur sçauroit conceder de
« passetemps plus reglez que ceulx qui se font en pre-
« sence d'un chascun, et à la veue mesme du magistrat ;
« et trouveroy raisonnable que le prince, à ses despens,
« en gratifiast quelquesfois la commune, d'une affection
« et bonté comme paternelle ; et qu'aux villes populeuses
« il y eust des lieux destinez et disposez pour ces spec-
« tacles ; quelque divertissement de pires actions et oc-
« cultes. Pour revenir à mon propos, il n'y a tel
« que d'alleicher l'appetit et l'affection, aultrement on
« ne fait que des asnes chargez de livres ; on leur donne
« à coups de fouet en garde leur pochette pleine de
« science ; laquelle, pour bien faire, il ne fault pas seu-
« lement loger chez soy, il la fault espouser. » (*Essais*,
liv. 1, ch. 25, à la fin.)

PERSONNAGES.

Maître FABRICE, tenant un café avec des appartemens.
LINDANE, Écossaise.
Le lord MONROSE, Écossais.
Le lord MURRAY.
POLLY, suivante.
FREEPORT, qu'on prononce Friport, gros négociant de Londres.
FRÉLON, écrivain de feuilles.
Lady ALTON : on prononce lédy.
Plusieurs Anglais qui viennent au café.
Domestiques.
Un Messager d'état.

La scène est à Londres

L'ÉCOSSAISE,

COMÉDIE.

ACTE PREMIER.

SCÈNE I.

La scène représente un café et des chambres sur les ailes, de façon qu'on peut entrer de plain-pied des appartemens dans le café [1].

FABRICE, FRÉLON.

FRÉLON, *dans un coin, auprès d'une table sur laquelle il y a une écritoire et du café, lisant la gazette.*

Que de nouvelles affligeantes! Des graces répandues sur plus de vingt personnes! aucunes sur moi! Cent guinées de gratification à un bas-officier, parce qu'il a fait son devoir! le beau mérite! Une pension à l'inventeur d'une machine qui ne sert qu'à soulager des ouvriers! une à un pilote! Des places à des gens de lettres! et à moi rien! Encore, encore, et à moi rien! (Il jette la gazette et se promène.) Cependant je rends service à l'état; j'écris plus de feuilles que personne;

---

[1] On a fait hausser et baisser une toile au théâtre de Paris, pour marquer le passage d'une chambre à une autre : la vraisemblance et la décence ont été bien mieux observées à Lyon, à Marseille et ailleurs. Il y avait sur le théâtre un cabinet à côté du café. C'est ainsi qu'on aurait dû en user à Paris.

je fais enchérir le papier... et à moi rien! Je voudrais me venger de tous ceux à qui on croit du mérite. Je gagne déja quelque chose à dire du mal; si je puis parvenir à en faire, ma fortune est faite. J'ai loué des sots, j'ai dénigré les talens; à peine y a-t-il de quoi vivre. Ce n'est pas à médire, c'est à nuire qu'on fait fortune. (au maître du café.) Bonjour, monsieur Fabrice, bonjour. Toutes les affaires vont bien, hors les miennes : j'enrage.

FABRICE.

Monsieur Frélon, monsieur Frélon, vous vous faites bien des ennemis.

FRÉLON.

Oui, je crois que j'excite un peu d'envie.

FABRICE.

Non, sur mon ame, ce n'est point du tout ce sentiment-là que vous faites naître : écoutez; j'ai quelque amitié pour vous; je suis fâché d'entendre parler de vous comme on en parle. Comment faites-vous donc pour avoir tant d'ennemis, monsieur Frélon?

FRÉLON.

C'est que j'ai du mérite, monsieur Fabrice.

FABRICE.

Cela peut être, mais il n'y a encore que vous qui me l'ayez dit : on prétend que vous êtes un ignorant; cela ne me fait rien : mais on ajoute que vous êtes malicieux, et cela me fâche, car je suis bon homme.

FRÉLON.

J'ai le cœur bon, j'ai le cœur tendre; je dis un peu de mal des hommes, mais j'aime toutes les femmes, monsieur Fabrice, pourvu qu'elles soient jolies; et, pour vous le prouver, je veux absolument que vous m'introduisiez chez cette aimable personne qui loge chez vous, et que je n'ai pu encore voir dans son appartement.

FABRICE.

Oh, pardi! monsieur Frélon, cette jeune personne-là n'est guère faite pour vous, car elle ne se vante jamais, et ne dit de mal de personne.

FRÉLON.

Elle ne dit de mal de personne, parce qu'elle ne connaît personne. N'en seriez-vous point amoureux, mon cher monsieur Fabrice?

FABRICE.

Oh! non : elle a quelque chose de si noble dans son air que je n'ose jamais être amoureux d'elle : d'ailleurs sa vertu...

FRÉLON.

Ha, ha, ha, ha! sa vertu...

FABRICE.

Oui, qu'avez-vous à rire? est-ce que vous ne croyez pas à la vertu, vous? Voilà un équipage de campagne qui s'arrête à ma porte; un domestique en livrée qui porte une malle : c'est quelque seigneur qui vient loger chez moi.

FRÉLON.

Recommandez-moi vite à lui, mon cher ami.

SCÈNE II.

LE LORD MONROSE, FABRICE, FRÉLON.

MONROSE.

Vous êtes monsieur Fabrice, à ce que je crois?

FABRICE.

A vous servir, monsieur.

MONROSE.

Je n'ai que peu de jours à rester dans cette ville. O ciel! daigne m'y protéger... Infortuné que je suis... On m'a dit que je serais mieux chez vous qu'ailleurs, que vous êtes un bon et honnête homme.

FABRICE.

Chacun doit l'être. Vous trouverez ici, monsieur, toutes les commodités de la vie, un appartement assez propre, table d'hôte, si vous daignez me faire cet honneur, liberté de manger chez vous, l'amusement de la conversation dans le café.

MONROSE.

Avez-vous ici beaucoup de locataires?

FABRICE.

Nous n'avons à présent qu'une jeune personne, très belle et très vertueuse.

FRÉLON.

Eh, oui, très vertueuse! hé hé!

FABRICE.

Qui vit dans la plus grande retraite.

MONROSE.

La jeunesse et la beauté ne sont pas faites pour moi.

Qu'on me prépare, je vous prie, un appartement où je puisse être en solitude... Que de peines ! Y a-t-il quelque nouvelle intéressante dans Londres ?

FABRICE.

M. Frélon peut vous en instruire, car il en fait; c'est l'homme du monde qui parle et qui écrit le plus : il est très utile aux étrangers.

MONROSE, *en se promenant.*

Je n'en ai que faire.

FABRICE.

Je vais donner ordre que vous soyez bien servi.

(Il sort.)

FRÉLON.

Voici un nouveau débarqué : c'est un grand seigneur, sans doute, car il a l'air de ne se soucier de personne. Milord, permettez que je vous présente mes hommages et ma plume.

MONROSE.

Je ne suis point milord; c'est être un sot de se glorifier de son titre, et c'est être un faussaire de s'arroger un titre qu'on n'a pas. Je suis ce que je suis : quel est votre emploi dans la maison ?

FRÉLON.

Je ne suis point de la maison, monsieur; je passe ma vie au café; j'y compose des brochures, des feuilles; je sers les honnêtes gens. Si vous avez quelque ami à qui vous vouliez donner des éloges, ou quelque ennemi dont on doive dire du mal, quelque auteur à protéger ou à décrier, il n'en coûte qu'une pistole par paragraphe. Si vous voulez faire quelque connaissance agréable ou utile, je suis encore votre homme.

MONROSE.

Et vous ne faites point d'autre métier dans la ville?

FRÉLON.

Monsieur, c'est un très bon métier.

MONROSE.

Et on ne vous a pas encore montré en public, le cou décoré d'un collier de fer de quatre pouces de hauteur?

FRÉLON.

Voilà un homme qui n'aime pas la littérature.

SCÈNE III.

FRÉLON, *se remettant à sa table. Plusieurs personnes paraissent dans l'intérieur du café.* MONROSE *avance sur le bord du théâtre.*

MONROSE.

Mes infortunes sont-elles assez longues, assez affreuses? Errant, proscrit, condamné à perdre la tête dans l'Écosse, ma patrie, j'ai perdu mes honneurs, ma femme, mon fils, ma famille entière : une fille me reste, errante comme moi, misérable, et peut-être déshonorée; et je mourrai donc sans être vengé de cette barbare famille de Murray, qui m'a persécuté, qui m'a tout ôté, qui m'a rayé du nombre des vivans! car enfin je n'existe plus; j'ai perdu jusqu'à mon nom par l'arrêt qui me condamne en Écosse; je ne suis qu'une ombre qui vient errer autour de son tombeau.

(Un de ceux qui sont entrés dans le café, frappant sur l'épaule de Frélon qui écrit.)

Eh bien! tu étais hier à la pièce nouvelle; l'auteur fut bien applaudi; c'est un jeune homme de mérite, et sans fortune, que la nation doit encourager.

UN AUTRE.

Je me soucie bien d'une pièce nouvelle. Les affaires publiques me désespèrent; toutes les denrées sont à bon marché; on nage dans une abondance pernicieuse; je suis perdu, je suis ruiné.

FRÉLON, *écrivant*.

Cela n'est pas vrai; la pièce ne vaut rien; l'auteur est un sot, et ses protecteurs aussi; les affaires publiques n'ont jamais été plus mauvaises; tout renchérit; l'état est anéanti, et je le prouve par mes feuilles.

UN SECOND.

Tes feuilles sont des feuilles de chêne; la vérité est que la philosophie est bien dangereuse, et que c'est elle qui nous a fait perdre l'île de Minorque.[a]

MONROSE, *toujours sur le devant du théâtre*.

Le fils de milord Murray me paiera tous mes malheurs. Que ne puis-je au moins, avant de périr, punir par le sang du fils toutes les barbaries du père!

UN TROISIÈME INTERLOCUTEUR, *dans le fond*.

La pièce d'hier m'a paru très bonne.

FRÉLON.

Le mauvais goût gagne; elle est détestable.

LE TROISIÈME INTERLOCUTEUR.

Il n'y a de détestable que tes critiques.

LE SECOND.

Et moi je vous dis que les philosophes font baisser les fonds publics, et qu'il faut envoyer un autre ambassadeur à la Porte [b].

FRÉLON.

Il faut siffler la pièce qui réussit, et ne pas souffrir qu'il se fasse rien de bon.

(Ils parlent tous quatre en même temps.)

UN INTERLOCUTEUR.

Va, s'il n'y avait rien de bon, tu perdrais le plus grand plaisir de la satire. Le cinquième acte surtout a de très grandes beautés.

LE SECOND INTERLOCUTEUR.

Je n'ai pu me défaire d'aucune de mes marchandises.

LE TROISIÈME.

Il y a beaucoup à craindre cette année pour la Jamaïque; ces philosophes la feront prendre.

FRÉLON.

Le quatrième et le cinquième acte sont pitoyables.

MONROSE, *se tournant.*

Quel sabbat!

LE PREMIER INTERLOCUTEUR.

Le gouvernement ne peut pas subsister tel qu'il est.

LE TROISIÈME INTERLOCUTEUR.

Si le prix de l'eau des Barbades ne baisse pas, la patrie est perdue.

MONROSE.

Se peut-il que toujours, et en tout pays, dès que les hommes sont rassemblés, ils parlent tous à la fois!

ACTE I, SCÈNE III.

quelle rage de parler avec la certitude de n'être point entendu !

FABRICE, *arrivant avec une serviette.*

Messieurs, on a servi : surtout ne vous querellez point à table, ou je ne vous reçois plus chez moi. (à Monrose.) Monsieur veut-il nous faire l'honneur de venir dîner avec nous?

MONROSE.

Avec cette cohue? non, mon ami; faites-moi apporter à manger dans ma chambre. (Il se retire à part, et dit à Fabrice) : Écoutez, un mot : milord Falbrige est-il à Londres?

FABRICE.

Non, mais il revient bientôt.

MONROSE.

Est-il vrai qu'il vient ici quelquefois?

FABRICE.

Il m'a fait cet honneur.

MONROSE.

Cela suffit : bonjour. Que la vie m'est odieuse !

(Il sort.)

FABRICE.

Cet homme-là me paraît accablé de chagrins et d'idées. Je ne serais point surpris qu'il allât se tuer là-haut : ce serait dommage, il a l'air d'un honnête homme.

(Les survenans sortent pour dîner. Frélon est toujours à la table où il écrit. Ensuite Fabrice frappe à la porte de l'appartement de Lindane.)

SCÈNE IV.

FABRICE, POLLY, FRÉLON.

FABRICE.

Mademoiselle Polly! mademoiselle Polly!

POLLY.

Eh bien, qu'y a-t-il, notre cher hôte?

FABRICE.

Seriez-vous assez complaisante pour venir dîner en compagnie?

POLLY.

Hélas! je n'ose, car ma maîtresse ne mange point: comment voulez-vous que je mange? nous sommes si tristes!

FABRICE.

Cela vous égaiera.

POLLY.

Je ne puis être gaie : quand ma maîtresse souffre, il faut que je souffre avec elle.

FABRICE.

Je vous enverrai donc secrètement ce qu'il vous faudra.

(Il sort.)

FRÉLON, *se levant de sa table.*

Je vous suis, monsieur Fabrice. Ma chère Polly, vous ne voulez donc jamais m'introduire chez votre maîtresse? vous rebutez toutes mes prières.

POLLY.

C'est bien à vous d'oser faire l'amoureux d'une personne de sa sorte!

FRÉLON.

Et de quelle sorte est-elle donc?

POLLY.

D'une sorte qu'il faut respecter : vous êtes fait tout au plus pour les suivantes.

FRÉLON.

C'est-à-dire que si je vous en contais, vous m'aimeriez?

POLLY.

Assurément non.

FRÉLON.

Et pourquoi donc ta maîtresse s'obstine-t-elle à ne me point recevoir, et que la suivante me dédaigne?

POLLY.

Pour trois raisons, c'est ce que vous êtes bel esprit, ennuyeux, et méchant.

FRÉLON.

C'est bien à ta maîtresse, qui languit ici dans la pauvreté, et qui est nourrie par charité, à me dédaigner!

POLLY.

Ma maîtresse pauvre! qui vous a dit cela, langue de vipère? Ma maîtresse est très riche : si elle ne fait point de dépense, c'est qu'elle hait le faste : elle est vêtue simplement par modestie; elle mange peu, c'est par régime; et vous êtes un impertinent.

FRÉLON.

Qu'elle ne fasse pas tant la fière : nous connaissons

sa conduite, nous savons sa naissance, nous n'ignorons pas ses aventures.

POLLY.

Quoi donc! que connaissez-vous? que voulez-vous dire?

FRÉLON.

J'ai partout des correspondances.

POLLY.

Oh ciel! cet homme peut nous perdre. Monsieur Frélon, mon cher monsieur Frélon, si vous savez quelque chose, ne nous trahissez pas.

FRÉLON.

Ah, ah! j'ai donc deviné? il y a donc quelque chose? et je suis le cher monsieur Frélon. Ah çà, je ne dirai rien; mais il faut...

POLLY.

Quoi?

FRÉLON.

Il faut m'aimer.

POLLY.

Fi donc! cela n'est pas possible.

FRÉLON.

Ou aimez-moi, ou craignez-moi : vous savez qu'il y a quelque chose.

POLLY.

Non, il n'y a rien, sinon que ma maîtresse est aussi respectable que vous êtes haïssable : nous sommes très à notre aise, nous ne craignons rien, et nous nous moquons de vous.

FRÉLON.

Elles sont très à leur aise, de là je conclus qu'elles meurent de faim : elles ne craignent rien, c'est-à-dire qu'elles tremblent d'être découvertes... Ah! je viendrai à bout de ces aventurières, ou je ne pourrai. Je me vengerai de leur insolence. Mépriser M. Frélon!

(Il sort.)

SCÈNE V.

LINDANE, *sortant de sa chambre, dans un déshabillé des plus simples;* POLLY.

LINDANE.

Ah, ma pauvre Polly! tu étais avec ce vilain homme de Frélon : il me donne toujours de l'inquiétude : on dit que c'est un esprit de travers, et un cœur de boue, dont la langue, la plume et les démarches sont également méchantes; qu'il cherche à s'insinuer partout pour faire le mal s'il n'y en a point, et pour l'augmenter s'il en trouve. Je serais sortie de cette maison qu'il fréquente, sans la probité et le bon cœur de notre hôte.

POLLY.

Il voulait absolument vous voir, et je le rembarrais...

LINDANE.

Il veut me voir; et milord Murray n'est point venu! il n'est point venu depuis deux jours!

POLLY.

Non, madame; mais parce que milord ne vient point, faut-il pour cela ne dîner jamais?

LINDANE.

Ah! souviens-toi surtout de lui cacher toujours ma misère, et à lui et à tout le monde : je veux bien vivre de pain et d'eau; ce n'est point la pauvreté qui est intolérable, c'est le mépris : je sais manquer de tout, mais je veux qu'on l'ignore.

POLLY.

Hélas! ma chère maîtresse, on s'en aperçoit assez en me voyant; pour vous, ce n'est pas de même; la grandeur d'ame vous soutient : il semble que vous vous plaisiez à combattre la mauvaise fortune; vous n'en êtes que plus belle; mais moi, je maigris à vue d'œil : depuis un an que vous m'avez prise à votre service en Écosse, je ne me reconnais plus.

LINDANE.

Il ne faut perdre ni le courage ni l'espérance : je supporte ma pauvreté, mais la tienne me déchire le cœur. Ma chère Polly, qu'au moins le travail de mes mains serve à rendre ta destinée moins affreuse : n'ayons d'obligation à personne; va vendre ce que j'ai brodé ces jours-ci. (Elle lui donne un petit ouvrage de broderie.) Je ne réussis pas mal à ces petits ouvrages. Que mes mains te nourrissent et t'habillent; tu m'as aidée : il est beau de ne devoir notre subsistance qu'à notre vertu.

POLLY.

Laissez-moi baiser, laissez-moi arroser de mes larmes ces belles mains qui ont fait ce travail précieux. Oui, madame, j'aimerais mieux mourir auprès de vous dans l'indigence que de servir des reines. Que ne puis-je vous consoler !

LINDANE.

Hélas ! milord Murray n'est point venu ! lui, que je devrais haïr ! lui, le fils de celui qui a fait tous nos malheurs ! Ah ! le nom de Murray nous sera toujours funeste : s'il vient, comme il viendra sans doute, qu'il ignore absolument ma patrie, mon état, mon infortune.

POLLY.

Savez-vous bien que ce méchant Frélon se vante d'en avoir quelque connaissance ?

LINDANE.

Eh ! comment pourrait-il en être instruit, puisque tu l'es à peine ? Il ne sait rien ; personne ne m'écrit ; je suis dans ma chambre comme dans mon tombeau : mais il feint de savoir quelque chose pour se rendre nécessaire. Garde-toi qu'il devine jamais seulement le lieu de ma naissance. Chère Polly, tu le sais, je suis une infortunée dont le père fut proscrit dans les derniers troubles, dont la famille est détruite; il ne me reste que mon courage. Mon père est errant de désert en désert en Écosse. Je serais déjà partie de Londres pour m'unir à sa mauvaise fortune, si je n'avais pas quelque espérance en milord Falbrige. J'ai su qu'il avait été le meilleur ami de mon père. Personne n'abandonne son ami. Falbrige est revenu d'Espagne, il est à Windsor : j'attends son retour. Mais, hélas ! Murray ne revient point ! Je t'ai ouvert mon cœur; songe que tu le perces du coup de la mort si tu laisses jamais entrevoir l'état où je suis.

POLLY.

Et à qui en parlerais-je? je ne sors jamais d'auprès de vous; et puis le monde est si indifférent sur les malheurs d'autrui !

LINDANE.

Il est indifférent, Polly, mais il est curieux, mais il aime à déchirer les blessures des infortunés ; et si les hommes sont compatissans avec les femmes, ils en abusent, ils veulent se faire un droit de notre misère; et je veux rendre cette misère respectable. Mais, hélas ! milord Murray ne viendra point !

SCÈNE VI.

LINDANE, POLLY, FABRICE, *avec une serviette.*

FABRICE.

Pardonnez... madame... mademoiselle... Je ne sais comment vous nommer, ni comment vous parler: vous m'imposez du respect. Je sors de table pour vous demander vos volontés... je ne sais comment m'y prendre.

LINDANE.

Mon cher hôte, croyez que toutes vos attentions me pénètrent le cœur; que voulez-vous de moi?

FABRICE.

C'est moi qui voudrais bien que vous voulussiez

avoir quelque volonté. Il me semble que vous n'avez point dîné hier.

LINDANE.

J'étais malade.

FABRICE.

Vous êtes plus que malade, vous êtes triste... Entre nous, pardonnez...; il paraît que votre fortune n'est pas comme votre personne.

LINDANE.

Comment? quelle imagination! je ne me suis jamais plainte de ma fortune.

FABRICE.

Non, vous dis-je, elle n'est pas si belle, si bonne, si désirable que vous l'êtes.

LINDANE.

Que voulez-vous dire?

FABRICE.

Que vous touchez ici tout le monde, et que vous l'évitez trop. Écoutez : je ne suis qu'un homme simple, qu'un homme du peuple; mais je vois tout votre mérite comme si j'étais un homme de la cour : ma chère dame, un peu de bonne chère : nous avons là-haut un vieux gentilhomme avec qui vous devriez manger.

LINDANE.

Moi, me mettre à table avec un homme, avec un inconnu...

FABRICE.

C'est un vieillard qui me paraît tout votre fait. Vous paraissez bien affligée, il paraît bien triste aussi : deux afflictions mises ensemble peuvent devenir une consolation.

LINDANE.

Je ne veux, je ne peux voir personne.

FABRICE.

Souffrez au moins que ma femme vous fasse sa cour; daignez permettre qu'elle mange avec vous, pour vous tenir compagnie. Souffrez quelques soins...

LINDANE.

Je vous rends grace avec sensibilité; mais je n'ai besoin de rien.

FABRICE.

Oh! je n'y tiens pas : vous n'avez besoin de rien, et vous n'avez pas le nécessaire!

LINDANE.

Qui vous en a pu imposer si témérairement?

FABRICE.

Pardon!

LINDANE.

Ah, Polly! il est deux heures, et milord Murray ne viendra point!

FABRICE.

Eh bien, madame, ce milord dont vous parlez, je sais que c'est l'homme le plus vertueux de la cour : vous ne l'avez jamais reçu ici que devant témoins; pourquoi n'avoir pas fait avec lui honnêtement, devant témoins, quelques petits repas que j'aurais fournis? C'est peut-être votre parent?

LINDANE.

Vous extravaguez, mon cher hôte.

FABRICE, *en tirant Polly par la manche.*

Va, ma pauvre Polly, il y a un bon dîné tout prêt dans le cabinet qui donne dans la chambre de ta maîtresse, je t'en avertis. Cette femme-là est incompréhensible. Mais qui est donc cette autre dame qui entre dans mon café comme si c'était un homme ? elle a l'air bien furibond.

POLLY.

Ah, ma chère maîtresse ! c'est milady Alton, celle qui voulait épouser milord ; je l'ai vue une fois rôder près d'ici : c'est elle.

LINDANE.

Milord ne viendra point, c'en est fait ; je suis perdue ; pourquoi me suis-je obstinée à vivre ?

(Elle rentre.)

SCÈNE VII.

LADY ALTON, *ayant traversé avec colère le théâtre, et prenant Fabrice par le bras.*

Suivez-moi, il faut que je vous parle.

FABRICE.

A moi, madame ?

LADY ALTON.

A vous, malheureux !

FABRICE.

Quelle diablesse de femme !

FIN DU PREMIER ACTE.

ACTE SECOND.

SCÈNE I.

LADY ALTON, FABRICE.

LADY ALTON.

Je ne crois pas un mot de ce que vous me dites, monsieur le cafetier. Vous me mettez toute hors de moi-même.

FABRICE.

Eh bien, madame, rentrez donc toute dans vous-même.

LADY ALTON.

Vous m'osez assurer que cette aventurière est une personne d'honneur, après qu'elle a reçu chez elle un homme de la cour : vous devriez mourir de honte.

FABRICE.

Pourquoi, madame? Quand milord y est venu, il n'y est point venu en secret; elle l'a reçu en public, les portes de son appartement ouvertes, ma femme présente. Vous pouvez mépriser mon état, mais vous devez estimer ma probité ; et quant à celle que vous appelez une aventurière, si vous connaissiez ses mœurs, vous les respecteriez.

LADY ALTON.

Laissez-moi, vous m'importunez.

FABRICE.

Oh, quelle femme ! quelle femme !

LADY ALTON.

(Elle va à la porte de Lindane, et frappe rudement.)
Qu'on m'ouvre.

SCÈNE II.

LINDANE, LADY ALTON.

LINDANE.

Eh ! qui peut frapper ainsi ? et que vois-je ?

LADY ALTON.

Connaissez-vous les grandes passions, mademoiselle ?

LINDANE.

Hélas ! madame, voilà une étrange question.

LADY ALTON.

Connaissez-vous l'amour véritable, non pas l'amour insipide, l'amour langoureux ; mais cet amour, là, qui fait qu'on voudrait empoisonner sa rivale, tuer son amant, et se jeter ensuite par la fenêtre ?

LINDANE.

Mais c'est la rage dont vous me parlez là.

LADY ALTON.

Sachez que je n'aime point autrement, que je suis jalouse, vindicative, furieuse, implacable.

LINDANE.

Tant pis pour vous, madame.

LADY ALTON.

Répondez-moi ; milord Murray n'est-il pas venu ici quelquefois ?

LINDANE.

Que vous importe, madame? et de quel droit venez-vous m'interroger? suis-je une criminelle? êtes-vous mon juge?

LADY ALTON.

Je suis votre partie : si milord vient encore vous voir, si vous flattez la passion de cet infidèle, tremblez : renoncez à lui, ou vous êtes perdue.

LINDANE.

Vos menaces m'affermiraient dans ma passion pour lui, si j'en avais une.

LADY ALTON.

Je vois que vous l'aimez, que vous vous laissez séduire par un perfide; je vois qu'il vous trompe, et que vous me bravez : mais sachez qu'il n'est point de vengeance à laquelle je ne me porte.

LINDANE.

Eh bien, madame, puisqu'il est ainsi, je l'aime.

LADY ALTON.

Avant de me venger, je veux vous confondre; tenez, connaissez le traître; voilà les lettres qu'il m'a écrites; voilà son portrait qu'il m'a donné : ne le gardez pas au moins; il faut le rendre, ou je...

LINDANE, *en rendant le portrait.*

Qu'ai-je vu, malheureuse!... Madame...

LADY ALTON.

Eh bien...

LINDANE.

Je ne l'aime plus.

LADY ALTON.

Gardez votre résolution et votre promesse ; sachez que c'est un homme inconstant, dur, orgueilleux, que c'est le plus mauvais caractère...

LINDANE.

Arrêtez, madame ; si vous continuiez à en dire du mal, je l'aimerais peut-être encore. Vous êtes venue ici pour achever de m'ôter la vie ; vous n'aurez pas de peine. Polly, c'en est fait ; viens m'aider à cacher la dernière de mes douleurs.

POLLY.

Qu'est-il donc arrivé, ma chère maîtresse? et qu'est devenu votre courage?

LINDANE.

On en a contre l'infortune, l'injustice, l'indigence ; il y a cent traits qui s'émoussent sur un cœur noble ; il en vient un qui porte enfin le coup de la mort.

(Elles sortent.)

SCÈNE III.

LADY ALTON, FRÉLON.

LADY ALTON.

Quoi! être trahie, abandonnée pour cette petite créature! (à Frélon.) Gazetier littéraire, approchez ; m'avez-vous servie? avez-vous employé vos correspondances? m'avez-vous obéi? avez-vous découvert quelle est cette insolente qui fait le malheur de ma vie?

FRÉLON.

J'ai rempli les volontés de votre grandeur; je sais qu'elle est Écossaise, et qu'elle se cache.

LADY ALTON.

Voilà de belles nouvelles !

FRÉLON.

Je n'ai rien découvert de plus jusqu'à présent.

LADY ALTON.

En quoi m'as-tu donc servie?

FRÉLON.

Quand on découvre peu de chose, on ajoute quelque chose, et quelque chose avec quelque chose fait beaucoup. J'ai fait une hypothèse.

LADY ALTON.

Comment, pédant, une hypothèse !

FRÉLON.

Oui, j'ai supposé qu'elle est malintentionnée contre le gouvernement.

LADY ALTON.

Ce n'est point supposer, rien n'est posé plus vrai : elle est très malintentionnée, puisqu'elle veut m'enlever mon amant.

FRÉLON.

Vous voyez bien que, dans un temps de trouble, une Écossaise qui se cache est une ennemie de l'état.

LADY ALTON.

Je ne le vois pas, mais je voudrais que la chose fût.

FRÉLON.

Je ne le parierais pas, mais j'en jurerais.

LADY ALTON.

Et tu serais capable de l'affirmer devant des gens de conséquence?

FRÉLON.

Je suis en relation avec des personnes de conséquence. Je connais fort la maîtresse du valet de chambre d'un premier commis du ministre; je pourrais même parler aux laquais de milord votre amant, et dire que le père de cette fille, en qualité de malintentionné, l'a envoyée à Londres comme malintentionnée; je supposerais même que le père est ici. Voyez-vous, cela pourrait avoir des suites, et on mettrait votre rivale, pour ses mauvaises intentions, dans la prison où j'ai déja été pour mes feuilles.

LADY ALTON.

Ah! je respire; les grandes passions veulent être servies par des gens sans scrupule; je veux que le vaisseau aille à pleines voiles, ou qu'il se brise. Tu as raison; une Écossaise qui se cache, dans un temps où tous les gens de son pays sont suspects, est sûrement une ennemie de l'état; tu n'es pas un imbécille, comme on le dit. Je croyais que tu n'étais qu'un barbouilleur de papier, mais je vois que tu as en effet des talens. Je t'ai déja récompensé; je te récompenserai encore. Il faudra m'instruire de tout ce qui se passe ici.

FRELON.

Madame, je vous conseille de faire usage de tout ce que vous saurez, et même de ce que vous ne saurez pas. La vérité a besoin de quelques ornemens : le mensonge peut être vilain, mais la fiction est belle; qu'est-ce, après tout, que la vérité? la conformité à nos idées : or ce qu'on dit est toujours conforme à l'idée qu'on a quand on parle; ainsi il n'y a point proprement de mensonge.

LADY ALTON.

Tu me parais subtil : il semble que tu aies étudié à Saint-Omer[1]. Va, dis-moi seulement ce que tu découvriras, je ne t'en demande pas davantage.

SCÈNE IV.

LADY ALTON, FABRICE.

LADY ALTON.

Voilà, je l'avoue, le plus impudent et le plus lâche coquin qui soit dans les trois royaumes. Nos dogues mordent par instinct de courage, et lui par instinct de bassesse. A présent que je suis un peu plus de sang-froid, je pense qu'il me ferait haïr la vengeance; je sens que je prendrais contre lui le parti de ma rivale. Elle a dans son état humble une fierté qui me plaît; elle est décente; on la dit sage : mais elle m'enlève mon amant, il n'y a pas moyen de pardonner. (à Fabrice qu'elle aperçoit agissant dans le café.) Adieu, mon maître; fesons la paix : vous êtes un honnête homme, vous; mais vous avez dans votre maison un vilain griffonneur.

[1] Il y avait à Saint-Omer un collége de jésuites anglais, très renommé dans toute la Grande-Bretagne.

FABRICE.

Bien des gens m'ont déja dit, madame, qu'il est aussi méchant que Lindane est vertueuse et aimable.

LADY ALTON.

Aimable! tu me perces le cœur.

SCÈNE V.

FREEPORT, *vêtu simplement, mais proprement, avec un large chapeau;* FABRICE.

FABRICE.

Ah! Dieu soit béni! vous voilà de retour, monsieur Freeport; comment vous trouvez-vous de votre voyage à la Jamaïque?

FREEPORT.

Fort bien, monsieur Fabrice. J'ai gagné beaucoup, mais je m'ennuie. (au garçon du café.) Hé, du chocolat, les papiers publics, on a plus de peine à s'amuser qu'à s'enrichir.

FABRICE.

Voulez-vous les feuilles de Frélon?

FREEPORT.

Non : que m'importe ce fatras? Je me soucie bien qu'une araignée dans le coin d'un mur marche sur sa toile pour sucer le sang des mouches! Donnez les gazettes ordinaires. Qu'y a-t-il de nouveau dans l'état?

FABRICE.

Rien pour le présent.

FREEPORT.

Tant mieux : moins de nouvelles, moins de sottises.

Comment vont vos affaires, mon ami? Avez-vous beaucoup de monde chez vous? qui logez-vous à présent?

FABRICE.

Il est venu ce matin un vieux gentilhomme qui ne veut voir personne.

FREEPORT.

Il a raison : les hommes ne sont pas bons à grand'-chose : fripons ou sots, voilà pour les trois quarts; et pour l'autre quart, il se tient chez soi.

FABRICE.

Cet homme n'a pas même la curiosité de voir une femme charmante que nous avons dans la maison.

FREEPORT.

Il a tort. Et quelle est cette femme charmante?

FABRICE.

Elle est encore plus singulière que lui; il y a quatre mois qu'elle est chez moi, et qu'elle n'est pas sortie de son appartement; elle s'appelle Lindane; mais je ne crois pas que ce soit son véritable nom.

FREEPORT.

C'est sans doute une honnête femme, puisqu'elle loge ici.

FABRICE.

Oh! elle est bien plus qu'honnête; elle est belle, pauvre et vertueuse : entre nous, elle est dans la dernière misère, et elle est fière à l'excès.

FREEPORT.

Si cela est, elle a bien plus tort que votre vieux gentilhomme.

FABRICE.

Oh! point; sa fierté est encore une vertu de plus : elle consiste à se priver du nécessaire, et à ne vouloir pas qu'on le sache : elle travaille de ses mains pour gagner de quoi me payer, ne se plaint jamais, dévore ses larmes; j'ai mille peines à lui faire garder pour ses besoins l'argent de son loyer : il faut des ruses incroyables pour faire passer jusqu'à elle les moindres secours; je lui compte tout ce que je lui fournis à moitié de ce qu'il coûte : quand elle s'en aperçoit, ce sont des querelles qu'on ne peut apaiser, et c'est la seule qu'elle ait eue dans la maison : enfin c'est un prodige de malheur, de noblesse et de vertu; elle m'arrache quelquefois des larmes d'admiration et de tendresse.

FREEPORT.

Vous êtes bien tendre; je ne m'attendris point, moi; je n'admire personne; mais j'estime... Écoutez : comme je m'ennuie, je veux voir cette femme-là; elle m'amusera.

FABRICE.

Oh! monsieur, elle ne reçoit presque jamais de visites. Nous avions un milord qui venait quelquefois chez elle; mais elle ne voulait point lui parler sans que ma femme y fût présente : depuis quelque temps il n'y vient plus, et elle vit plus retirée que jamais.

FREEPORT.

J'aime qu'on se retire : je hais la cohue aussi bien qu'elle : qu'on me la fasse venir; où est son appartement?

FABRICE.

Le voici de plain-pied au café.

FREEPORT.

Allons, je veux entrer.

FABRICE.

Cela ne se peut pas.

FREEPORT.

Il faut bien que cela se puisse : où est la difficulté d'entrer dans une chambre? Qu'on m'apporte chez elle mon chocolat et les gazettes. (Il tire sa montre.) Je n'ai pas beaucoup de temps à perdre; mes affaires m'appellent à deux heures.

(Il pousse la porte et entre.)

SCÈNE VI.

LINDANE, *paraissant toute effrayée;* POLLY *la suit*, FREEPORT, FABRICE.

LINDANE.

Eh, mon Dieu! qui entre ainsi chez moi avec tant de fracas? Monsieur, vous me paraissez peu civil, et vous devriez respecter davantage ma solitude et mon sexe.

FREEPORT.

Pardon. (à Fabrice.) Qu'on m'apporte mon chocolat, vous dis-je.

FABRICE.

Oui, monsieur, si madame le permet.

(Freeport s'assied près d'une table, lit la gazette, et jette un coup d'œil sur Lindane et sur Polly : il ôte son chapeau et le remet.)

ACTE II, SCÈNE VI.

POLLY.

Cet homme me paraît familier.

FREEPORT.

Madame, pourquoi ne vous asseyez-vous pas quand je suis assis?

LINDANE.

Monsieur, c'est que vous ne devriez pas l'être; c'est que je suis très étonnée; c'est que je ne reçois point de visite d'un inconnu.

FREEPORT.

Je suis très connu; je m'appelle Freeport, loyal négociant, riche; informez-vous de moi à la bourse.

LINDANE.

Monsieur, je ne connais personne en ce pays-là, et vous me feriez plaisir de ne point incommoder une femme à qui vous devez quelques égards.

FREEPORT.

Je ne prétends point vous incommoder; je prends mes aises, prenez les vôtres; je lis les gazettes, travaillez en tapisserie, et prenez du chocolat avec moi... ou sans moi... comme vous voudrez.

POLLY.

Voilà un étrange original!

LINDANE.

O ciel! quelle visite je reçois! Et milord ne vient point! Cet homme bizarre m'assassine : je ne pourrai m'en défaire : comment M. Fabrice a-t-il pu souffrir cela? Il faut bien s'asseoir.

(Elle s'assied, et travaille à son ouvrage.)
(Un garçon apporte du chocolat; Freeport en prend sans en offrir, il parle et boit par reprise.)

FREEPORT.

Écoutez. Je ne suis pas homme à compliment; on m'a dit de vous... le plus grand bien qu'on puisse dire d'une femme : vous êtes pauvre et vertueuse; mais on ajoute que vous êtes fière, et cela n'est pas bien.

POLLY.

Et qui vous a dit tout cela, monsieur?

FREEPORT.

Parbleu, c'est le maître de la maison, qui est un très galant homme, et que j'en crois sur sa parole.

LINDANE.

C'est un tour qu'il vous joue : il vous a trompé, monsieur; non pas sur la fierté, qui n'est que le partage de la vraie modestie; non pas sur la vertu, qui est mon premier devoir; mais sur la pauvreté dont il me soupçonne. Qui n'a besoin de rien n'est jamais pauvre.

FREEPORT.

Vous ne dites pas la vérité, et cela est encore plus mal que d'être fière : je sais mieux que vous que vous manquez de tout, et quelquefois même vous vous dérobez un repas.

POLLY.

C'est par ordre du médecin.

FREEPORT.

Taisez-vous; est-ce que vous êtes fière aussi, vous?

POLLY.

Oh, l'original! l'original!

FREEPORT.

En un mot, ayez de l'orgueil ou non, peu m'importe. J'ai fait un voyage à la Jamaïque, qui m'a valu cinq mille guinées; je me suis fait une loi (et ce doit être celle de tout bon chrétien) de donner toujours le dixième de ce que je gagne; c'est une dette que ma fortune doit payer à l'état malheureux où vous êtes... oui, où vous êtes, et dont vous ne voulez pas convenir. Voilà ma dette de cinq cents guinées payée. Point de remerciement, point de reconnaissance; gardez l'argent et le secret.

(Il jette une grosse bourse sur la table.)

POLLY.

Ma foi, ceci est bien plus original encore.

LINDANE, *se levant et se détournant.*

Je n'ai jamais été si confondue. Hélas! que tout ce qui m'arrive m'humilie! quelle générosité! mais quel outrage!

FREEPORT, *continuant à lire les gazettes, et à prendre son chocolat.*

L'impertinent gazetier! le plat animal! peut-on dire de telles pauvretés avec un ton si emphatique? *Le roi est venu en haute personne.* Eh, malotru! qu'importe que sa personne soit haute ou petite? Dis le fait tout rondement.

LINDANE, *s'approchant de lui.*

Monsieur...

FREEPORT.

Eh bien?

LINDANE.

Ce que vous faites pour moi me surprend plus encore que ce que vous dites; mais je n'accepterai certainement point l'argent que vous m'offrez : il faut vous avouer que je ne me crois pas en état de vous le rendre.

FREEPORT.

Qui vous parle de le rendre ?

LINDANE.

Je ressens jusqu'au fond du cœur toute la vertu de votre procédé, mais la mienne ne peut en profiter : recevez mon admiration ; c'est tout ce que je puis.

POLLY.

Vous êtes cent fois plus singulière que lui. Eh, madame ! dans l'état où vous êtes, abandonnée de tout le monde, avez-vous perdu l'esprit de refuser un secours que le ciel vous envoie par la main du plus bizarre et du plus galant homme du monde ?

FREEPORT.

Et que veux-tu dire, toi ? en quoi suis-je bizarre ?

POLLY.

Si vous ne prenez pas pour vous, madame, prenez pour moi ; je vous sers dans votre malheur, il faut que je profite au moins de cette bonne fortune. Monsieur, il ne faut plus dissimuler ; nous sommes dans la dernière misère, et sans la bonté attentive du maître du café, nous serions mortes de froid et de faim. Ma maîtresse a caché son état à ceux qui pouvaient lui rendre service ; vous l'avez su malgré elle : obligez-la malgré elle à ne pas se priver du nécessaire que le ciel lui envoie par vos mains généreuses.

LINDANE.

Tu me perds d'honneur, ma chère Polly.

POLLY.

Et vous vous perdez de folie, ma chère maîtresse.

LINDANE.

Si tu m'aimes, prends pitié de ma gloire; ne me réduis pas à mourir de honte pour avoir de quoi vivre.

FREEPORT, *toujours lisant.*

Que disent ces bavardes-là ?

POLLY.

Si vous m'aimez, ne me réduisez pas à mourir de faim par vanité.

LINDANE.

Polly, que dirait milord, s'il m'aimait encore, s'il me croyait capable d'une telle bassesse ? J'ai toujours feint avec lui de n'avoir aucun besoin de secours, et j'en accepterais d'un autre ! d'un inconnu !

POLLY.

Vous avez mal fait de feindre, et vous faites très mal de refuser. Milord ne dira rien, car il vous abandonne.

LINDANE.

Ma chère Polly, au nom de nos malheurs, ne nous déshonorons point : congédie honnêtement cet homme estimable et grossier, qui sait donner, et qui ne sait pas vivre; dis-lui que quand une fille accepte d'un homme de tels présens, elle est toujours soupçonnée d'en payer la valeur aux dépens de sa vertu.

FREEPORT, *toujours prenant son chocolat et lisant.*

Hem! que dit-elle là?

POLLY, *s'approchant de lui.*

Hélas! monsieur, elle dit des choses qui me paraissent absurdes; elle parle de soupçons; elle dit qu'une fille...

FREEPORT.

Ah, ah! est-ce qu'elle est fille?

POLLY.

Oui, monsieur, et moi aussi.

FREEPORT.

Tant mieux; elle dit donc qu'une fille...

POLLY.

Qu'une fille ne peut honnêtement accepter d'un homme.

FREEPORT.

Elle ne sait ce qu'elle dit : pourquoi me soupçonner d'un dessein malhonnête, quand je fais une action honnête?

POLLY.

Entendez-vous, mademoiselle?

LINDANE.

Oui, j'entends, je l'admire, et je suis inébranlable dans mon refus. Polly, on dirait qu'il m'aime : oui, ce méchant homme de Frélon le dirait, je serais perdue.

POLLY, *allant vers Freeport.*

Monsieur, elle craint que vous ne l'aimiez.

FREEPORT.

Quelle idée! comment puis-je l'aimer? je ne la connais pas. Rassurez-vous, mademoiselle, je ne vous aime point du tout. Si je viens dans quelques années à vous aimer par hasard, et vous aussi à m'aimer, à la bonne heure... comme vous vous aviserez, je m'aviserai. Si vous vous en passez, je m'en passerai. Si vous

ACTE II, SCÈNE VI.

dites que je vous ennuie, vous m'ennuierez. Si vous voulez ne me revoir jamais, je ne vous reverrai jamais. Si vous voulez que je revienne, je reviendrai. Adieu, adieu. (Il tire sa montre.) Mon temps se perd, j'ai des affaires; serviteur.

LINDANE.

Allez, monsieur, emportez mon estime et ma reconnaissance; mais surtout emportez votre argent, et ne me faites pas rougir davantage.

FREEPORT.

Elle est folle.

LINDANE.

Fabrice! monsieur Fabrice! à mon secours! venez!

FABRICE, *arrivant en hâte.*

Quoi donc, madame?

LINDANE, *lui donnant la bourse.*

Tenez, prenez cette bourse que monsieur a laissée par mégarde; remettez-la-lui, je vous en charge; assurez-le de mon estime, et sachez que je n'ai besoin du secours de personne.

FABRICE, *prenant la bourse.*

Ah, monsieur Freeport! je vous reconnais bien à cette bonne action; mais comptez que mademoiselle vous trompe et qu'elle en a très grand besoin.

LINDANE.

Non, cela n'est pas vrai. Ah, monsieur Fabrice! est-ce vous qui me trahissez?

FABRICE.

Je vais vous obéir, puisque vous le voulez. (bas à M. Freeport.) Je garderai cet argent, et il servira, sans qu'elle le sache, à lui procurer tout ce qu'elle se refuse. Le cœur me saigne; son état et sa vertu me pénètrent l'âme.

FREEPORT.

Elles me font aussi quelque sensation; mais elle est trop fière. Dites-lui que cela n'est pas bien d'être fière. Adieu.

SCÈNE VII.

LINDANE, POLLY.

POLLY.

Vous avez là bien opéré, madame; le ciel daignait vous secourir; vous voulez mourir dans l'indigence; vous voulez que je sois la victime d'une vertu dans laquelle il entre peut-être un peu de vanité; et cette vanité nous perd l'une et l'autre.

LINDANE.

C'est à moi de mourir, ma chère enfant; milord ne m'aime plus; il m'abandonne depuis trois jours; il a aimé mon impitoyable et superbe rivale; il l'aime encore, sans doute; c'en est fait; j'étais trop coupable en l'aimant; c'est une erreur qui doit finir.

(Elle écrit.)

POLLY.

Elle paraît désespérée; hélas! elle a sujet de l'être; son état est bien plus cruel que le mien : une suivante a toujours des ressources, mais une personne qui se respecte n'en a pas.

LINDANE, *ayant plié sa lettre.*

Je ne fais pas un bien grand sacrifice. Tiens, quand je ne serai plus, porte cette lettre à celui...

ACTE II, SCÈNE VII.

POLLY.

Que dites-vous?

LINDANE.

A celui qui est la cause de ma mort : je te recommande à lui; mes dernières volontés le toucheront. Va (elle l'embrasse), sois sûre que de tant d'amertumes, celle de n'avoir pu te récompenser moi-même n'est pas la moins sensible à ce cœur infortuné.

POLLY.

Ah! mon adorable maîtresse! que vous me faites verser de larmes, et que vous me glacez d'effroi! Que voulez-vous faire? quel dessein horrible! quelle lettre! Dieu me préserve de la lui rendre jamais! (Elle déchire la lettre.) Hélas! pourquoi ne vous êtes-vous pas expliquée avec milord? Peut-être que votre réserve cruelle lui aura déplu.

LINDANE.

Tu m'ouvres les yeux; je lui aurai déplu, sans doute : mais comment me découvrir au fils de celui qui a perdu mon père et ma famille?

POLLY.

Quoi! madame, ce fut donc le père de milord qui...

LINDANE.

Oui, ce fut lui-même qui persécuta mon père, qui le fit condamner à la mort, qui nous a dégradés de noblesse, qui nous a ravi notre existence. Sans père, sans mère, sans bien, je n'ai que ma gloire et mon fatal amour. Je devais détester le fils de Murray; la fortune qui me poursuit me l'a fait connaître; je l'ai aimé, et je dois m'en punir.

POLLY.

Que vois-je! vous pâlissez, vos yeux s'obscurcissent...

LINDANE.

Puisse ma douleur me tenir lieu du poison et du fer que j'implorais!

POLLY.

A l'aide! monsieur Fabrice, à l'aide! Ma maîtresse s'évanouit.

FABRICE.

Au secours! que tout le monde descende, ma femme, ma servante, monsieur le gentilhomme de là-haut, tout le monde...

(La femme et la servante de Fabrice et Polly emmènent Lindane dans sa chambre.)

LINDANE, *en sortant.*

Pourquoi me rendez-vous à la vie?

SCÈNE VIII.

MONROSE, FABRICE.

MONROSE.

Qu'y a-t-il donc, notre hôte?

FABRICE.

C'était cette belle demoiselle dont je vous ai parlé qui s'évanouissait; mais ce ne sera rien.

MONROSE.

Ces petites fantaisies de filles passent vite et ne sont pas dangereuses : que voulez-vous que je fasse à une fille qui se trouve mal? est-ce pour cela que vous m'avez fait descendre? Je croyais que le feu était à la maison.

FABRICE.

J'aimerais mieux qu'il y fût que de voir cette jeune personne en danger. Si l'Écosse a plusieurs filles comme elle, ce doit être un beau pays.

MONROSE.

Quoi! elle est d'Écosse?

FABRICE.

Oui, monsieur; je ne le sais que d'aujourd'hui; c'est notre fescur de feuilles qui me l'a dit, car il sait tout, lui.

MONROSE.

Et son nom, son nom?

FABRICE.

Elle s'appelle Lindane.

MONROSE.

Je ne connais point ce nom là. (Il se promène.) On ne prononce point le nom de ma patrie que mon cœur ne soit déchiré. Peut-on avoir été traité avec plus d'injustice et de barbarie! Tu es mort, cruel Murray, indigne ennemi! ton fils reste; j'aurai justice ou vengeance. O ma femme! ô mes chers enfans! ma fille! j'ai donc tout perdu sans ressource! Que de coups de poignard auraient fini mes jours, si la juste fureur de me venger ne me forçait pas à porter dans l'affreux chemin du monde ce fardeau détestable de la vie!

FABRICE, *revenant.*

Tout va mieux, Dieu merci.

MONROSE.

Comment? quel changement y a-t-il dans les affaires ? quelle révolution?

FABRICE.

Monsieur, elle a repris ses sens; elle se porte très bien; encore un peu pâle, mais toujours belle.

MONROSE.

Ah! ce n'est que cela. Il faut que je sorte, que j'aille, que je hasarde... oui... je le veux.

(Il sort.)

FABRICE.

Cet homme ne se soucie pas des filles qui s'évanouissent. S'il avait vu Lindane, il ne serait pas si indifférent.

FIN DU SECOND ACTE.

ACTE TROISIÈME.

SCÈNE I.

LADY ALTON, ANDRÉ.

LADY ALTON.

Oui, puisque je ne peux voir le traître chez lui, je le verrai ici; il y viendra, sans doute. Ce barbouilleur de feuilles avait raison; une Écossaise cachée ici dans ce temps de trouble! elle conspire contre l'état; elle sera enlevée, l'ordre est donné : ah! du moins, c'est contre moi qu'elle conspire! c'est de quoi je ne suis que trop sûre. Voici André, le laquais de milord; je serai instruite de tout mon malheur. André, vous apportez ici une lettre de milord, n'est-il pas vrai?

ANDRÉ.

Oui, madame.

LADY ALTON.

Elle est pour moi?

ANDRÉ.

Non, madame, je vous jure.

LADY ALTON.

Comment? ne m'en avez-vous pas apporté plusieurs de sa part?

ANDRÉ.

Oui, mais celle-ci n'est pas pour vous; c'est pour une personne qu'il aime à la folie.

LADY ALTON.

Eh bien! ne m'aimait-il pas à la folie quand il m'écrivait?

ANDRÉ.

Oh! que non, madame, il vous aimait si tranquillement! mais ici ce n'est pas de même; il ne dort ni ne mange; il court jour et nuit; il ne parle que de sa chère Lindane : cela est tout différent, vous dis-je.

LADY ALTON.

Le perfide! le méchant homme! N'importe, je vous dis que cette lettre est pour moi; n'est-elle pas sans dessus?

ANDRÉ.

Oui, madame.

LADY ALTON.

Toutes les lettres que vous m'avez apportées n'étaient-elles pas sans dessus aussi?

ANDRÉ.

Oui, mais elle est pour Lindane.

LADY ALTON.

Je vous dis qu'elle est pour moi; et, pour vous le prouver, voici dix guinées de port que je vous donne.

ANDRÉ.

Ah! oui, madame, vous m'y faites penser, vous avez raison, la lettre est pour vous, je l'avais oublié... Mais cependant, comme elle n'était pas pour vous, ne me décelez pas; dites que vous l'avez trouvée chez Lindane.

LADY ALTON.

Laisse-moi faire.

ACTE III, SCÈNE I.

ANDRÉ.

Quel mal, après tout, de donner à une femme une lettre écrite pour une autre? il n'y a rien de perdu; toutes ces lettres se ressemblent. Si mademoiselle Lindane ne reçoit pas sa lettre, elle en recevra d'autres. Ma commission est faite. Oh! je fais bien mes commissions, moi!

(Il sort.)

LADY ALTON *ouvre la lettre et lit.*

Lisons : « Ma chère, ma respectable, ma vertueuse « Lindane... » Il ne m'en a jamais tant écrit... « Il y a « deux jours, il y a un siècle que je m'arrache au « bonheur d'être à vos pieds, mais c'est pour vos seuls « intérêts : je sais qui vous êtes, et ce que je vous « dois : je périrai, ou les choses changeront. Mes « amis agissent; comptez sur moi comme sur l'amant « le plus fidèle, et sur un homme digne peut-être de « vous servir. »

(Après avoir lu.)

C'est une conspiration, il n'en faut point douter : elle est d'Écosse; sa famille est malintentionnée; le père de Murray a commandé en Écosse; ses amis agissent; il court jour et nuit, c'est une conspiration. Dieu merci, j'ai agi aussi; et, si elle n'accepte pas mes offres, elle sera enlevée dans une heure, avant que son indigne amant la secoure.

SCÈNE II.

LADY ALTON, POLLY, LINDANE.

LADY ALTON, *à Polly, qui passe de la chambre de sa maîtresse dans une chambre du café.*

Mademoiselle, allez dire tout à l'heure à votre maîtresse qu'il faut que je lui parle, qu'elle ne craigne rien, que je n'ai que des choses très agréables à lui dire; qu'il s'agit de son bonheur (avec emportement), et qu'il faut qu'elle vienne tout à l'heure, tout à l'heure : entendez-vous? qu'elle ne craigne point, vous dis-je.

POLLY.

Oh, madame! nous ne craignons rien; mais votre physionomie me fait trembler.

LADY ALTON.

Nous verrons si je ne viens pas à bout de cette fille vertueuse, avec les propositions que je vais lui faire.

LINDANE, *arrivant toute tremblante, soutenue par Polly.*

Que voulez-vous, madame? venez-vous insulter encore à ma douleur?

LADY ALTON.

Non; je viens vous rendre heureuse. Je sais que vous n'avez rien; je suis riche, je suis grande dame; je vous offre un de mes châteaux sur les frontières d'Écosse, avec les terres qui en dépendent; allez y vivre avec votre famille, si vous en avez; mais il faut dans l'instant que vous abandonniez milord pour jamais, et qu'il ignore toute sa vie votre retraite.

LINDANE.

Hélas! madame, c'est lui qui m'abandonne; ne soyez point jalouse d'une infortunée; vous m'offrez en vain une retraite; j'en trouverai sans vous une éternelle, dans laquelle je n'aurai pas au moins à rougir de vos bienfaits.

LADY ALTON.

Comme vous me répondez, téméraire!

LINDANE.

La témérité ne doit point être mon partage, mais la fermeté doit l'être. Ma naissance vaut bien la vôtre; mon cœur vaut peut-être mieux; et, quant à ma fortune, elle ne dépendra jamais de personne, encore moins de ma rivale.

(Elle sort.)

LADY ALTON, *seule*.

Elle dépendra de moi. Je suis fâchée qu'elle me réduise à cette extrémité. J'ai honte de m'être servie de ce faquin de Frélon; mais enfin, elle m'y a forcée. Infidèle amant! passion funeste! je suffoque.

SCÈNE III.

FREEPORT, MONROSE, *paraissent dans le café* avec LA FEMME DE FABRICE; LA SERVANTE, LES GARÇONS DU CAFÉ, *qui mettent tout en ordre;* FABRICE, LADY ALTON.

LADY ALTON, *à Fabrice.*

Monsieur Fabrice, vous me voyez ici souvent : c'est votre faute.

FABRICE.

Au contraire, madame, nous souhaiterions...

LADY ALTON.

J'en suis fâchée plus que vous; mais vous m'y reverrez encore, vous dis-je.

(Elle sort.)

FABRICE.

Tant pis. A qui en a-t-elle donc? Quelle différence d'elle à cette Lindane si belle et si patiente!

FREEPORT.

Oui. A propos, vous m'y faites songer; elle est, comme vous dites, belle et honnête.

FABRICE.

Je suis fâchée que ce brave gentilhomme ne l'ait pas vue; il en aurait été touché.

MONROSE.

Ah! j'ai d'autres affaires en tête... (à part.) Malheureux que je suis!

FREEPORT.

Je passe mon temps à la bourse ou à la Jamaïque :

ACTE III, SCÈNE III.

cependant la vue d'une jeune personne ne laisse pas de réjouir les yeux d'un galant homme. Vous me faites songer, vous dis-je, à cette petite créature : beau maintien, conduite sage, belle tête, démarche noble. Il faut que je la voie un de ces jours encore une fois... C'est dommage qu'elle soit si fière.

MONROSE, *à Freeport.*

Notre hôte m'a confié que vous en aviez agi avec elle d'une manière admirable.

FREEPORT.

Moi? non... n'en auriez-vous pas fait autant à ma place?

MONROSE.

Je le crois, si j'étais riche, et si elle le méritait.

FREEPORT.

Eh bien! que trouvez-vous donc là d'admirable? (Il prend les gazettes.) Ah, ah! voyons ce que disent les nouveaux papiers d'aujourd'hui. Hom! hom! le lord Falbrige mort!

MONROSE, *s'avançant.*

Falbrige mort! le seul ami qui me restait sur la terre! le seul dont j'attendais quelque appui! Fortune! tu ne cesseras jamais de me persécuter.

FREEPORT.

Il était votre ami? j'en suis fâché... « D'Édimbourg « le 14 avril... On cherche partout le lord Monrose, « condamné depuis onze ans à perdre la tête. »

MONROSE.

Juste ciel! qu'entends-je! hem! que dites-vous, milord Monrose condamné à...

FREEPORT.

Oui, parbleu, le lord Monrose... Lisez vous-même; je ne me trompe pas.

MONROSE *lit.*

(Froidement.) Oui, cela est vrai... (à part.) Il faut sortir d'ici, la maison est trop publique... Je ne crois pas que la terre et l'enfer conjurés ensemble aient jamais assemblé tant d'infortunes contre un seul homme. (à son valet Jacq, qui est dans un coin de la salle.) Eh, va faire seller mes chevaux, et que je puisse partir, s'il est nécessaire, à l'entrée de la nuit... Comme les nouvelles courent! comme le mal vole!

FREEPORT.

Il n'y a point de mal à cela; qu'importe que le lord Monrose soit décapité ou non? Tout s'imprime, tout s'écrit, rien ne demeure : on coupe une tête aujourd'hui, le gazetier le dit le lendemain, et le surlendemain on n'en parle plus. Si cette demoiselle Lindane n'était pas si fière, j'irais savoir comme elle se porte : elle est fort jolie et fort honnête.

SCÈNE IV.

LES PRÉCÉDENS, UN MESSAGER D'ÉTAT

LE MESSAGER.

Vous vous appelez Fabrice?

FABRICE.

Oui, monsieur; en quoi puis-je vous servir?

LE MESSAGER.

Vous tenez un café et des appartemens?

ACTE III, SCÈNE IV.

FABRICE.

Oui.

LE MESSAGER.

Vous avez chez vous une jeune Écossaise nommée Lindane?

FABRICE.

Oui, assurément, et c'est notre bonheur de l'avoir chez nous.

FREEPORT.

Oui, elle est jolie et honnête. Tout le monde m'y fait songer.

LE MESSAGER.

Je viens pour m'assurer d'elle de la part du gouvernement; voilà mon ordre.

FABRICE.

Je n'ai pas une goutte de sang dans les veines.

MONROSE, *à part.*

Une jeune Écossaise qu'on arrête! et le jour même que j'arrive! Toute ma fureur renaît. O patrie! ô famille! Hélas! que deviendra ma fille infortunée? elle est peut-être ainsi la victime de mes malheurs; elle languit dans la pauvreté ou dans la prison. Ah! pourquoi est-elle née!

FREEPORT.

On n'a jamais arrêté les filles par ordre du gouvernement : fi! que cela est vilain! vous êtes un grand brutal, monsieur le messager d'état.

FABRICE.

Ouais! mais si c'était une aventurière, comme le disait notre ami Frélon! Cela va perdre ma maison...

me voilà ruiné. Cette dame de la cour avait ses raisons, je le vois bien... Non, non, elle est très honnête.

LE MESSAGER.

Point de raisonnement, en prison, ou caution, c'est la règle.

FABRICE.

Je me fais caution, moi, ma maison, mon bien, ma personne.

LE MESSAGER.

Votre personne et rien, c'est la même chose; votre maison ne vous appartient peut-être pas; votre bien, où est-il? il faut de l'argent.

FABRICE.

Mon bon monsieur Freeport, donnerai-je les cinq cents guinées que je garde, et qu'elle a refusées aussi noblement que vous les avez offertes?

FREEPORT.

Belle demande! apparemment... Monsieur le messager, je dépose cinq cents guinées, mille, deux mille, s'il le faut; voilà comme je suis fait. Je m'appelle Freeport. Je réponds de la vertu de la fille... autant que je peux... Mais il ne faudrait pas qu'elle fût si fière.

LE MESSAGER.

Venez, monsieur, faire votre soumission.

FREEPORT.

Très volontiers, très volontiers.

FABRICE.

Tout le monde ne place pas ainsi son argent.

FREEPORT.

En l'employant à faire du bien, c'est le placer au plus haut intérêt.

(Freeport et le messager vont compter de l'argent et écrire au fond du théâtre.)

SCÈNE V.

MONROSE, FABRICE.

FABRICE.

Monsieur, vous êtes étonné peut-être du procédé de M. Freeport, mais c'est sa façon. Heureux ceux qu'il prend tout d'un coup en amitié! Il n'est pas complimenteur, mais il rend service en moins de temps que les autres ne font des protestations de services.

MONROSE.

Il y a de belles ames... Que deviendrai-je?

FABRICE.

Gardons-nous au moins de dire à notre pauvre petite le danger qu'elle a couru.

MONROSE.

Allons, partons cette nuit même.

FABRICE.

Il ne faut avertir les gens de leur danger que quand il est passé.

MONROSE.

Le seul ami que j'avais à Londres est mort!... Que fais-je ici?

FABRICE.

Nous la ferions évanouir encore une fois.

SCÈNE VI.

MONROSE.

On arrête une jeune Écossaise, une personne qui vit retirée, qui se cache, qui est suspecte au gouvernement! Je ne sais... mais cette aventure me jette dans de profondes réflexions... Tout réveille l'idée de mes malheurs, mes afflictions, mon attendrissement, mes fureurs.

SCÈNE VII.

MONROSE. POLLY.

MONROSE, *apercevant Polly qui passe.*

Mademoiselle, un petit mot, de grace... Êtes-vous cette jeune et aimable personne née en Écosse, qui...

POLLY.

Oui, monsieur, je suis assez jeune, je suis Écossaise, et pour aimable, bien des gens me disent que je le suis.

MONROSE.

Ne savez-vous aucune nouvelle de votre pays?

POLLY.

Oh! non, monsieur; il y a si long-temps que je l'ai quitté!

MONROSE.

Et qui sont vos parens, je vous prie?

POLLY.

Mon père était un excellent boulanger, à ce que

j'ai ouï dire, et ma mère avait servi une dame de qualité.

MONROSE.

Ah! j'entends; c'est vous apparemment qui servez cette jeune personne dont on m'a tant parlé; je me méprenais.

POLLY.

Vous me faites bien de l'honneur.

MONROSE.

Vous savez sans doute qui est votre maîtresse?

POLLY.

Oui, monsieur, c'est la plus douce, la plus aimable fille, la plus courageuse dans le malheur.

MONROSE.

Elle est donc malheureuse?

POLLY.

Oui, monsieur, et moi aussi; mais j'aime mieux la servir que d'être heureuse.

MONROSE.

Mais je vous demande si vous ne connaissez pas sa famille.

POLLY.

Monsieur, ma maîtresse veut être inconnue : elle n'a point de famille; que me demandez-vous là ? pourquoi ces questions?

MONROSE.

Une inconnue! O ciel si long-temps impitoyable! s'il était possible qu'à la fin je pusse... Mais quelles vaines chimères! Dites-moi, je vous prie, quel est l'âge de votre maîtresse?

POLLY.

Oh! pour son âge on peut le dire; car elle est bien au dessus de son âge; elle a dix-huit ans.

MONROSE.

Dix-huit ans!... hélas! ce serait précisément l'âge qu'aurait ma malheureuse Monrose, ma chère fille, seul reste de ma maison, seul enfant que mes mains aient pu caresser dans son berceau : dix-huit ans...

POLLY.

Oui, monsieur, et moi je n'en ai que vingt-deux : il n'y a pas une si grande différence. Je ne sais pas pourquoi vous faites tout seul tant de réflexions sur son âge.

MONROSE.

Dix-huit ans! et née dans ma patrie! et elle veut être inconnue! je ne me possède plus : il faut avec votre permission que je la voie, que je lui parle tout à l'heure.

POLLY.

Ces dix-huit ans tournent la tête à ce bon vieux gentilhomme. Monsieur, il est impossible que vous voyiez à présent ma maîtresse; elle est dans l'affliction la plus cruelle.

MONROSE.

Ah! c'est pour cela même que je veux la voir.

POLLY.

De nouveaux chagrins qui l'ont accablée, qui ont déchiré son cœur, lui ont fait perdre l'usage de ses sens. Hélas! elle n'est pas de ces filles qui s'évanouissent pour peu de chose. Elle est à peine revenue à elle, et le peu de repos qu'elle goûte dans ce moment est un repos mêlé de trouble et d'amertume : de grace, monsieur, ménagez sa faiblesse et ses douleurs.

MONROSE.

Tout ce que vous me dites redouble mon empressement. Je suis son compatriote; je partage toutes ses afflictions; je les diminuerai peut-être : souffrez qu'avant de quitter cette ville je puisse entretenir votre maîtresse.

POLLY.

Mon cher compatriote, vous m'attendrissez : attendez encore quelques momens. Les filles qui se sont évanouies sont bien long-temps à se remettre avant de recevoir une visite. Je vais à elle : je reviendrai à vous.

SCÈNE VIII.

MONROSE, FABRICE.

FABRICE, *le tirant par la manche.*
Monsieur, n'y a-t-il personne là?

MONROSE.

Que j'attends son retour avec des mouvemens d'impatience et de trouble!

FABRICE.

Ne nous écoute-t-on point?

MONROSE.

Mon cœur ne peut suffire à tout ce qu'il éprouve.

FABRICE.

On vous cherche...

MONROSE, *se tournant.*

Qui? quoi? comment? pourquoi? que voulez-vous dire?

FABRICE.

On vous cherche, monsieur. Je m'intéresse à ceux qui logent chez moi. Je ne sais qui vous êtes : mais on est venu me demander qui vous étiez : on rôde autour de la maison, on s'informe, on entre, on passe, on repasse, on guette, et je ne serai point surpris si dans peu on vous fait le même compliment qu'à cette jeune et chère demoiselle, qui est, dit-on, de votre pays.

MONROSE.

Ah! il faut absolument que je lui parle avant de partir.

FABRICE.

Partez vite, croyez-moi; notre ami Freeport ne serait peut-être pas d'humeur à faire pour vous ce qu'il a fait pour une belle personne de dix-huit ans.

MONROSE.

Pardon... Je ne sais... où j'étais... je vous entendais à peine... Que faire? où aller, mon cher hôte? Je ne puis partir sans la voir... Venez, que je vous parle un moment dans quelque endroit plus solitaire, et surtout que je puisse ensuite entretenir cette jeune Écossaise.

FABRICE.

Ah! je vous avais bien dit que vous seriez enfin curieux de la voir. Soyez sûr que rien n'est plus beau et plus honnête.

FIN DU TROISIÈME ACTE.

ACTE QUATRIÈME.

SCÈNE I.

FABRICE, FRÉLON, *dans le café, à une table;*
FREEPORT, *une pipe à la main, au milieu d'eux.*

FABRICE.

Je suis obligé de vous l'avouer, monsieur Frélon, si tout ce qu'on dit est vrai, vous me feriez plaisir de ne plus fréquenter chez nous.

FRÉLON.

Tout cé qu'on dit est toujours faux : quelle mouche vous pique, monsieur Fabrice?

FABRICE.

Vous venez écrire ici vos feuilles : mon café passera pour une boutique de poison.

FREEPORT, *se retournant vers Fabrice.*

Ceci mérite qu'on y pense, voyez-vous?

FABRICE.

On prétend que vous dites du mal de tout le monde.

FREEPORT, *à Frélon.*

De tout le monde, entendez-vous? c'est trop.

FABRICE.

On commence même à dire que vous êtes un délateur, un fripon; mais je ne veux pas le croire.

FREEPORT, *à Frélon.*

Un fripon... entendez-vous? cela passe la raillerie.

FRÉLON.

Je suis un compilateur illustre, un homme de goût.

FABRICE.

De goût ou de dégoût, vous me faites tort, vous dis-je.

FRÉLON.

Au contraire, c'est moi qui achalande votre café; c'est moi qui l'ai mis à la mode; c'est ma réputation qui vous attire du monde.

FABRICE.

Plaisante réputation! celle d'un espion, d'un malhonnête homme (pardonnez si je répète ce qu'on dit), et d'un mauvais auteur!

FRÉLON.

Monsieur Fabrice, monsieur Fabrice, arrêtez, s'il vous plaît : on peut attaquer mes mœurs; mais pour ma réputation d'auteur, je ne le souffrirai jamais.

FABRICE.

Laissez là vos écrits : savez-vous bien, puisqu'il faut tout vous dire, que vous êtes soupçonné d'avoir voulu perdre mademoiselle Lindane?

FREEPORT.

Si je le croyais, je le noierais de mes mains, quoique je ne sois pas méchant.

FABRICE.

On prétend que c'est vous qui l'avez accusée d'être Écossaise, et qui avez aussi accusé ce brave gentilhomme de là-haut d'être Écossais.

FRÉLON.

Eh bien! quel mal y a-t-il à être de son pays?

ACTE IV, SCÈNE I.

FABRICE.

On prétend que vous avez eu plusieurs conférences avec les gens de cette dame si colère qui est venue ici, et avec ceux de ce milord qui n'y vient plus, que vous redites tout, que vous envenimez tout.

FREEPORT, *à Frélon.*

Seriez-vous un fripon, en effet? Je ne les aime pas, au moins.

FABRICE.

Ah! Dieu merci, je crois que j'aperçois enfin notre milord.

FREEPORT.

Un milord! adieu. Je n'aime pas plus les grands seigneurs que les mauvais écrivains.

FABRICE.

Celui-ci n'est pas un grand seigneur comme un autre.

FREEPORT.

Ou comme un autre, ou différent d'un autre, n'importe. Je ne me gêne jamais, et je sors. Mon ami, je ne sais; il me revient toujours dans la tête une idée de notre jeune Écossaise : je reviendrai incessamment; oui, je reviendrai; je veux lui parler sérieusement : serviteur. Cette Écossaise est belle et honnête. Adieu. (En revenant.) Dites-lui de ma part que je pense beaucoup de bien d'elle.

SCÈNE II.

LORD MURRAY, *pensif et agité;* FRÉLON, *lui fesant la révérence, qu'il ne regarde pas;* FABRICE, *s'éloignant un peu.*

LORD MURRAY, *à Fabrice d'un air distrait.*

Je suis très aise de vous revoir, mon brave et honnête homme : comment se porte cette belle et respectable personne que vous avez le bonheur de posséder chez vous?

FABRICE

Milord, elle a été très malade depuis qu'elle ne vous a vu; mais je suis sûr qu'elle se portera mieux aujourd'hui.

LORD MURRAY.

Grand Dieu, protecteur de l'innocence, je t'implore pour elle! daigne te servir de moi pour rendre justice à la vertu, et pour tirer d'oppression les infortunés! Grace à tes bontés et à mes soins, tout m'annonce un succès favorable. (à Fabrice.) Ami, laisse-moi parler en particulier à cet homme (en montrant Frélon.)

FRÉLON, *à Fabrice.*

Eh bien! tu vois qu'on t'avait bien trompé sur mon compte, et que j'ai du crédit à la cour.

FABRICE, *en sortant.*

Je ne vois point cela.

LORD MURRAY, *à Frélon.*

Mon ami.

FRÉLON.

Monseigneur, permettez-vous que je vous dédie un tome?

LORD MURRAY.

Non; il ne s'agit point de dédicace. C'est vous qui avez appris à mes gens l'arrivée de ce vieux gentilhomme venu d'Écosse; c'est vous qui l'avez dépeint, qui êtes allé faire le même rapport aux gens du ministre d'état.

FRÉLON.

Monseigneur, je n'ai fait que mon devoir.

LORD MURRAY, *lui donnant quelques guinées.*

Vous m'avez rendu service sans le savoir; je ne regarde pas à l'intention : on prétend que vous vouliez nuire, et que vous avez fait du bien; tenez, voila pour le bien que vous avez fait; mais si vous vous avisez jamais de prononcer le nom de cet homme, et de mademoiselle Lindane, je vous ferai jeter par les fenêtres de votre grenier. Allez.

FRÉLON

Grand merci, monseigneur. Tout le monde me dit des injures et me donne de l'argent : je suis bien plus habile que je ne croyais.

SCENE III.

LORD MURRAY, POLLY.

LORD MURRAY, *seul un moment.*

Un vieux gentilhomme arrivé d'Écosse, Lindane née dans le même pays! Hélas! s'il était possible que je pusse réparer les torts de mon père! si le ciel permettait... Entrons. (à Polly qui sort de la chambre de Lindane.) Chère Polly, n'es-tu pas bien étonnée que j'aie passé tant de temps sans venir ici? deux jours entiers... je ne me le pardonnerais jamais, si je ne les avais employés pour la respectable fille de milord Monrose : les ministres étaient à Windsor; il a fallu y courir. Va, le ciel t'inspira bien quand tu te rendis à mes prières, et que tu m'appris le secret de sa naissance.

POLLY.

J'en tremble encore; ma maîtresse me l'avait tant défendu! Si je lui donnais le moindre chagrin, je mourrais de douleur. Hélas! votre absence lui a causé aujourd'hui un assez long évanouissement, et je me serais évanouie aussi si je n'avais pas eu besoin de mes forces pour la secourir.

LORD MURRAY.

Tiens, voilà pour l'évanouissement où tu as eu envie de tomber.

POLLY.

Milord, j'accepte vos dons : je ne suis pas si fière que la belle Lindane, qui n'accepte rien, et qui feint d'être à son aise quand elle est dans la plus extrême indigence.

LORD MURRAY.

Juste ciel! la fille de Monrose dans la pauvreté! malheureux que je suis! que m'as-tu dit? combien je suis coupable! que je vais tout réparer! que son sort changera! Hélas! pourquoi me l'a-t-elle caché?

ACTE IV, SCÈNE III.

POLLY.

Je crois que c'est la seule fois de sa vie qu'elle vous trompera.

LORD MURRAY.

Entrons, entrons vite; jetons-nous à ses pieds : c'est trop tarder.

POLLY.

Ah, milord! gardez-vous-en bien, elle est actuellement avec un gentilhomme, si vieux, si vieux, qui est de son pays, et ils se disent des choses si intéressantes !

LORD MURRAY.

Quel est-il ce vieux gentilhomme, pour qui je m'intéresse déja comme elle?

POLLY.

Je l'ignore.

LORD MURRAY.

O destinée! juste ciel! pourrais-tu faire que cet homme fût ce que je désire qu'il soit? Et que se disaient-ils, Polly?

POLLY.

Milord, ils commençaient à s'attendrir; et comme ils s'attendrissaient, ce bon homme n'a pas voulu que je fusse présente, et je suis sortie.

SCÈNE IV.

LADY ALTON, LORD MURRAY, POLLY.

LADY ALTON.

Ah! je vous y prends enfin, perfide! me voilà sûre de votre inconstance, de mon opprobre, et de votre intrigue.

LORD MURRAY.

Oui, madame, vous êtes sûre de tout. (à part.) Quel contre-temps effroyable!

LADY ALTON.

Monstre! perfide!

LORD MURRAY.

Je puis être un monstre à vos yeux, et je n'en suis pas fâché; mais pour perfide, je suis très loin de l'être : ce n'est pas mon caractère. Avant d'en aimer une autre, je vous ai déclaré que je ne vous aimais plus.

LADY ALTON.

Après une promesse de mariage! scélérat! après m'avoir juré tant d'amour!

LORD MURRAY.

Quand je vous ai juré de l'amour, j'en avais; quand je vous ai promis de vous épouser, je voulais tenir ma parole.

LADY ALTON.

Et qui t'a empêché de tenir ta parole, parjure?

LORD MURRAY.

Votre caractère, vos emportemens : je me mariais

pour être heureux, et j'ai vu que nous ne l'aurions été ni l'un ni l'autre.

LADY ALTON.

Tu me quittes pour une vagabonde, pour une aventurière.

LORD MURRAY.

Je vous quitte pour la vertu, pour la douceur et pour les graces.

LADY ALTON.

Traître! tu n'es pas où tu crois en être; je me vengerai plus tôt que tu ne penses.

LORD MURRAY.

Je sais que vous êtes vindicative, envieuse plutôt que jalouse, emportée plutôt que tendre : mais vous serez forcée à respecter celle que j'aime.

LADY ALTON.

Allez, lâche, je connais l'objet de vos amours mieux que vous; je sais qui elle est; je sais qui est l'étranger arrivé aujourd'hui pour elle; je sais tout : des hommes plus puissans que vous sont instruits de tout; et bientôt on vous enlèvera l'indigne objet pour qui vous m'avez méprisée.

LORD MURRAY.

Que veut-elle dire, Polly? elle me fait mourir d'inquiétude.

POLLY

Et moi de peur. Nous sommes perdus.

LORD MURRAY.

Ah, madame! arrêtez-vous; un mot; expliquez-vous, écoutez...

LADY ALTON.

Je n'écoute point, je ne réponds rien, je ne m'explique point. Vous êtes, comme je vous l'ai déja dit, un inconstant, un volage, un cœur faux, un traître, un perfide, un homme abominable.

(Elle sort.)

SCÈNE V.

LORD MURRAY, POLLY.

LORD MURRAY.

Que prétend cette furie? que la jalousie est affreuse! O ciel! fais que je sois toujours amoureux, et jamais jaloux! Que veut-elle? elle parle de faire enlever ma chère Lindane et cet étranger; que veut-elle dire? sait-elle quelque chose?

POLLY.

Hélas! il faut vous l'avouer; ma maîtresse est arrêtée par l'ordre du gouvernement : je crois que je le suis aussi; et sans un gros homme qui est la bonté même, et qui a bien voulu être notre caution, nous serions en prison à l'heure que je vous parle : on m'avait fait jurer de n'en rien dire; mais le moyen de se taire avec vous?

LORD MURRAY.

Qu'ai-je entendu? quelle aventure! et que de revers accumulés en foule! Je vois que le nom de ta maîtresse est toujours suspect. Hélas! ma famille a fait tous les malheurs de la sienne : le ciel, la fortune, mon amour, l'équité, la raison, allaient tout réparer; la vertu m'inspirait; le crime s'oppose à tout ce que je tente: il ne triomphera pas. N'alarme point ta maîtresse; je cours chez le ministre; je vais tout presser, tout faire. Je m'arrache au bonheur de la voir pour celui de la servir. Je cours, et je revole. Dis-lui bien que je m'éloigne parce que je l'adore.

(Il sort.)

POLLY.

Voilà d'étranges aventures! je vois que ce monde-ci n'est qu'un combat perpétuel des méchans contre les bons, et qu'on en veut toujours aux pauvres filles.

SCÈNE VI.

MONROSE, LINDANE; POLLY *reste un moment, et sort à un signe que lui fait sa maîtresse.*

MONROSE.

Chaque mot que vous m'avez dit me perce l'ame. Vous, née dans le Locaber! et témoin de tant d'horreurs, persécutée, errante, et si malheureuse avec des sentimens si nobles!

LINDANE.

Peut-être je dois ces sentimens mêmes à mes malheurs; peut-être, si j'avais été élevée dans le luxe et la mollesse, cette ame, qui s'est fortifiée par l'infortune, n'eût été que faible.

MONROSE.

O vous, digne du plus beau sort du monde, cœur

magnanime, ame élevée! vous m'avouez que vous êtes d'une de ces familles proscrites dont le sang a coulé sur les échafauds dans nos guerres civiles, et vous vous obstinez à me cacher votre nom et votre naissance!

LINDANE.

Ce que je dois à mon père me force au silence : il est proscrit lui-même; on le cherche, je l'exposerais peut-être si je me nommais : vous m'inspirez du respect et de l'attendrissement; mais je ne vous connais pas : je dois tout craindre. Vous voyez que je suis suspecte moi-même, que je suis arrêtée et prisonnière; un mot peut me perdre.

MONROSE.

Hélas! un mot ferait peut-être la première consolation de ma vie. Dites-moi du moins quel âge vous aviez quand la destinée cruelle vous sépara de votre père, qui fut depuis si malheureux?

LINDANE.

Je n'avais que cinq ans.

MONROSE.

Grand Dieu, qui avez pitié de moi! toutes ces époques rassemblées, toutes les choses qu'elle m'a dites, sont autant de traits de lumière qui m'éclairent dans les ténèbres où je marche. O Providence! ne t'arrête point dans tes bontés!

LINDANE.

Quoi! vous versez des larmes! Hélas! tout ce que je vous ai dit m'en fait bien répandre.

ACTE IV, SCÈNE VI.

MONROSE, *s'essuyant les yeux.*

Achevez, je vous en conjure. Quand votre père eut quitté sa famille pour ne plus la revoir, combien restâtes-vous auprès de votre mère?

LINDANE.

J'avais dix ans quand elle mourut dans mes bras, de douleur et de misère, et que mon frère fut tué dans une bataille.

MONROSE.

Ah, je succombe! Quel moment, et quel souvenir! Chère et malheureuse épouse... fils heureux d'être mort, et de n'avoir pas vu tant de désastres ! Reconnaîtriez-vous ce portrait ? (Il tire un portrait de sa poche.)

LINDANE.

Que vois-je! est-ce un songe ? c'est le portrait même de ma mère : mes larmes l'arrosent, et mon cœur qui se fend s'échappe vers vous.

MONROSE.

Oui, c'est là votre mère, et je suis ce père infortuné dont la tête est proscrite, et dont les mains tremblantes vous embrassent.

LINDANE.

Je respire à peine! où suis-je? Je tombe à vos genoux ! Voici le premier instant heureux de ma vie... O mon père!... hélas! comment osez-vous venir dans cette ville ? je tremble pour vous au moment que je goûte le bonheur de vous voir.

MONROSE.

Ma chère fille, vous connaissez toutes les infortunes de notre maison; vous savez que la maison des

Murray, toujours jalouse de la nôtre, nous plongea dans ce précipice. Toute ma famille a été condamnée; j'ai tout perdu. Il me restait un ami qui pouvait, par son crédit, me tirer de l'abyme où je suis, qui me l'avait promis; j'apprends, en arrivant, que la mort me l'a enlevé, qu'on me cherche en Écosse, que ma tête y est à prix. C'est sans doute le fils de mon ennemi qui me persécute encore : il faut que je meure de sa main, ou que je lui arrache la vie.

LINDANE.

Vous venez, dites-vous, pour tuer milord Murray?

MONROSE.

Oui, je vous vengerai, je vengerai ma famille, ou je périrai; je ne hasarde qu'un reste de jours déja proscrits.

LINDANE.

O fortune! dans quelle nouvelle horreur tu me rejettes! Que faire? quel parti prendre? Ah, mon père!

MONROSE.

Ma fille, je vous plains d'être née d'un père si malheureux.

LINDANE.

Je suis plus à plaindre que vous ne pensez... Êtes-vous bien résolu à cette entreprise funeste?

MONROSE.

Résolu comme à la mort.

LINDANE.

Mon père, je vous conjure, par cette vie fatale que vous m'avez donnée, par vos malheurs, par les miens, qui sont peut-être plus grands que les vôtres, de ne me pas exposer à l'horreur de vous perdre lorsque je vous retrouve... Ayez pitié de moi, épargnez votre vie et la mienne.

MONROSE.

Vous m'attendrissez; votre voix pénètre mon cœur; je crois entendre celle de votre mère. Hélas! que voulez-vous?

LINDANE.

Que vous cessiez de vous exposer, que vous quittiez cette ville si dangereuse pour vous... et pour moi... Oui, c'en est fait, mon parti est pris. Mon père, je renoncerai à tout pour vous... oui, à tout... Je suis prête à vous suivre : je vous accompagnerai, s'il le faut, dans quelque île affreuse des Orcades ; je vous y servirai de mes mains ; c'est mon devoir, je le remplirai... C'en est fait, partons.

MONROSE.

Vous voulez que je renonce à vous venger?

LINDANE.

Cette vengeance me ferait mourir : partons, vous dis-je.

MONROSE.

Eh bien! l'amour paternel l'emporte : puisque vous avez le courage de vous attacher à ma funeste destinée, je vais tout préparer pour que nous quittions Londres avant qu'une heure se passe; soyez prête, et recevez encore mes embrassemens et mes larmes.

SCÈNE VII.

LINDANE, POLLY.

LINDANE.

C'en est fait, ma chère Polly, je ne reverrai plus milord Murray ; je suis morte pour lui.

POLLY.

Vous rêvez, mademoiselle ; vous le reverrez dans quelques minutes. Il était ici tout à l'heure.

LINDANE.

Il était ici, et il ne m'a point vue ! c'est là le comble. O mon malheureux père ! que ne suis-je partie plus tôt !

POLLY.

S'il n'avait pas été interrompu par cette détestable milady Alton...

LINDANE.

Quoi ! c'est ici même qu'il l'a vue pour me braver, après avoir été trois jours sans me voir, sans m'écrire ! Peut-on plus indignement se voir outrager ? Va, sois sûre que je m'arracherais la vie dans ce moment, si ma vie n'était pas nécessaire à mon père.

POLLY.

Mais, mademoiselle, écoutez-moi donc ; je vous jure que milord...

LINDANE.

Lui perfide ! c'est ainsi que sont faits les hommes : Père infortuné, je ne penserai désormais qu'à vous.

POLLY

Je vous jure que vous avez tort, que milord n'est point perfide, que c'est le plus aimable homme du monde, qu'il vous aime de tout son cœur, qu'il m'en a donné des marques.

LINDANE.

La nature doit l'emporter sur l'amour : je ne sais où je vais, je ne sais ce que je deviendrai; mais sans doute je ne serai jamais si malheureuse que je le suis.

POLLY.

Vous n'écoutez rien : reprenez vos esprits, ma chère maîtresse; on vous aime.

LINDANE.

Ah, Polly! es-tu capable de me suivre?

POLLY.

Je vous suivrai jusqu'au bout du monde : mais on vous aime, vous dis-je.

LINDANE.

Laisse-moi, ne me parle point de milord. Hélas! quand il m'aimerait, il faudrait partir encore. Ce gentilhomme que tu as vu avec moi...

POLLY.

Eh bien?

LINDANE.

Viens, tu apprendras tout : les larmes, les soupirs me suffoquent. Suis-moi, et sois prête à partir.

FIN DU QUATRIEME ACTE.

ACTE CINQUIÈME.

SCÈNE I.

LINDANE, FREEPORT, FABRICE.

FABRICE.

Cela perce le cœur, mademoiselle : Polly fait votre paquet; vous nous quittez.

LINDANE.

Mon cher hôte, et vous, monsieur, à qui je dois tant, vous qui avez déployé un caractère si généreux, vous qui ne me laissez que la douleur de ne pouvoir reconnaître vos bienfaits, je ne vous oublierai de ma vie.

FREEPORT.

Qu'est-ce donc que tout cela? qu'est-ce que c'est que ça? qu'est-ce que ça? Si vous êtes contente de nous, il ne faut point vous en aller; est-ce que vous craignez quelque chose? Vous avez tort; une fille n'a rien à craindre.

FABRICE.

Monsieur Freeport, ce vieux gentilhomme qui est de son pays fait aussi son paquet. Mademoiselle pleurait, et ce monsieur pleurait aussi, et ils partent ensemble. Je pleure aussi en vous parlant.

FREEPORT.

Je n'ai pleuré de ma vie : fi! que cela est sot de

pleurer! les yeux n'ont point été donnés à l'homme pour cette besogne. Je suis affligé, je ne le cache pas; et quoiqu'elle soit fière, comme je le lui ai dit, elle est si honnête qu'on est fâché de la perdre. Je veux que vous m'écriviez si vous vous en allez, mademoiselle : je vous ferai toujours du bien... Nous nous retrouverons peut-être un jour, que sait-on? Ne manquez pas de m'écrire... n'y manquez pas.

LINDANE.

Je vous le jure avec la plus vive reconnaissance; et si jamais la fortune...

FREEPORT.

Ah, mon ami Fabrice! cette personne-là est très bien née. Je serais très aise de recevoir de vos lettres : n'allez pas y mettre de l'esprit au moins.

FABRICE.

Mademoiselle, pardonnez; mais je songe que vous ne pouvez partir, que vous êtes ici sous la caution de M. Freeport, et qu'il perd cinq cents guinées si vous nous quittez.

LINDANE.

O ciel! autre infortune, autre humiliation : quoi! il faudrait que je fusse enchaînée ici, et que milord... et mon père...

FREEPORT, *à Fabrice*.

Oh! qu'à cela ne tienne : quoiqu'elle ait je ne sais quoi qui me touche, qu'elle parte si elle en a envie : il ne faut point gêner les filles. Je me soucie de cinq cents guinées comme de rien. (bas à Fabrice.) Fourre-lui encore les cinq cents autres guinées dans sa valise.

Allez, mademoiselle, partez quand il vous plaira : écrivez-moi, revoyez-moi, quand vous reviendrez... car j'ai conçu pour vous beaucoup d'estime et d'affection.

SCÈNE II.

LORD MURRAY ET SES GENS, *dans l'enfoncement;* LINDANE ET LES PRÉCÉDENS, *sur le devant.*

LORD MURRAY, *à ses gens.*

Restez ici, vous : vous, courez à la chancellerie, et rapportez-moi le parchemin qu'on expédie, dès qu'il sera scellé. Vous, qu'on aille préparer tout dans la nouvelle maison que je viens de louer. (Il tire un papier de sa poche et le lit.) Quel bonheur d'assurer le bonheur de Lindane !

LINDANE, *à Polly.*

Hélas! en le voyant, je me sens déchirer le cœur.

FREEPORT.

Ce milord-là vient bien mal à propos : il est si beau et si bien mis qu'il me déplaît souverainement; mais, après tout, que cela me fait-il? j'ai quelque affection... mais je n'aime point, moi. Adieu, mademoiselle.

LINDANE.

Je ne partirai point sans vous témoigner encore ma reconnaissance et mes regrets.

FREEPORT.

Non, non; point de ces cérémonies-là, vous m'attendririez peut-être : je vous dis que je n'aime point... je vous verrai pourtant encore une fois; je resterai dans la maison, je veux vous voir partir. Allons, Fabrice, aider ce bon gentilhomme de là haut : je me sens, vous dis-je, de la bonne volonté pour cette demoiselle.

SCÈNE III.

LORD MURRAY, LINDANE, POLLY.

LORD MURRAY.

Enfin donc je goûte en liberté le charme de votre vue. Dans quelle maison vous êtes ! elle ne vous convient pas : une plus digne de vous vous attend. Quoi ! belle Lindane, vous baissez les yeux et vous pleurez ! Quel est ce gros homme qui vous parlait ? vous aurait-il causé quelque chagrin ? il en porterait la peine sur l'heure.

LINDANE, *en essuyant ses larmes.*

Hélas ! c'est un bon homme, un homme grossièrement vertueux, qui a eu pitié de moi dans mon cruel malheur, qui ne m'a point abandonnée, qui n'a pas insulté à mes disgraces, qui n'a point parlé ici longtemps à ma rivale en dédaignant de me voir ; qui, s'il m'avait aimée, n'aurait point passé trois jours sans m'écrire.

LORD MURRAY.

Ah! croyez que j'aimerais mieux mourir que de mériter le moindre de vos reproches : je n'ai été absent que pour vous, je n'ai songé qu'à vous, je vous ai servie malgré vous ; si, en revenant ici, j'ai trouvé cette femme vindicative et cruelle qui voulait vous perdre, je ne me suis échappé un moment que pour prévenir ses desseins funestes. Grand Dieu! moi, ne vous avoir pas écrit!

LINDANE.

Non.

LORD MURRAY.

Elle a, je le vois bien, intercepté mes lettres : sa méchanceté augmente encore, s'il se peut, ma tendresse; qu'elle rappelle la vôtre. Ah, cruelle! pourquoi m'avez-vous caché votre nom illustre et l'état malheureux où vous êtes, si peu fait pour ce grand nom?

LINDANE.

Qui vous l'a dit?

LORD MURRAY, *montrant Polly.*

Elle-même, votre confidente.

LINDANE.

Quoi! tu m'as trahie?

POLLY.

Vous vous trahissiez vous-même; je vous ai servie.

LINDANE.

Eh bien! vous me connaissez : vous savez quelle haine a toujours divisé nos deux maisons; votre père a fait condamner le mien à la mort; il m'a réduite à cet état que j'ai voulu vous cacher. Et vous, son fils! vous! vous osez m'aimer!

LORD MURRAY.

Je vous adore, et je le dois : c'est à mon amour à réparer les cruautés de mon père; c'est une justice de la Providence. Mon cœur, ma fortune, mon sang est à vous, confondons ensemble deux noms ennemis : j'apporte à vos pieds le contrat de notre mariage; daignez l'honorer de ce nom qui m'est si cher. Puissent les remords et l'amour du fils réparer les fautes du père !

####### LINDANE.

Hélas ! et il faut que je parte et que je vous quitte pour jamais.

####### LORD MURRAY.

Que vous partiez ! que vous me quittiez ! Vous me verrez plutôt expirer à vos pieds. Hélas ! daignez-vous m'aimer ?

####### POLLY.

Vous ne partirez point, mademoiselle; j'y mettrai bon ordre : vous prenez toujours des résolutions désespérées. Milord, secondez-moi bien.

####### LORD MURRAY.

Et qui a pu vous inspirer le dessein de me fuir, de rendre tous mes soins inutiles ?

####### LINDANE.

Mon père.

####### LORD MURRAY.

Votre père ? Et où est-il ? que veut-il ? que ne me parlez-vous ?

####### LINDANE.

Il est ici : il m'emmène; c'en est fait.

####### LORD MURRAY.

Non, je jure par vous qu'il ne vous enlèvera pas. Il est ici ? conduisez-moi à ses pieds.

LINDANE.

Ah, cher amant! gardez qu'il ne vous voie; il n'est venu ici que pour finir ses malheurs en vous arrachant la vie, et je ne fuyais avec lui que pour détourner cette horrible résolution.

LORD MURRAY.

La vôtre est plus cruelle : croyez que je ne le crains pas, et que je le ferai rentrer en lui-même. (en se retournant.) Quoi! on n'est pas encore revenu? Ciel! que le mal se fait rapidement, et le bien avec lenteur!

LINDANE.

Le voici qui vient me chercher : si vous m'aimez, ne vous montrez pas à lui, privez-vous de ma vue, épargnez-lui l'horreur de la vôtre, écartez-vous du moins pour quelque temps.

LORD MURRAY.

Ah! que c'est avec regret! mais vous m'y forcez : je vais rentrer; je vais prendre des armes qui pourront faire tomber les siennes de ses mains.

SCÈNE IV.

MONROSE, LINDANE.

MONROSE.

Allons, ma chère fille, seul soutien, unique consolation de ma déplorable vie! partons.

LINDANE.

Malheureux père d'une infortunée! je ne vous abandonnerai jamais : cependant daignez souffrir que je reste encore.

ACTE V, SCÈNE IV.

MONROSE.

Quoi! après m'avoir si fort pressé vous-même de partir! après m'avoir offert de me suivre dans les déserts où nous allons cacher nos disgraces! avez-vous changé de dessein? avez-vous retrouvé et perdu en si peu de temps le sentiment de la nature?

LINDANE.

Je n'ai point changé, j'en suis incapable... je vous suivrai... mais, encore une fois, attendez quelque temps ; accordez cette grace à celle qui vous doit des jours si remplis d'orages ; ne me refusez pas des instans précieux.

MONROSE.

Ils sont précieux en effet, et vous les perdez : songez-vous que nous sommes à chaque moment en danger d'être découverts, que vous avez été arrêtée, qu'on me cherche, que vous pouvez voir demain votre père périr par le dernier supplice?

LINDANE.

Ces mots sont un coup de foudre pour moi : je n'y résiste plus ; j'ai honte d'avoir tardé... Cependant j'avais quelque espoir... N'importe, vous êtes mon père, je vous suis. Ah, malheureuse !

SCÈNE V.

FREEPORT et FABRICE *paraissant d'un côté, tandis que* MONROSE et sa fille *parlent de l'autre.*

FREEPORT, *à Fabrice.*

Sa suivante a pourtant remis son paquet dans sa chambre; elles ne partiront point. J'en suis bien aise; je m'accoutumais à elle : je ne l'aime point; mais elle est si bien née que je la voyais partir avec une espèce d'inquiétude que je n'ai jamais sentie, une espèce de trouble... je ne sais quoi de fort extraordinaire.

MONROSE, *à Freeport.*

Adieu, monsieur; nous partons le cœur plein de vos bontés : je n'ai jamais connu de ma vie un plus digne homme que vous; vous me faites pardonner au genre humain.

FREEPORT.

Vous partez donc avec cette dame? je n'approuve point cela ; vous devriez rester. Il me vient des idées qui vous conviendront peut-être : demeurez.

SCÈNE VI.

LES PRÉCÉDENS; LORD MURRAY, *dans le fond, recevant un rouleau de parchemin de la main de ses gens.*

LORD MURRAY.

Ah! je le tiens enfin ce gage de mon bonheur! Soyez béni, ô ciel! qui m'avez secondé.

ACTE V, SCÈNE VI.

FREEPORT.

Quoi! verrai-je toujours ce maudit milord? Que cet homme me choque avec ses graces!

MONROSE, *à sa fille, tandis que milord Murray parle à son domestique.*

Quel est cet homme, ma fille?

LINDANE.

Mon père, c'est... O ciel! ayez pitié de nous.

FABRICE.

Monsieur, c'est milord Murray, le plus galant homme de la cour, le plus généreux.

MONROSE.

Murray! grand Dieu! mon fatal ennemi, qui vient encore insulter à tant de malheurs! (Il tire son épée.) Il aura le reste de ma vie, ou moi la sienne.

LINDANE.

Que faites-vous, mon père? arrêtez.

MONROSE.

Cruelle fille! c'est ainsi que vous me trahissez?

FABRICE, *se jetant au devant de Monrose.*

Monsieur, point de violence dans ma maison, je vous en conjure; vous me perdriez.

FREEPORT.

Pourquoi empêcher les gens de se battre quand ils en ont envie? les volontés sont libres, laissez-les faire.

LORD MURRAY, *toujours au fond du théâtre, à Monrose.*

Vous êtes le père de cette respectable personne, n'est-il pas vrai?

LINDANE.

Je me meurs.

MONROSE.

Oui, puisque tu le sais, je ne le désavoue pas. Viens, fils cruel d'un père cruel, achève de te baigner dans mon sang.

FABRICE.

Monsieur, encore une fois...

LORD MURRAY.

Ne l'arrêtez pas, j'ai de quoi le désarmer. (Il tire son épée.)

LINDANE, *entre les bras de Polly.*

Cruel ! vous oseriez...

LORD MURRAY.

Oui, j'ose... Père de la vertueuse Lindane, je suis le fils de votre ennemi. (Il jette son épée.) C'est ainsi que je me bats contre vous.

FREEPORT.

En voici bien d'une autre!

LORD MURRAY.

Percez mon cœur d'une main; mais de l'autre prenez cet écrit; lisez, et connaissez-moi. (Il lui donne le rouleau.)

MONROSE.

Que vois-je! ma grâce! le rétablissement de ma maison! O ciel! et c'est à vous, c'est à vous, Murray, que je dois tout? Ah! mon bienfaiteur... (Il veut se jeter à ses pieds.) Vous triomphez de moi plus que si j'étais tombé sous vos coups [d].

LINDANE.

Ah, que je suis heureuse! mon amant est digne de moi.

LORD MURRAY.

Embrassez-moi, mon père.

MONROSE.

Hélas! et comment reconnaître tant de générosité?

LORD MURRAY, *en montrant Lindane.*

Voilà ma récompense.

MONROSE.

Le père et la fille sont à vos genoux pour jamais.

FREEPORT, *à Fabrice.*

Mon ami, je me doutais bien que cette demoiselle n'était pas faite pour moi; mais, après tout, elle est tombée en bonnes mains, et cela me fait plaisir.

FIN DE L'ÉCOSSAISE.

VARIANTES

DE LA COMÉDIE DE L'ÉCOSSAISE.

a Édition de 1768 :

UN SECOND.

Tes feuilles sont des feuilles de chêne : la vérité est que le grand Turc arme puissamment pour faire une descente à la Virginie, et que c'est ce qui fait tomber les fonds publics.

b   LE SECOND.

Et moi je vous dis que les fonds baissent, et qu'il faut envoyer un autre ambassadeur à la Porte.

c Édition de 1760 :

LADY ALTON.

Ah, je respire ! Les grandes passions veulent être servies par des gens sans scrupule. *Je n'aime ni les demi-vengeances ni les demi-fripons. Je veux que le vaisseau aille à pleines voiles*, etc.

d Ibid.

MONROSE.

.... Ah, mon bienfaiteur !... ôtez-moi plutôt cette vie pour me punir d'avoir attenté à la vôtre.

FIN DES VARIANTES DE L'ÉCOSSAISE.

TANCRÈDE,

TRAGÉDIE EN CINQ ACTES,

Représentée pour la première fois le 3 septembre 1760.

A MADAME

LA MARQUISE DE POMPADOUR.

Madame,

Toutes les épîtres dédicatoires ne sont pas de lâches flatteries, toutes ne sont pas dictées par l'intérêt; celle que vous reçûtes de M. Crébillon, mon confrère à l'Académie, et mon premier maître dans un art que j'ai toujours aimé, fut un monument de sa reconnaissance; le mien durera moins, mais il est aussi juste. J'ai vu dès votre enfance les graces et les talens se développer; j'ai reçu de vous, dans tous les temps, des témoignages d'une bonté toujours égale. Si quelque censeur pouvait désapprouver l'hommage que je vous rends, ce ne pourrait être qu'un cœur né ingrat. Je vous dois beaucoup, madame, et je dois le dire. J'ose encore plus, j'ose vous remercier publiquement du bien que vous avez fait à un très grand nombre de véritables gens de lettres, de grands artistes, d'hommes de mérite en plus d'un genre.

Les cabales sont affreuses, je le sais; la littérature en sera toujours troublée, ainsi que tous les autres états de la vie. On calomniera toujours les gens de lettres comme les gens en place; et j'avouerai que l'horreur pour ces cabales m'a fait prendre le parti de la retraite, qui seul m'a rendu heureux. Mais j'avoue en même temps que vous n'avez jamais écouté aucune de ces petites factions, que jamais vous ne reçûtes d'impression de l'imposture secrète qui blesse sourdement le mérite, ni de l'imposture publique qui l'attaque insolemment. Vous avez fait du bien avec discernement, parce que vous

ÉPITRE DÉDICATOIRE.

avez jugé par vous-même : aussi je n'ai connu ni aucun homme de lettres, ni aucune personne sans prévention, qui ne rendît justice à votre caractère, non seulement en public, mais dans les conversations particulières, où l'on blâme beaucoup plus qu'on ne loue. Croyez, madame, que c'est quelque chose que le suffrage de ceux qui savent penser.

De tous les arts que nous cultivons en France, l'art de la tragédie n'est pas celui qui mérite le moins l'attention publique; car il faut avouer que c'est celui dans lequel les Français se sont le plus distingués. C'est d'ailleurs au théâtre seul que la nation se rassemble; c'est là que l'esprit et le goût de la jeunesse se forment : les étrangers y viennent apprendre notre langue; nulle mauvaise maxime n'y est tolérée, et nul sentiment estimable n'y est débité sans être applaudi; c'est une école toujours subsistante de poésie et de vertu.

La tragédie n'est pas encore peut-être tout-à-fait ce qu'elle doit être; supérieure à celle d'Athènes en plusieurs endroits, il lui manque ce grand appareil que les magistrats d'Athènes savaient lui donner.

Permettez-moi, madame, en vous dédiant une tragédie, de m'étendre sur cet art des Sophocle et des Euripide. Je sais que toute la pompe de l'appareil ne vaut pas une pensée sublime ou un sentiment, de même que la parure n'est presque rien sans la beauté. Je sais bien que ce n'est pas un grand mérite de parler aux yeux; mais j'ose être sûr que le sublime et le touchant portent un coup beaucoup plus sensible, quand ils sont soutenus d'un appareil convenable, et qu'il faut frapper l'ame et les yeux à la fois. Ce sera le partage des génies qui viendront après nous. J'aurai du moins encouragé ceux qui me feront oublier.

C'est dans cet esprit, madame, que je dessinai la faible esquisse que je soumets à vos lumières. Je la crayonnai dès que je sus que le théâtre de Paris était changé et devenait un vrai spectacle. Des jeunes gens de beaucoup de talent la représentèrent avec moi sur un petit théâtre que je fis faire à

な campagne. Quoique ce théâtre fût extrêmement étroit, les acteurs ne furent point gênés, tout fut exécuté facilement; ces boucliers, ces devises, ces armes qu'on suspendait dans la lice, fesaient un effet qui redoublait l'intérêt, parce que cette décoration, cette action devenait une partie de l'intrigue. Il eût fallu que la pièce eût joint à cet avantage celui d'être écrite avec plus de chaleur, que j'eusse pu éviter les longs récits, que les vers eussent été faits avec plus de soin. Mais le temps où nous nous étions proposé de nous donner ce divertissement ne permettait pas de délai; la pièce fut faite et apprise en deux mois [1].

Mes amis me mandent que les comédiens de Paris ne l'ont représentée que parce qu'il en courait une grande quantité de copies infidèles. Il a donc fallu la laisser paraître avec tous les défauts que je n'ai pu corriger. Mais ces défauts mêmes instruiront ceux qui voudront travailler dans le même goût [2].

Il y a encore dans cette pièce une autre nouveauté qui me paraît mériter d'être perfectionnée; elle est écrite en vers croisés. Cette sorte de poésie sauve l'uniformité de la rime; mais aussi ce genre d'écrire est dangereux, car tout a son

---

[1] On lisait ici cette phrase supprimée depuis :

« Elle fut jouée par des Français et par des étrangers réunis : c'est
« peut-être le seul moyen d'empêcher que la pureté de la langue ne se
« corrompe, et que la prononciation ne s'altère dans les pays où l'on nous
« fait l'honneur de parler français. »

[2] Variante supprimée :

« Je ne saurais trop recommander qu'on cherche à mettre sur notre
« scène quelques parties de notre histoire de France. On m'a dit que les
« noms des anciennes maisons qu'on retrouve dans Zaïre, dans le Duc de
« Foix, dans Tancrède, ont fait plaisir à la nation. C'est encore peut-être
« un nouvel aiguillon de gloire pour ceux qui descendent de ces races
« illustres. Il me semble qu'après avoir fait paraître tant de héros étran-
« gers sur la scène, il nous manquait d'y montrer les nôtres. J'ai eu le
« bonheur de peindre le grand, l'aimable Henri IV, dans un poëme qui
« ne déplait pas aux bons citoyens. Un temps viendra que quelque génie
« plus heureux l'introduira sur la scène avec plus de majesté. »

écueil. Ces grands tableaux, que les anciens regardaient comme une partie essentielle de la tragédie, peuvent aisément nuire au théâtre de France, en le réduisant à n'être presque qu'une vaine décoration ; et la sorte de vers que j'ai employée dans *Tancrède* approche peut-être trop de la prose. Ainsi il pourrait arriver qu'en voulant perfectionner la scène française, on la gâterait entièrement. Il se peut qu'on y ajoute un mérite qui lui manque, il se peut qu'on la corrompe.

J'insiste seulement sur une chose, c'est la variété dont on a besoin dans une ville immense, la seule de la terre qui ait jamais eu des spectacles tous les jours. Tant que nous saurons maintenir par cette variété le mérite de notre scène, ce talent nous rendra toujours agréables aux autres peuples ; c'est ce qui fait que des personnes de la plus haute distinction représentent souvent nos ouvrages dramatiques en Allemagne, en Italie, qu'on les traduit même en Angleterre, tandis que nous voyons dans nos provinces des salles de spectacle magnifiques, comme on voyait des cirques dans toutes les provinces romaines ; preuve incontestable du goût qui subsiste parmi nous, et preuve de nos ressources dans les temps les plus difficiles. C'est en vain que plusieurs de nos compatriotes s'efforcent d'annoncer notre décadence en tout genre. Je ne suis pas de l'avis de ceux qui, au sortir d'un spectacle, dans un souper délicieux, dans le sein du luxe et du plaisir, disent gaiement que tout est perdu ; je suis assez près d'une ville de province, aussi peuplée que Rome moderne, et beaucoup plus opulente, qui entretient plus de quarante mille ouvriers, et qui vient de construire en même temps le plus bel hôpital du royaume, et le plus beau théâtre. De bonne foi, tout cela existerait-il si les campagnes ne produisaient que des ronces ?

J'ai choisi pour mon habitation un des moins bons terrains qui soient en France ; cependant rien ne nous y manque : le pays est orné de maisons qu'on eût regardées autrefois comme trop belles ; le pauvre qui veut s'occuper y cesse d'être pauvre ; cette petite province est devenue un jardin riant. Il vaut mieux

ÉPITRE DÉDICATOIRE.

sans doute fertiliser sa terre que de se plaindre à Paris de la stérilité de sa terre [1].

Me voilà, madame, un peu loin de *Tancrède* : j'abuse du droit de mon âge, j'abuse de vos momens, je tombe dans les digressions, je dis peu en beaucoup de paroles. Ce n'est pas là le caractère de votre esprit; mais je serais plus diffus si je m'abandonnais aux sentimens de ma reconnaissance. Recevez avec votre bonté ordinaire, madame, mon attachement et mon respect, que rien ne peut altérer jamais.

[1] La France était alors obérée et surchargée d'impôts, mais les campagnes étaient cultivées; et si l'on avait comparé la masse des impôts avec la somme du produit net des terres, peut-être l'aurait-on trouvée dans une moindre proportion que du temps de Charles IX, de Henri III, ou même de Henri IV. Si on avait comparé de même la somme de ce produit net au nombre des hommes employés à la culture, on l'aurait trouvée dans un rapport plus grand. Il résulte de cette seconde comparaison qu'il pouvait y avoir en 1760 plus de valeurs réelles qu'on pouvait employer à payer la main-d'œuvre des travaux d'industrie et de construction, que dans des temps regardés comme plus heureux. L'impôt est injuste lorsqu'il excède les dépenses nécessaires et strictement nécessaires à la prospérité publique : il est alors un véritable vol aux contribuables. Il est injuste encore lorsqu'il n'est pas distribué proportionnellement aux propriétés de chacun. Il est tyrannique lorsque sa forme assujétit les citoyens à des gênes ou à des vexations inutiles; mais il n'est destructeur de la richesse nationale que lorsque, soit par sa grandeur, soit par sa forme, il diminue l'intérêt de former des entreprises de culture, ou qu'il les fait négliger. Il n'était pas encore parvenu à ce point en 1760; et quoiqu'il y eût en France beaucoup de malheureux, quoique le peuple gémît sous le poids de la fiscalité, le royaume était encore riche et bien cultivé. Tout était si peu perdu à cette époque, que quelques années d'une bonne administration eussent alors suffi pour tout réparer. Ce que dit ici M. de Voltaire était donc très vrai; mais ce n'était en aucune manière une excuse pour ceux qui gouvernaient. (*Note des éditeurs de l'édition de Kehl.*)

PERSONNAGES.

ARGIRE, \
TANCRÈDE, \
ORBASSAN, } chevaliers. \
LORÉDAN, \
CATANE, /
ALDAMON, soldat.
AMÉNAIDE, fille d'Argire.
FANIE, suivante d'Aménaïde.
PLUSIEURS CHEVALIERS, assistant au conseil.
ÉCUYERS, SOLDATS, PEUPLE.

La scène est à Syracuse, d'abord dans le palais d'Argire et dans une salle du conseil, ensuite dans la place publique sur laquelle cette salle est construite. L'époque de l'action est de l'année 1005. Les Sarrasins d'Afrique avaient conquis toute la Sicile au neuvième siècle ; Syracuse avait secoué leur joug. Des gentilshommes normands commencèrent à s'établir vers Salerne, dans la Pouille. Les empereurs grecs possédaient Messine ; les Arabes tenaient Palerme et Agrigente.

TANCRÈDE,

TRAGÉDIE.

ACTE PREMIER.

SCÈNE I.

ASSEMBLÉE DES CHEVALIERS, *rangés en demi-cercle.*

ARGIRE.
Illustres chevaliers, vengeurs de la Sicile,
Qui daignez, par égard au déclin de mes ans,
Vous assembler chez moi pour chasser nos tyrans,
Et former un état triomphant et tranquille;
Syracuse en ses murs a gémi trop long-temps
Des desseins avortés d'un courage inutile.
Il est temps de marcher à ces fiers musulmans,
Il est temps de sauver d'un naufrage funeste
Le plus grand de nos biens, le plus cher qui nous reste,
Le droit le plus sacré des mortels généreux,
La liberté : c'est là que tendent tous nos vœux.
Deux puissans ennemis de notre république,
Des droits des nations, du bonheur des humains,
Les césars de Byzance, et les fiers Sarrasins,
Nous menacent encor de leur joug tyrannique.
Ces despotes altiers, partageant l'univers,
Se disputent l'honneur de nous donner des fers.

Le Grec a sous ses lois les peuples de Messine;
Le hardi Solamir insolemment domine
Sur les fertiles champs couronnés par l'Etna,
Dans les murs d'Agrigente, aux campagnes d'Enna;
Et tout de Syracuse annonçait la ruine.
Mais nos communs tyrans, l'un de l'autre jaloux,
Armés pour nous détruire, ont combattu pour nous;
Ils ont perdu leur force en disputant leur proie.
A notre liberté le ciel ouvre une voie;
Le moment est propice, il en faut profiter.
La grandeur musulmane est à son dernier âge;
On commence en Europe à la moins redouter.
Dans la France un Martel, en Espagne un Pélage,
Le grand Léon* dans Rome armé d'un saint courage,
Nous ont assez appris comme on peut la dompter.
　Je sais qu'aux factions Syracuse livrée
N'a qu'une liberté faible et mal assurée.

---

* Par le grand Léon, M. de Voltaire entend Léon IV, et non le pape Léon Ier, connu dans les cloîtres sous le nom de saint Léon, de Léon-le-Grand. Ce saint Léon est le premier pape qui ait approuvé le supplice des hérétiques. Il dit dans ses lettres que le tyran Maxime, en punissant de mort Priscillien, a rendu un grand service à l'église; et il poursuivit avec violence ce qui restait de priscillianistes en Espagne. Les légendaires racontent qu'un jour une femme lui ayant baisé la main, il sentit un mouvement de concupiscence; qu'en conséquence il se coupa la main. Mais la Vierge la lui rendit quelques jours après, afin qu'il pût célébrer la messe. C'est depuis ce temps qu'on baise les pieds du pape, attendu que le pied étant enveloppé dans une pantoufle, le saint-père court moins de risque d'être obligé de se le couper. On sent bien que ce n'est pas à ce pape que M. de Voltaire a pu donner le nom de Grand. D'ailleurs saint Léon vivait plusieurs siècles avant l'époque où la tragédie de *Tancrède* est placée.

Je ne veux point ici vous rappeler ces temps
Où nous tournions sur nous nos armes criminelles,
Où l'état répandait le sang de ses enfans.
Étouffons dans l'oubli nos indignes querelles.
Orbassan, qu'il ne soit qu'un parti parmi nous,
Celui du bien public et du salut de tous.
Que de notre union l'état puisse renaître;
Et, si de nos égaux nous fûmes trop jaloux,
Vivons et périssons sans avoir eu de maître.

ORBASSAN.

Argire, il est trop vrai que les divisions
Ont régné trop long-temps entre nos deux maisons :
L'état en fut troublé; Syracuse n'aspire
Qu'à voir les Orbassans unis au sang d'Argire.
Aujourd'hui l'un par l'autre il faut nous protéger.
En citoyen zélé j'accepte votre fille;
Je servirai l'état, vous, et votre famille;
Et, du pied des autels où je vais m'engager,
Je marche à Solamir, et je cours vous venger.

Mais ce n'est pas assez de combattre le Maure;
Sur d'autres ennemis il faut jeter les yeux :
Il fut d'autres tyrans non moins pernicieux,
Que peut-être un vil peuple ose chérir encore.

De quel droit les Français, portant partout leurs
Se sont-ils établis dans nos riches climats? [pas,
De quel droit un Coucy* vint-il dans Syracuse,
Des rives de la Seine aux bords de l'Aréthuse?
D'abord modeste et simple, il voulut nous servir;

* Un seigneur de Coucy s'établit en Sicile, du temps de Charles-le-Chauve.

Bientôt fier et superbe, il se fit obéir.
Sa race, accumulant d'immenses héritages,
Et d'un peuple ébloui maîtrisant les suffrages,
Osa sur ma famille élever sa grandeur.
Nous l'en avons punie, et, malgré sa faveur,
Nous voyons ses enfans bannis de nos rivages.
Tancrède*, un rejeton de ce sang dangereux,
Des murs de Syracuse éloigné dès l'enfance,
A servi, nous dit-on, les césars de Byzance;
Il est fier, outragé, sans doute valeureux;
Il doit haïr nos lois, il cherche la vengeance.
Tout Français est à craindre : on voit même en nos jours
Trois simples écuyers**, sans bien et sans secours,
Sortis des flancs glacés de l'humide Neustrie***,
Aux champs apuliens**** se faire une patrie;
Et n'ayant pour tout droit que celui des combats,
Chasser les possesseurs et fonder des états.
Grecs, Arabes, Français, Germains, tout nous dévore;
Et nos champs, malheureux par leur fécondité,
Appellent l'avarice et la rapacité
Des brigands du midi, du nord et de l'aurore.
Nous devons nous défendre ensemble et nous venger.
J'ai vu plus d'une fois Syracuse trahie;
Maintenons notre loi, que rien ne doit changer;
Elle condamne à perdre et l'honneur et la vie

* Ce n'est pas Tancrède de Hauteville, qui n'alla en Italie que quelque temps après.
** Les premiers Normands qui passèrent dans la Pouille, Drogon, Bateric et Ripostel.
*** La Normandie.
**** Le pays de Naples.

ACTE I, SCÈNE I.

Quiconque entretiendrait avec nos ennemis
Un commerce secret, fatal à son pays.
A l'infidélité l'indulgence encourage.
On ne doit épargner ni le sexe ni l'âge.
Venise ne fonda sa fière autorité
Que sur la défiance et la sévérité :
Imitons sa sagesse en perdant les coupables.

LORÉDAN.

Quelle honte en effet, dans nos jours déplorables,
Que Solamir, un Maure, un chef des musulmans,
Dans la Sicile encore ait tant de partisans !
Que partout dans cette île et guerrière et chrétienne,
Que même parmi nous Solamir entretienne
Des sujets corrompus vendus à ses bienfaits !
Tantôt chez les césars occupé de nous nuire,
Tantôt dans Syracuse ayant su s'introduire,
Nous préparant la guerre, et nous offrant la paix,
Et pour nous désunir soigneux de nous séduire !
Un sexe dangereux, dont les faibles esprits
D'un peuple encor plus faible attirent les hommages,
Toujours des nouveautés et des héros épris,
A ce Maure imposant prodigua ses suffrages.
Combien de citoyens aujourd'hui prévenus
Pour ces arts séduisans que l'Arabe cultive* !
Arts trop pernicieux, dont l'éclat les captive,
A nos vrais chevaliers noblement inconnus. [d'autre.
Que notre art soit de vaincre, et je n'en veux point
J'espère en ma valeur, j'attends tout de la vôtre ;

* En ce temps les Arabes cultivaient seuls les sciences en Occident ; et ce sont eux qui fondèrent l'école de Salerne.

Et j'approuve surtout cette sévérité
Vengeresse des lois et de la liberté.
Pour détruire l'Espagne il a suffi d'un traître* :
Il en fut parmi nous; chaque jour en voit naître.
Mettons un frein terrible à l'infidélité;
Au salut de l'état que toute pitié cède;
Combattons Solamir, et proscrivons Tancrède.
Tancrède, né d'un sang parmi nous détesté,
Est plus à craindre encor pour notre liberté.
Dans le dernier conseil un décret juste et sage
Dans les mains d'Orbassan remit son héritage,
Pour confondre à jamais nos ennemis cachés,
A ce nom de Tancrède en secret attachés;
Du vaillant Orbassan c'est le juste partage,
Sa dot, sa récompense.

CATANE.

Oui, nous y souscrivons.
Que Tancrède, s'il veut, soit puissant à Byzance;
Qu'une cour odieuse honore sa vaillance;
Il n'a rien à prétendre aux lieux où nous vivons.
Tancrède, en se donnant un maître despotique,
A renoncé lui-même à nos sacrés remparts :
Plus de retour pour lui; l'esclave des césars
Ne doit rien posséder dans une république.
Orbassan de nos lois est le plus ferme appui,
Et l'état, qu'il soutient, ne pouvait moins pour lui;
Tel est mon sentiment.

ARGIRE.

Je vois en lui mon gendre;

---

* Le comte Julien, ou l'archevêque Opas.

Ma fille m'est bien chère, il est vrai; mais enfin
Je n'aurais point pour eux dépouillé l'orphelin :
Vous savez qu'à regret on m'y vit condescendre.
LORÉDAN.
Blâmez-vous le sénat ?
ARGIRE.
Non; je hais la rigueur,
Mais toujours à la loi je fus prêt à me rendre,
Et l'intérêt commun l'emporta dans mon cœur.
ORBASSAN.
Ces biens sont à l'état, l'état seul doit les prendre.
Je n'ai point recherché cette faible faveur.
ARGIRE.
N'en parlons plus : hâtons cet heureux hyménée ;
Qu'il amène demain la brillante journée
Où ce chef arrogant d'un peuple destructeur,
Solamir, à la fin, doit connaître un vainqueur.
Votre rival en tout, il osa bien prétendre,
En nous offrant la paix, à devenir mon gendre*;
Il pensait m'honorer par cet hymen fatal.
Allez... dans tous les temps triomphez d'un rival :
Mes amis, soyons prêts... ma faiblesse et mon âge
Ne me permettent plus l'honneur de commander ;
A mon gendre Orbassan vous daignez l'accorder.
Vous suivre est pour mes ans un assez beau partage ;
Je serai près de vous, j'aurai cet avantage ;
Je sentirai mon cœur encor se ranimer ;

* Il était très commun de marier des chrétiennes à des musulmans; et Abdelazis, le fils de Mousa, conquérant de l'Espagne, épousa la fille du roi Rodrigue. Cet exemple fut imité dans tous les pays où les Arabes portèrent leurs armes victorieuses.

Mes yeux seront témoins de votre fier courage,
Et vous auront vu vaincre avant de se fermer.

LORÉDAN.

Nous combattrons sous vous, seigneur; nous osons croire
Que ce jour, quel qu'il soit, nous sera glorieux;
Nous nous promettons tous l'honneur de la victoire,
Ou l'honneur consolant de mourir à vos yeux.

SCÈNE II.

ARGIRE, ORBASSAN.

ARGIRE.

Eh bien, brave Orbassan, suis-je enfin votre père?
Tous vos ressentimens sont-ils bien effacés?
Pourrai-je en vous d'un fils trouver le caractère?
Dois-je compter sur vous?

ORBASSAN.

Je vous l'ai dit assez:
J'aime l'état, Argire; il nous réconcilie.
Cet hymen nous rapproche, et la raison nous lie;
Mais le nœud qui nous joint n'eût point été formé,
Si dans notre querelle, à jamais assoupie,
Mon cœur qui vous haït ne vous eût estimé.
L'amour peut avoir part à ma nouvelle chaîne;
Mais un si noble hymen ne sera point le fruit
D'un feu né d'un instant, qu'un autre instant détruit,
Que suit l'indifférence, et trop souvent la haine.
Ce cœur, que la patrie appelle aux champs de Mars,
Ne sait point soupirer au milieu des hasards.
Mon hymen a pour but l'honneur de vous complaire,

Notre union naissante, à tous deux nécessaire,
La splendeur de l'état, votre intérêt, le mien ;
Devant de tels objets l'amour a peu de charmes.
Il pourra resserrer un si noble lien ;
Mais sa voix doit ici se taire au bruit des armes.

ARGIRE.

J'estime en un soldat cette mâle fierté ;
Mais la franchise plaît, et non l'austérité.
J'espère que bientôt ma chère Aménaïde
Pourra fléchir en vous ce courage rigide.
C'est peu d'être un guerrier ; la modeste douceur
Donne un prix aux vertus, et sied à la valeur.
Vous sentez que ma fille au sortir de l'enfance,
Dans nos temps orageux de trouble et de malheur,
Par sa mère élevée à la cour de Byzance,
Pourrait s'effaroucher de ce sévère accueil,
Qui tient de la rudesse et ressemble à l'orgueil.
Pardonnez aux avis d'un vieillard et d'un père.

ORBASSAN.

Vous-même pardonnez à mon humeur austère :
Élevé dans nos camps, je préférai toujours
A ce mérite faux des politesses vaines,
A cet art de flatter, à cet esprit des cours,
La grossière vertu des mœurs républicaines :
Mais je sais respecter la naissance et le rang
D'un estimable objet formé de votre sang ;
Je prétends par mes soins mériter qu'elle m'aime,
Vous regarder en elle, et m'honorer moi-même.

ARGIRE.

Par mon ordre en ces lieux elle avance vers vous.

SCÈNE III.

ARGIRE, ORBASSAN, AMÉNAIDE.

ARGIRE.

Le bien de cet état, les voix de Syracuse,
Votre père, le ciel, vous donnent un époux;
Leurs ordres réunis ne souffrent point d'excuse.
Ce noble chevalier, qui se rejoint à moi,
Aujourd'hui par ma bouche a reçu votre foi.
Vous connaissez son nom, son rang, sa renommée;
Puissant dans Syracuse, il commande l'armée,
Tous les droits de Tancrède entre ses mains remis...

AMÉNAÏDE, *à part*.

De Tancrède!

ARGIRE.

A mes yeux sont le moins digne prix
Qui relève l'éclat d'une telle alliance.

ORBASSAN.

Elle m'honore assez, seigneur; et sa présence
Rend plus cher à mon cœur le don que je reçois.
Puissé-je, en méritant vos bontés et son choix,
Du bonheur de tous trois confirmer l'espérance!

AMÉNAÏDE.

Mon père, en tous les temps je sais que votre cœur
Sentit tous mes chagrins, et voulut mon bonheur.
Votre choix me destine un héros en partage;
Et quand ces longs débats qui troublèrent vos jours,
Grace à votre sagesse, ont terminé leur cours,
Du nœud qui vous rejoint votre fille est le gage;

ACTE I, SCÈNE IV.

D'une telle union je conçois l'avantage.
  Orbassan permettra que ce cœur étonné,
Qu'opprima dès l'enfance un sort toujours contraire,
Par ce changement même au trouble abandonné,
Se recueille un moment dans le sein de son père.

ORBASSAN.

Vous le devez, madame; et, loin de m'opposer
A de tels sentimens, dignes de mon estime,
Loin de vous détourner d'un soin si légitime,
Des droits que j'ai sur vous je craindrais d'abuser.
J'ai quitté nos guerriers, je revole à leur tête :
C'est peu d'un tel hymen, il le faut mériter ;
La victoire en rend digne ; et j'ose me flatter
Que bientôt des lauriers en orneront la fête.

SCÈNE IV.

ARGIRE, AMÉNAIDE.

ARGIRE.

Vous semblez interdite ; et vos yeux pleins d'effroi,
De larmes obscurcis, se détournent de moi.
Vos soupirs étouffés semblent me faire injure :
La bouche obéit mal lorsque le cœur murmure.

AMÉNAÏDE.

Seigneur, je l'avouerai, je ne m'attendais pas
Qu'après tant de malheurs, et de si longs débats,
Le parti d'Orbassan dût être un jour le vôtre ;
Que mes tremblantes mains uniraient l'un et l'autre,
Et que votre ennemi dût passer dans mes bras.

Je n'oublierai jamais que la guerre civile
Dans vos propres foyers vous priva d'un asile;
Que ma mère, à regret évitant le danger,
Chercha loin de nos murs un rivage étranger;
Que des bras paternels avec elle arrachée,
A ses tristes destins dans Byzance attachée,
J'ai partagé long-temps les maux qu'elle a soufferts.
Au sortir du berceau j'ai connu les revers :
J'appris sous une mère, abandonnée, errante,
A supporter l'exil et le sort des proscrits,
L'accueil impérieux d'une cour arrogante,
Et la fausse pitié, pire que les mépris.
Dans un sort avili noblement élevée,
De ma mère bientôt cruellement privée,
Je me vis seule au monde, en proie à mon effroi,
Roseau faible et tremblant, n'ayant d'appui que moi.
Votre destin changea. Syracuse en alarmes
Vous remit dans vos biens, vous rendit vos honneurs,
Se reposa sur vous du destin de ses armes,
Et de ses murs sanglans repoussa ses vainqueurs.
Dans le sein paternel je me vis rappelée;
Un malheur inouï m'en avait exilée :
Peut-être j'y reviens pour un malheur nouveau.
Vos mains de mon hymen allument le flambeau.
Je sais quel intérêt, quel espoir vous anime;
Mais de vos ennemis je me vis la victime :
Je suis enfin la vôtre; et ce jour dangereux
Peut-être de nos jours sera le plus affreux.

ARGIRE.

Il sera fortuné, c'est à vous de m'en croire.

ACTE I, SCÈNE IV.

Je vous aime, ma fille, et j'aime votre gloire.
On a trop murmuré quand ce fier Solamir,
Pour le prix de la paix qu'il venait nous offrir,
Osa me proposer de l'accepter pour gendre ;
Je vous donne au héros qui marche contre lui,
Au plus grand des guerriers armés pour nous défendre,
Autrefois mon émule, à présent notre appui.

AMÉNAÏDE.

Quel appui ! vous vantez sa superbe fortune ;
Mes vœux plus modérés la voudraient plus commune :
Je voudrais qu'un héros si fier et si puissant
N'eût point, pour s'agrandir, dépouillé l'innocent.

ARGIRE.

Du conseil, il est vrai, la prudence sévère
Veut punir dans Tancrède une race étrangère :
Elle abusa long-temps de son autorité ;
Elle a trop d'ennemis.

AMÉNAÏDE.

                Seigneur, ou je m'abuse,
Ou Tancrède est encore aimé dans Syracuse.

ARGIRE.

Nous rendons tous justice à son cœur indompté ;
Sa valeur a, dit-on, subjugué l'Illyrie ;
Mais plus il a servi sous l'aigle des Césars,
Moins il doit espérer de revoir sa patrie :
Il est par un décret chassé de nos remparts.

AMÉNAÏDE.

Pour jamais ! lui ? Tancrède ?

ARGIRE.

                Oui, l'on craint sa présence ;

Et si vous l'avez vu dans les murs de Byzance,
Vous savez qu'il nous hait.

AMÉNAÏDE.

Je ne le croyais pas.
Ma mère avait pensé qu'il pouvait être encore
L'appui de Syracuse et le vainqueur du Maure;
Et lorsque dans ces lieux des citoyens ingrats
Pour ce fier Orbassan contre vous s'animèrent,
Qu'ils ravirent vos biens, et qu'ils vous opprimèrent,
Tancrède aurait pour vous affronté le trépas.
C'est tout ce que j'ai su.

ARGIRE.

C'est trop, Aménaïde:
Rendez-vous aux conseils d'un père qui vous guide;
Conformez-vous au temps, conformez-vous aux lieux.
Solamir, et Tancrède, et la cour de Byzance,
Sont tous également en horreur à nos yeux.
Votre bonheur dépend de votre complaisance.
J'ai pendant soixante ans combattu pour l'état;
Je le servis injuste, et le chéris ingrat:
Je dois penser ainsi jusqu'à ma dernière heure.
Prenez mes sentimens; et, devant que je meure,
Consolez mes vieux ans dont vous faites l'espoir.
Je suis prêt à finir une vie orageuse :
La vôtre doit couler sous les lois du devoir;
Et je mourrai content si vous vivez heureuse.

AMÉNAÏDE.

Ah, seigneur! croyez-moi, parlez moins de bonheur.
Je ne regrette point la cour d'un empereur.
Je vous ai consacré mes sentimens, ma vie;

ACTE I, SCÈNE IV.

Mais, pour en disposer, attendez quelques jours.
Au crédit d'Orbassan trop d'intérêt vous lie :
Ce crédit si vanté doit-il durer toujours ?
Il peut tomber; tout change, et ce héros peut-être
S'est trop tôt déclaré votre gendre et mon maître.

ARGIRE.

Comment? que dites-vous ?

AMÉNAÏDE.

Cette témérité
Vous offense peut-être, et vous semble une injure.
Je sais que dans les cours mon sexe plus flatté
Dans votre république a moins de liberté :
A Byzance on le sert; ici la loi plus dure
Veut de l'obéissance, et défend le murmure.
Les musulmans altiers, trop long-temps vos vainqueurs,
Ont changé la Sicile, ont endurci vos mœurs :
Mais qui peut altérer vos bontés paternelles ?

ARGIRE.

Vous seule, vous, ma fille, en abusant trop d'elles.
De tout ce que j'entends mon esprit est confus :
J'ai permis vos délais, mais non pas vos refus.
La loi ne peut plus rompre un nœud si légitime :
La parole est donnée; y manquer est un crime.
Vous me l'avez bien dit, je suis né malheureux :
Jamais aucun succès n'a couronné mes vœux.
Tous les jours de ma vie ont été des orages.
Dieu puissant ! détournez ces funestes présages ;
Et puisse Aménaïde, en formant ces liens,
Se préparer des jours moins tristes que les miens !

SCÈNE V.

AMÉNAIDE.

Tancrède, cher amant! moi, j'aurais la faiblesse
De trahir mes sermens pour ton persécuteur!
Plus cruelle que lui, perfide avec bassesse,
Partageant ta dépouille avec cet oppresseur,
Je pourrais...

SCÈNE VI.

AMÉNAIDE, FANIE.

AMÉNAÏDE.

Viens, approche, ô ma chère Fanie!
Vois le trait détesté qui m'arrache la vie.
Orbassan par mon père est nommé mon époux!

FANIE.

Je sens combien cet ordre est douloureux pour vous.
J'ai vu vos sentimens, j'en ai connu la force.
Le sort n'eut point de traits, la cour n'eut point d'amorce
Qui pussent arrêter ou détourner vos pas,
Quand la route par vous fut une fois choisie.
Votre cœur s'est donné, c'est pour toute la vie.
Tancrède et Solamir, touchés de vos appas,
Dans la cour des Césars en secret soupirèrent :
Mais celui que vos yeux justement distinguèrent,
Qui seul obtint vos vœux, qui sut les mériter,
En sera toujours digne ; et, puisque dans Byzance

ACTE I, SCÈNE VI.

Sur le fier Solamir il eut la préférence,
Orbassan dans ces lieux ne pourra l'emporter :
Votre ame est trop constante.

AMÉNAÏDE.

Ah! tu n'en peux douter.
On dépouille Tancrède, on l'exile, on l'outrage :
C'est le sort d'un héros d'être persécuté ;
Je sens que c'est le mien de l'aimer davantage.
Écoute : dans ces murs Tancrède est regretté ;
Le peuple le chérit.

FANIE.

Banni dans son enfance,
De son père oublié les fastueux amis
Ont bientôt à son sort abandonné le fils.
Peu de cœurs comme vous tiennent contre l'absence.
A leurs seuls intérêts les grands sont attachés.
Le peuple est plus sensible.

AMÉNAÏDE.

Il est aussi plus juste.

FANIE.

Mais il est asservi : nos amis sont cachés;
Aucun n'ose parler pour ce proscrit auguste.
Un sénat tyrannique est ici tout puissant.

AMÉNAÏDE.

Oui, je sais qu'il peut tout quand Tancrède est absent.

FANIE.

S'il pouvait se montrer, j'espèrerais encore;
Mais il est loin de vous.

AMÉNAÏDE.

Juste ciel, je t'implore !

(à Fanie.)
Je me confie à toi. Tancrède n'est pas loin ;
Et quand de l'écarter on prend l'indigne soin,
Lorsque la tyrannie au comble est parvenue,
Il est temps qu'il paraisse, et qu'on tremble à sa vue.
Tancrède est dans Messine.

FANIE.

Est-il vrai? justes cieux !
Et cet indigne hymen est formé sous ses yeux !

AMÉNAÏDE.

Il ne le sera pas... non, Fanie ; et peut-être [maître.
Mes oppresseurs et moi nous n'aurons plus qu'un
Viens... je t'apprendrai tout... mais il faut tout oser ;
Le joug est trop honteux ; ma main doit le briser.
La persécution enhardit ma faiblesse [b].
Le trahir est un crime ; obéir est bassesse.
S'il vient, c'est pour moi seule, et je l'ai mérité :
Et moi, timide esclave à son tyran promise,
Victime malheureuse indignement soumise,
Je mettrais mon devoir dans l'infidélité !
Non, l'amour à mon sexe inspire le courage :
C'est à moi de hâter ce fortuné retour ;
Et s'il est des dangers que ma crainte envisage,
Ces dangers me sont chers, ils naissent de l'amour.

FIN DU PREMIER ACTE.

ACTE SECOND.

SCÈNE I.

AMÉNAIDE, *seule*.

Où porté-je mes pas... d'où vient que je frissonne?
Moi, des remords... qui, moi? le crime seul les donne...
Ma cause est juste... O cieux! protégez mes desseins!
(à Fanie, qui entre.)
Allons, rassurons-nous... Suis-je en tout obéie?

FANIE.
Votre esclave est parti; la lettre est dans ses mains.

AMÉNAIDE.
Il est maître, il est vrai, du secret de ma vie;
Mais je connais son zèle : il m'a toujours servie.
On doit tout quelquefois aux derniers des humains.
Né d'aïeux musulmans chez les Syracusains,
Instruit dans les deux lois et dans les deux langages,
Du camp des Sarrasins il connaît les passages,
Et des monts de l'Etna les plus secrets chemins °.
C'est lui qui découvrit, par une course utile,
Que Tancrède en secret a revu la Sicile;
C'est lui par qui le ciel veut changer mes destins.
Ma lettre, par ses soins remise aux mains d'un Maure,
Dans Messine demain doit être avant l'aurore.
Des Maures et des Grecs les besoins mutuels

Ont toujours conservé, dans cette longue guerre,
Une correspondance à tous deux nécessaire :
Tant la nature unit les malheureux mortels!
FANIE.
Ce pas est dangereux; mais le nom de Tancrède,
Ce nom si redoutable à qui tout autre cède,
Et qu'ici nos tyrans ont toujours en horreur,
Ce beau nom que l'amour grava dans votre cœur,
N'est point dans cette lettre à Tancrède adressée.
Si vous l'avez toujours présent à la pensée,
Vous avez su du moins le taire en écrivant.
Au camp des Sarrasins votre lettre portée
Vainement serait lue, ou serait arrêtée.
Enfin, jamais l'amour ne fut moins imprudent,
Ne sut mieux se voiler dans l'ombre du mystère,
Et ne fut plus hardi sans être téméraire.
Je ne puis cependant vous cacher mon effroi.
AMÉNAÏDE.
Le ciel jusqu'à présent semble veiller sur moi;
Il ramène Tancrède et tu veux que je tremble?
FANIE.
Hélas! qu'en d'autres lieux sa bonté vous rassemble.
La haine et l'intérêt s'arment trop contre lui :
Tout son parti se tait; qui sera son appui?
AMÉNAÏDE.
Sa gloire. Qu'il se montre, il deviendra le maître.
Un héros qu'on opprime attendrit tous les cœurs;
Il les anime tous, quand il vient à paraître.
FANIE.
Son rival est à craindre.

ACTE II, SCÈNE I.

AMÉNAÏDE.

Ah ! combats ces terreurs,
Et ne m'en donne point. Souviens-toi que ma mère
Nous unit l'un et l'autre à ses derniers momens,
Que Tancrède est à moi, qu'aucune loi contraire
Ne peut rien sur nos vœux et sur nos sentimens.
Hélas ! nous regrettions cette île si funeste,
Dans le sein de la gloire et des murs des Césars ;
Vers ces champs trop aimés qu'aujourd'hui je déteste,
Nous tournions tristement nos avides regards.
J'étais loin de penser que le sort qui m'obsède
Me gardât pour époux l'oppresseur de Tancrède,
Et que j'aurais pour dot l'exécrable présent
Des biens qu'un ravisseur enlève à mon amant.
Il faut l'instruire au moins d'une telle injustice ;
Qu'il apprenne de moi sa perte et mon supplice ;
Qu'il hâte son retour et défende ses droits.
Pour venger un héros je fais ce que je dois.
Ah ! si je le pouvais, j'en ferais davantage.
J'aime, je crains un père, et respecte son âge ;
Mais je voudrais armer nos peuples soulevés
Contre cet Orbassan qui nous a captivés.
D'un brave chevalier sa conduite est indigne :
Intéressé, cruel, il prétend à l'honneur !
Il croit d'un peuple libre être le protecteur !
Il ordonne ma honte, et mon père la signe !
Et je dois la subir, et je dois me livrer
Au maître impérieux qui pense m'honorer !
Hélas ! dans Syracuse on hait la tyrannie ;
Mais la plus exécrable, et la plus impunie,

Est celle qui commande et la haine et l'amour,
Et qui veut nous forcer de changer en un jour.
Le sort en est jeté.

FANIE.
Vous aviez paru craindre.

AMÉNAÏDE.
Je ne crains plus.

FANIE.
On dit qu'un arrêt redouté
Contre Tancrède même est aujourd'hui porté :
Il y va de la vie à qui le veut enfreindre.

AMÉNAÏDE.
Je le sais ; mon esprit en fut épouvanté :
Mais l'amour est bien faible alors qu'il est timide.
J'adore, tu le sais, un héros intrépide ;
Comme lui je dois l'être.

FANIE.
Une loi de rigueur
Contre vous, après tout, serait-elle écoutée?
Pour effrayer le peuple elle paraît dictée.

AMÉNAÏDE.
Elle attaque Tancrède, elle me fait horreur.
Que cette loi jalouse est digne de nos maîtres !
Ce n'était point ainsi que ses braves ancêtres,
Ces généreux Français, ces illustres vainqueurs,
Subjuguaient l'Italie et conquéraient des cœurs.
On aimait leur franchise, on redoutait leurs armes ;
Les soupçons n'entraient point dans leurs esprits
L'honneur avait uni tous ces grands chevaliers: [altiers.
Chez les seuls ennemis ils portaient les alarmes ;

Et le peuple, amoureux de leur autorité,
Combattait pour leur gloire et pour sa liberté.
Ils abaissaient les Grecs, ils triomphaient du Maure.
Aujourd'hui je ne vois qu'un sénat ombrageux,
Toujours en défiance, et toujours orageux,
Qui lui-même se craint, et que le peuple abhorre.
Je ne sais si mon cœur est trop plein de ses feux,
Trop de prévention peut-être me possède;
Mais je ne puis souffrir ce qui n'est pas Tancrède:
La foule des humains n'existe point pour moi;
Son nom seul en ces lieux dissipe mon effroi,
Et tous ses ennemis irritent ma colère.

SCÈNE II.

AMÉNAIDE, FANIE, *sur le devant;* ARGIRE,
LES CHEVALIERS, *au fond.*

ARGIRE.

Chevaliers... je succombe à cet excès d'horreur.
Ah! j'espérais du moins mourir sans déshonneur.
(à sa fille, avec des sanglots mêlés de colère.)
Retirez-vous... sortez... *d*.

AMÉNAÏDE.

Qu'entends-je? vous, mon père!

ARGIRE.

Moi, ton père! est-ce à toi de prononcer ce nom,
Quand tu trahis ton sang, ton pays, ta maison?

AMÉNAÏDE, *fesant un pas, appuyée sur Fanie.*
Je suis perdue...

ARGIRE.

Arrête... ah, trop chère victime !
Qu'as-tu fait ?

AMÉNAÏDE, *pleurant.*

Nos malheurs...

ARGIRE.

Pleures-tu sur ton crime ?

AMÉNAÏDE.

Je n'en ai point commis.

ARGIRE.

Quoi ! tu démens ton seing ?

AMÉNAÏDE.

Non...

ARGIRE.

Tu vois que le crime est écrit de ta main.
Tout sert à m'accabler, tout sert à te confondre.
Ma fille... il est donc vrai... tu n'oses me répondre.
Laisse au moins dans le doute un père au désespoir.
J'ai vécu trop long-temps... Qu'as-tu fait...

AMÉNAÏDE.

Mon devoir
Aviez-vous fait le vôtre ?

ARGIRE.

Ah, c'en est trop, cruelle !
Oses-tu te vanter d'être si criminelle ?
Laisse-moi, malheureuse ; ôte-toi de ces lieux :
Va, sors... une autre main saura fermer mes yeux.

AMÉNAÏDE *sort presque évanouie entre les bras de Fanie.*

Je me meurs.

SCÈNE III.

ARGIRE; LES CHEVALIERS.

ARGIRE.

Mes amis, dans une telle injure...
Après son aveu même... après ce crime affreux...
Excusez d'un vieillard les sanglots douloureux...
Je dois tout à l'état... mais tout à la nature.
Vous n'exigerez pas qu'un père malheureux
A vos sévères voix mêle sa voix tremblante.
Aménaïde, hélas! ne peut être innocente;
Mais signer à la fois mon opprobre et sa mort,
Vous ne le voulez pas... c'est un barbare effort :
La nature en frémit, et j'en suis incapable.

LORÉDAN.

Nous plaignons tous, seigneur, un père respectable;
Nous sentons sa blessure, et craignons de l'aigrir :
Mais vous-même avez vu cette lettre coupable;
L'esclave la portait au camp de Solamir;
Auprès de ce camp même on a surpris le traître,
Et l'insolent Arabe a pu le voir punir *.
Ses odieux desseins n'ont que trop su paraître.
L'état était perdu. Nos dangers, nos sermens,
Ne souffrent point de nous de vains ménagemens :
Les lois n'écoutent point la pitié paternelle;
L'état parle, il suffit.

ARGIRE.

Seigneur, je vous entends.

Je sais ce qu'on prépare à cette criminelle.
Mais elle était ma fille... et voilà son époux...
Je cède à ma douleur... je m'abandonne à vous.
Il ne me reste plus qu'à mourir avant elle.
(Il sort.)

SCÈNE IV.

LES CHEVALIERS.

CATANE.

Déja de la saisir l'ordre est donné par nous.
Sans doute il est affreux de voir tant de noblesse,
Les graces, les attraits, la plus tendre jeunesse,
L'espoir de deux maisons, le destin le plus beau,
Par le dernier supplice enfermés au tombeau *.
Mais telle est parmi nous la loi de l'hyménée ;
C'est la religion lâchement profanée,
C'est la patrie enfin que nous devons venger.
L'infidèle en nos murs appelle l'étranger !
La Grèce et la Sicile ont vu des citoyennes,
Renonçant à leur gloire, au titre de chrétiennes,
Abandonner nos lois pour ces fiers musulmans,
Vainqueurs de tous côtés, et partout nos tyrans :
Mais que d'un chevalier la fille respectée,
(à Orbassan.)
Sur le point d'être à vous, et marchant à l'autel,
Exécute un complot si lâche et si cruel !
De ce crime nouveau Syracuse infectée
Veut de notre justice un exemple éternel.

LORÉDAN.

Je l'avoue en tremblant; sa mort est légitime :

Plus sa race est illustre, et plus grand est le crime.
On sait de Solamir l'espoir ambitieux,
On connaît ses desseins, son amour téméraire,
Ce malheureux talent de tromper et de plaire,
D'imposer aux esprits et d'éblouir les yeux.
C'est à lui que s'adresse un écrit si funeste,
« Régnez dans nos états : » ces mots trop odieux
Nous révèlent assez un complot manifeste.
Pour l'honneur d'Orbassan je supprime le reste ;
Il nous ferait rougir. Quel est le chevalier
Qui daignera jamais, suivant l'antique usage,
Pour ce coupable objet signaler son courage,
Et hasarder sa gloire à le justifier ?

CATANE.

Orbassan, comme vous nous sentons votre injure ;
Nous allons l'effacer au milieu des combats.
Le crime rompt l'hymen : oubliez la parjure.
Son supplice vous venge, et ne vous flétrit pas.

ORBASSAN.

Il me consterne, au moins... et coupable ou fidèle,
Sa main me fut promise... On approche... C'est elle
Qu'au séjour des forfaits conduisent des soldats...
Cette honte m'indigne autant qu'elle m'offense :
Laissez-moi lui parler.

SCÈNE V.

LES CHEVALIERS, *sur le devant;* AMÉNAIDE,
au fond, entourée de gardes.

AMÉNAÏDE, *dans le fond.*
          O céleste puissance,
Ne m'abandonnez point dans ces momens affreux.
Grand Dieu ! vous connaissez l'objet de tous mes vœux ;
Vous connaissez mon cœur ; est-il donc si coupable ?
CATANE.
Vous voulez voir encor cet objet condamnable ?
ORBASSAN.
Oui, je le veux.
CATANE.
          Sortons. Parlez-lui, mais songez
Que les lois, les autels, l'honneur, sont outragés :
Syracuse à regret exige une victime.
ORBASSAN.
Je le sais comme vous : un même soin m'anime.
Éloignez-vous, soldats.

SCÈNE VI.

AMÉNAIDE, ORBASSAN.

AMÉNAÏDE.
          Qu'osez-vous attenter ?
A mes derniers momens venez-vous insulter ?

ACTE II, SCÈNE VI.

ORBASSAN.

Ma fierté jusque là ne peut être avilie.
    Je vous donnais ma main, je vous avais choisie;
Peut-être l'amour même avait dicté ce choix.
Je ne sais si mon cœur s'en souviendrait encore,
Ou s'il est indigné d'avoir connu ses lois;
Mais il ne peut souffrir ce qui le déshonore.
Je ne veux point penser qu'Orbassan soit trahi
Pour un chef étranger, pour un chef ennemi,
Pour un de ces tyrans que notre culte abhorre :
Ce crime est trop indigne; il est trop inouï :
Et pour vous, pour l'état, et surtout pour ma gloire,
Je veux fermer les yeux, et prétends ne rien croire.
Syracuse aujourd'hui voit en moi votre époux :
Ce titre me suffit; je me respecte en vous;
Ma gloire est offensée, et je prends sa défense.
Les lois des chevaliers ordonnent ces combats;
Le jugement de Dieu* dépend de notre bras;
C'est le glaive qui juge et qui fait l'innocence.
Je suis prêt.

AMÉNAÏDE.

    Vous!

ORBASSAN.

        Moi seul; et j'ose me flatter
Qu'après cette démarche, après cette entreprise
(Qu'aux yeux de tout guerrier mon honneur autorise),
Un cœur qui m'était dû me saura mériter.
Je n'examine point si votre ame surprise
Ou par mes ennemis, ou par un séducteur,

---

* On sait qu'on appelait ces combats *le jugement de Dieu.*

Un moment aveuglée eut un moment d'erreur,
Si votre aversion fuyait mon hyménée.
Les bienfaits peuvent tout sur une ame bien née;
La vertu s'affermit par un remords heureux.
Je suis sûr, en un mot, de l'honneur de tous deux.
Mais ce n'est point assez : j'ai le droit de prétendre
(Soit fierté, soit amour) un sentiment plus tendre.
Les lois veulent ici des sermens solennels;
J'en exige un de vous, non tel que la contrainte
En dicte à la faiblesse, en impose à la crainte,
Qu'en se trompant soi-même on prodigue aux autels :
A ma franchise altière il faut parler sans feinte :
Prononcez. Mon cœur s'ouvre, et mon bras est armé.
Je puis mourir pour vous; mais je dois être aimé.

AMÉNAÏDE.

Dans l'abyme effroyable où je suis descendue,
A peine avec horreur à moi-même rendue,
Cet effort généreux, que je n'attendais pas,
Porte le dernier coup à mon ame éperdue,
Et me plonge au tombeau qui s'ouvrait sous mes pas.
Vous me forcez, seigneur, à la reconnaissance;
Et, tout près du sépulcre où l'on va m'enfermer,
Mon dernier sentiment est de vous estimer.

Connaissez-moi; sachez que mon cœur vous offense;
Mais je n'ai point trahi ma gloire et mon pays :
Je ne vous trahis point, je n'avais rien promis.
Mon ame envers la vôtre est assez criminelle;
Sachez qu'elle est ingrate, et non pas infidèle...
Je ne peux vous aimer; je ne peux à ce prix
Accepter un combat pour ma cause entrepris.

Je sais de votre loi la dureté barbare,
Celle de mes tyrans, la mort qu'on me prépare.
Je ne me vante point du fastueux effort
De voir, sans m'alarmer, les apprêts de ma mort...
Je regrette la vie... elle dut m'être chère.
Je pleure mon destin, je gémis sur mon père[1];
Mais, malgré ma faiblesse, et malgré mon effroi,
Je ne puis vous tromper; n'attendez rien de moi.
Je vous parais coupable après un tel outrage;
Mais ce cœur, croyez-moi, le serait davantage,
Si jusqu'à vous complaire il pouvait s'oublier.
Je ne veux (pardonnez à ce triste langage)
De vous pour mon époux, ni pour mon chevalier.
J'ai prononcé; jugez, et vengez votre offense[g].

ORBASSAN.

Je me borne, madame, à venger mon pays,
A dédaigner l'audace, à braver le mépris,
A l'oublier. Mon bras prenait votre défense :
Mais, quitte envers ma gloire, aussi bien qu'envers vous,
Je ne suis plus qu'un juge à son devoir fidèle;
Soumis à la loi seule, insensible comme elle,
Et qui ne doit sentir ni regrets ni courroux[h].

SCÈNE VII.

AMÉNAIDE; SOLDATS *dans l'enfoncement.*

AMÉNAÏDE.

J'ai donc dicté l'arrêt... et je me sacrifie !
O toi, seul des humains qui méritas ma foi,

Toi pour qui je mourrai, pour qui j'aimais la vie,
Je suis donc condamnée... Oui, je le suis pour toi ;
Allons... je l'ai voulu... Mais tant d'ignominie,
Mais un père accablé, dont les jours vont finir !
Des liens, des bourreaux... Ces apprêts d'infamie !
O mort ! affreuse mort ! puis-je vous soutenir ?
Tourmens, trépas honteux... tout mon courage cède...
Non, il n'est point de honte en mourant pour Tancrède.
On peut m'ôter le jour, et non pas me punir.
Quoi ! je meurs en coupable... un père, une patrie !
Je les servais tous deux, et tous deux m'ont flétrie !
Et je n'aurai pour moi, dans ces momens d'horreur,
Que mon seul témoignage, et la voix de mon cœur !
(à Fanie, qui entre.)
Quels momens pour Tancrède ! O ma chère Fanie !
(Fanie lui baise la main en pleurant, et Aménaïde l'embrasse.)
La douceur de te voir ne m'est donc point ravie !

FANIE.

Que ne puis-je avant vous expirer en ces lieux !

AMÉNAÏDE.

Ah... je vois s'avancer ces monstres odieux...
(Les gardes qui étaient dans le fond s'avancent pour l'emmener.)
Porte un jour au héros à qui j'étais unie
Mes derniers sentimens et mes derniers adieux,
Fanie... il apprendra si je mourus fidèle.
Je coûterai du moins des larmes à ses yeux ;
Je ne meurs que pour lui, ma mort est moins cruelle.

FIN DU SECOND ACTE.

ACTE TROISIÈME.

SCÈNE I.

TANCRÈDE, *suivi de* DEUX ÉCUYERS *qui portent sa lance, son écu, etc.*; ALDAMON.

TANCRÈDE.

A tous les cœurs bien nés que la patrie est chère !
Qu'avec ravissement je revois ce séjour !
Cher et brave Aldamon, digne ami de mon père,
C'est toi dont l'heureux zèle a servi mon retour.
Que Tancrède est heureux ! que ce jour m'est prospère
Tout mon sort est changé. Cher ami ! je te dois
Plus que je n'ose dire, et plus que tu ne crois.

ALDAMON.

Seigneur, c'est trop vanter mes services vulgaires,
Et c'est trop relever un sort tel que le mien ;
Je ne suis qu'un soldat, un simple citoyen...

TANCRÈDE.

Je le suis comme vous : les citoyens sont frères.

ALDAMON.

Deux ans dans l'Orient sous vous j'ai combattu ;
Je vous vis effacer l'éclat de vos ancêtres ;
J'admirai d'assez près votre haute vertu ;
C'est là mon seul mérite. Élevé par mes maîtres,
Né dans votre maison, je vous suis asservi.
Je dois...

TANCRÈDE,
TANCRÈDE.
Vous ne devez être que mon ami.
Voilà donc ces remparts que je voulais défendre,
Ces murs toujours sacrés pour le cœur le plus tendre,
Ces murs qui m'ont vu naître, et dont je suis banni !
Apprends-moi dans quels lieux respire Aménaïde.
ALDAMON.
Dans ce palais antique où son père réside ;
Cette place y conduit : plus loin vous contemplez
Ce tribunal auguste, où l'on voit assemblés
Ces vaillans chevaliers, ce sénat intrépide,
Qui font les lois du peuple, et combattent pour lui,
Et qui vaincraient toujours le musulman perfide,
S'ils ne s'étaient privés de leur plus grand appui.
Voilà leurs boucliers, leurs lances, leurs devises,
Dont la pompe guerrière annonce aux nations
La splendeur de leurs faits, leurs nobles entreprises
Votre nom seul ici manquait à ces grands noms.
TANCRÈDE.
Que ce nom soit caché, puisqu'on le persécute ;
Peut-être en d'autres lieux il est célèbre assez.
(à ses écuyers.)
Vous, qu'on suspende ici mes chiffres effacés ;
Aux fureurs des partis qu'ils ne soient plus en butte ;
Que mes armes sans faste, emblèmes des douleurs,
Telles que je les porte au milieu des batailles,
Ce simple bouclier, ce casque sans couleurs,
Soient attachés sans pompe à ces tristes murailles.
(Les écuyers suspendent ses armes aux places vides, au milieu des autres trophées.)

ACTE III, SCÈNE I.

Conservez ma divise, elle est chère à mon cœur;
Elle a dans mes combats soutenu ma vaillance;
Elle a conduit mes pas et fait mon espérance;
Les mots en sont sacrés; c'est *l'amour et l'honneur.*

Lorsque les chevaliers descendront dans la place,
Vous direz qu'un guerrier, qui veut être inconnu,
Pour les suivre au combat dans leurs murs est venu,
Et qu'à les imiter il borne son audace.
(à Aldamon.)
Quel est leur chef, ami?

ALDAMON.

Ce fut depuis trois ans,
Comme vous l'avez su, le respectable Argire.

TANCRÈDE, *à part.*

Père d'Aménaïde...

ALDAMON.

On le vit trop long-temps
Succomber au parti dont nous craignons l'empire.
Il reprit à la fin sa juste autorité:
On respecte son sang, son nom, sa probité;
Mais l'âge l'affaiblit. Orbassan lui succède.

TANCRÈDE.

Orbassan! l'ennemi, l'oppresseur de Tancrède!
Ami, quel est le bruit répandu dans ces lieux?
Ah! parle: est-il bien vrai que cet audacieux
D'un père trop facile ait surpris la faiblesse,
Que de son alliance il ait eu la promesse,
Que sur Aménaïde il ait levé les yeux,
Qu'il ait osé prétendre à s'unir avec elle?

ALDAMON.

Hier confusément j'en appris la nouvelle.
Pour moi, loin de la ville, établi dans ce fort
Où je vous ai reçu, grace à mon heureux sort,
A mon poste attaché, j'avouerai que j'ignore
Ce qu'on a fait depuis dans ces murs que j'abhorre ;
On vous y persécute, ils sont affreux pour moi.

TANCRÈDE.

Cher ami, tout mon cœur s'abandonne à ta foi ;
Cours chez Aménaïde, et parais devant elle ;
Dis-lui qu'un inconnu, brûlant du plus beau zèle
Pour l'honneur de son sang, pour son auguste nom,
Pour les prospérités de sa noble maison,
Attaché dès l'enfance à sa mère, à sa race,
D'un entretien secret lui demande la grace.

ALDAMON.

Seigneur, dans sa maison j'eus toujours quelque accès ;
On y voit avec joie, on accueille, on honore
Tous ceux qu'à votre nom le zèle attache encore.
Plût au ciel qu'on eût vu le pur sang des Français
Uni dans la Sicile au noble sang d'Argire !
Quel que soit le dessein, seigneur, qui vous inspire,
Puisque vous m'envoyez, je réponds du succès.

SCÈNE II.

TANCRÈDE; SES ÉCUYERS *au fond.*

TANCRÈDE.

Il sera favorable ; et ce ciel qui me guide,
Ce ciel qui me ramène aux pieds d'Aménaïde,

ACTE III, SCENE II.

Et qui, dans tous les temps, accorda sa faveur
Au véritable amour, au véritable honneur,
Ce ciel qui m'a conduit dans les tentes du Maure,
Parmi mes ennemis soutient ma cause encore.
Aménaïde m'aime, et son cœur me répond
Que le mien dans ces lieux ne peut craindre un affront.
Loin des camps des Césars, et loin de l'Illyrie,
Je viens enfin pour elle au sein de ma patrie,
De ma patrie ingrate, et qui, dans mon malheur,
Après Aménaïde est si chère à mon cœur !
J'arrive : un autre ici l'obtiendrait de son père !
Et sa fille à ce point aurait pu me trahir !
Quel est cet Orbassan ? quel est ce téméraire ?
Quels sont donc les exploits dont il doit s'applaudir ?
Qu'a-t-il fait de si grand qui le puisse enhardir
A demander un prix qu'on doit à la vaillance,
Qui des plus grands héros serait la récompense,
Qui m'appartient du moins par les droits de l'amour ?
Avant de me l'ôter, il m'ôtera le jour.
Après mon trépas même elle serait fidèle[i].
L'oppresseur de mon sang ne peut régner sur elle.
Oui, ton cœur m'est connu, je n'en redoute rien,
Ma chère Aménaïde, il est tel que le mien,
Incapable d'effroi, de crainte et d'inconstance.

SCÈNE III.

TANCRÈDE, ALDAMON.

TANCRÈDE.

Ah! trop heureux ami, tu sors de sa présence :
Tu vois tous mes transports; allons, conduis mes pas.

ALDAMON.

Vers ces funestes lieux, seigneur, n'avancez pas.

TANCRÈDE.

Que me dis-tu? les pleurs inondent ton visage!

ALDAMON.

Ah! fuyez pour jamais ce malheureux rivage;
Après les attentats que ce jour a produits,
Je n'y puis demeurer, tout obscur que je suis.

TANCRÈDE.

Comment...

ALDAMON.

       Portez ailleurs ce courage sublime :
La gloire vous attend aux tentes des Césars;
Elle n'est point pour vous dans ces affreux remparts :
Fuyez; vous n'y verriez que la honte et le crime.

TANCRÈDE.

De quels traits inouïs viens-tu percer mon cœur!
Qu'as-tu vu? que t'a dit, que fait Aménaïde?

ALDAMON.

J'ai trop vu vos desseins... Oubliez-la, seigneur.

TANCRÈDE.

Ciel! Orbassan l'emporte! Orbassan! la perfide!
L'ennemi de son père, et mon persécuteur!

ALDAMON.
Son père a ce matin signé cet hyménée;
Et la pompe fatale en était ordonnée...
TANCRÈDE.
Et je serais témoin de cet excès d'horreur !
ALDAMON.
Votre dépouille ici leur fut abandonnée,
Vos biens étaient sa dot. Un rival odieux,
Seigneur, vous enlevait le bien de vos aïeux.
TANCRÈDE.
Le lâche ! il m'enlevait ce qu'un héros méprise.
Aménaïde, ô ciel ! en ses mains est remise ?
Elle est à lui ?
ALDAMON.
Seigneur, ce sont les moindres coups
Que le ciel irrité vient de lancer sur vous.
TANCRÈDE.
Achève donc, cruel, de m'arracher la vie;
Achève... parle... hélas !
ALDAMON.
Elle allait être unie
Au fier persécuteur de vos jours glorieux;
Le flambeau de l'hymen s'allumait en ces lieux;
Lorsqu'on a reconnu quelle est sa perfidie :
C'est peu d'avoir changé, d'avoir trompé vos vœux,
L'infidèle, seigneur, vous trahissait tous deux.
TANCRÈDE.
Pour qui?
ALDAMON.
Pour une main étrangère, ennemie,

Pour l'oppresseur altier de notre nation,
Pour Solamir.

####### TANCRÈDE.

O ciel! ô trop funeste nom!
Solamir... Dans Byzance il soupira pour elle :
Mais il fut dédaigné, mais je fus son vainqueur;
Elle n'a pu trahir ses sermens et mon cœur;
Tant d'horreur n'entre point dans une ame si belle;
Elle en est incapable.

####### ALDAMON.

A regret j'ai parlé;
Mais ce secret horrible est partout révélé.

####### TANCRÈDE.

Écoute : je connais l'envie et l'imposture :
Et quel cœur généreux échappe à leur injure ?
Proscrit dès mon berceau, nourri dans le malheur,
Moi toujours éprouvé, moi qui suis mon ouvrage,
Qui d'états en états ai porté mon courage,
Qui partout de l'envie ai senti la fureur,
Depuis que je suis né, j'ai vu la calomnie
Exhaler les venins de sa bouche impunie
Chez les républicains, comme à la cour des rois.
Argire fut long-temps accusé par sa voix;
Il souffrit comme moi : cher ami, je m'abuse,
Ou ce monstre odieux règne dans Syracuse;
Ses serpens sont nourris de ces mortels poisons
Que dans les cœurs trompés jettent les factions.
De l'esprit de parti je sais quelle est la rage :
L'auguste Aménaïde en éprouve l'outrage.
Entrons : je veux la voir, l'entendre, et m'éclairer.

ACTE III, SCÈNE III.

ALDAMON.

Ah! seigneur, arrêtez : il faut donc tout vous dire;
On l'arrache des bras du malheureux Argire;
Elle est aux fers.

TANCRÈDE.

Qu'entends-je!

ALDAMON.

Et l'on va la livrer,
Dans cette place même, au plus affreux supplice.

TANCRÈDE.

Aménaïde!

ALDAMON.

Hélas! si c'est une justice,
Elle est bien odieuse; on ose en murmurer,
On pleure; mais, seigneur, on se borne à pleurer.

TANCRÈDE.

Aménaïde! ô cieux... Crois-moi, ce sacrifice,
Cet horrible attentat ne s'achèvera pas.

ALDAMON.

Le peuple au tribunal précipite ses pas :
Il la plaint, il gémit, en la nommant perfide;
Et d'un cruel spectacle indignement avide,
Turbulent, curieux avec compassion,
Il s'agite en tumulte autour de la prison.
Étrange empressement de voir des misérables!
On hâte en gémissant ces momens formidables.
Ces portiques, ces lieux que vous voyez déserts,
De nombreux citoyens seront bientôt couverts.
Éloignez-vous, venez.

398   TANCRÈDE,
TANCRÈDE.
                    Quel vieillard vénérable
Sort d'un temple en tremblant, les yeux baignés de
Ses suivans consternés imitent ses douleurs.   [pleurs.
ALDAMON.
C'est Argire, seigneur, c'est ce malheureux père...
TANCRÈDE.
Retire-toi... surtout ne me découvre pas.
Que je le plains!

SCÈNE IV.

ARGIRE, *dans un des côtés de la scène;* TANCRÈDE, *sur le devant;* ALDAMON, *loin de lui dans l'enfoncement.*

ARGIRE.
                    O ciel! avance mon trépas.
O mort! viens me frapper; c'est ma seule prière.
TANCRÈDE.
Noble Argire, excusez un de ces chevaliers
Qui, contre le croissant déployant leur bannière,
Dans de si saints combats vont chercher des lauriers.
Vous voyez le moins grand de ces dignes guerriers.
Je venais... Pardonnez... dans l'état où vous êtes,
Si je mêle à vos pleurs mes larmes indiscrètes.
ARGIRE.
Ah! vous êtes le seul qui m'osiez consoler;
Tout le reste me fuit, ou cherche à m'accabler.
Vous-même pardonnez à mon désordre extrême.
A qui parlé-je? hélas!

ACTE III, SCÈNE IV.

TANCRÈDE.
　　　　　　　　　Je suis un étranger,
Plein de respect pour vous, touché comme vous-même ;
Honteux, et frémissant de vous interroger ;
Malheureux comme vous... Ah ! par pitié... de grace,
Une seconde fois excusez tant d'audace.
Est-il vrai... votre fille... est-il possible...

ARGIRE.
　　　　　　　　　　　　　　　Hélas !
Il est trop vrai, bientôt on la mène au trépas.

TANCRÈDE.
Elle est coupable ?

ARGIRE, *avec des soupirs et des pleurs.*
　　　　　　　Elle est... la honte de son père.

TANCRÈDE.
Votre fille... Seigneur, nourri loin de ces lieux,
Je pensais, sur le bruit de son nom glorieux,
Que si la vertu même habitait sur la terre,
Le cœur d'Aménaïde était son sanctuaire.
Elle est coupable ! ô jour ! ô détestables bords !
Jours à jamais affreux !

ARGIRE.
　　　　　　　　Ce qui me désespère,
Ce qui creuse ma tombe, et ce qui chez les morts
Avec plus d'amertume encor me fait descendre,
C'est qu'elle aime son crime, et qu'elle est sans remords.
Aussi nul chevalier ne cherche à la défendre :
Ils ont en gémissant signé l'arrêt mortel ;
Et, malgré notre usage antique et solennel,
Si vanté dans l'Europe, et si cher au courage,

De défendre en champ clos le sexe qu'on outrage,
Celle qui fut ma fille à mes yeux va périr,
Sans trouver un guerrier qui l'ose secourir.
Ma douleur s'en accroît, ma honte s'en augmente;
Tout frémit, tout se tait, aucun ne se présente.

TANCRÈDE.

Il s'en présentera: gardez-vous d'en douter.

ARGIRE.

De quel espoir, seigneur, daignez-vous me flatter?

TANCRÈDE.

Il s'en présentera, non pas pour votre fille,
Elle est loin d'y prétendre et de le mériter,
Mais pour l'honneur sacré de sa noble famille,
Pour vous, pour votre gloire et pour votre vertu.

ARGIRE.

Vous rendez quelque vie à ce cœur abattu.
Eh! qui pour nous défendre entrera dans la lice?
Nous sommes en horreur, on est glacé d'effroi;
Qui daignera me tendre une main protectrice?
Je n'ose m'en flatter... Qui combattra?

TANCRÈDE.

Qui? moi.
Moi, dis-je; et, si le ciel seconde ma vaillance,
Je demande de vous, seigneur, pour récompense,
De partir à l'instant sans être retenu,
Sans voir Aménaïde, et sans être connu.

ARGIRE.

Ah! seigneur, c'est le ciel, c'est Dieu qui vous envoie.
Mon cœur triste et flétri ne peut goûter de joie;
Mais je sens que j'expire avec moins de douleur.

Ah! ne puis-je savoir à qui, dans mon malheur,
Je dois tant de respect et de reconnaissance?
Tout annonce à mes yeux votre haute naissance :
Hélas! qui vois-je en vous?

TANCRÈDE.

Vous voyez un vengeur.

SCÈNE V.

ORBASSAN, ARGIRE, TANCRÈDE ; CHEVALIERS, SUITE.

ORBASSAN, *à Argire.*

L'état est en danger, songeons à lui, seigneur.
Nous prétendions demain sortir de nos murailles;
Nous sommes prévenus. Ceux qui nous ont trahis
Sans doute avertissaient nos cruels ennemis.
Solamir veut tenter le destin des batailles;
Nous marcherons à lui. Vous, si vous m'en croyez,
Dérobez à vos yeux un spectacle funeste,
Insupportable, horrible à nos sens effrayés.

ARGIRE.

Il suffit, Orbassan ; tout l'espoir qui me reste,
C'est d'aller expirer au milieu des combats.
(montrant Tancrède.)
Ce brave chevalier y guidera mes pas :
Et, malgré les horreurs dont ma race est flétrie,
Je périrai du moins en servant ma patrie.

ORBASSAN.

Des sentimens si grands sont bien dignes de vous.

Allez aux musulmans porter vos derniers coups ;
Mais avant tout fuyez cet appareil barbare,
Si peu fait pour vos yeux, et déja qu'on prépare.
On approche.

ARGIRE.

Ah, grand Dieu !

ORBASSAN.

Les regards paternels
Doivent se détourner de ces objets cruels.
Ma place me retient, et mon devoir sévère
Veut qu'ici je contienne un peuple téméraire :
L'inexorable loi ne sait rien ménager ;
Toute horrible qu'elle est, je la dois protéger.
Mais vous qui n'avez point cet affreux ministère,
Qui peut vous retenir, et qui peut vous forcer
A voir couler le sang que la loi va verser ?
On vient ; éloignez-vous.

TANCRÈDE, *à Argire*.

Non, demeurez, mon père.

ORBASSAN.

Et qui donc êtes-vous ?

TANCRÈDE.

Votre ennemi, seigneur,
L'ami de ce vieillard, peut-être son vengeur,
Peut-être autant que vous à l'état nécessaire.

SCÈNE VI.

La scène s'ouvre : on voit AMÉNAIDE *au milieu des gardes ;* LES CHEVALIERS, LE PEUPLE, *remplissent la place.*

ARGIRE, *à Tancrède.*
Généreux inconnu, daignez me soutenir ;
Cachez-moi ces objets... C'est ma fille elle-même.
TANCRÈDE.
Quels momens pour tous trois !
AMÉNAÏDE.
      O justice suprême !
Toi qui vois le passé, le présent, l'avenir,
Tu lis seule en mon cœur, toi seule es équitable ;
Des profanes humains la foule impitoyable
Parle et juge en aveugle, et condamne au hasard.
 Chevaliers, citoyens, vous qui tous avez part
Au sanguinaire arrêt porté contre ma vie,
Ce n'est pas devant vous que je me justifie ;
Que ce ciel qui m'entend juge entre vous et moi.
Organes odieux d'un jugement inique,
Oui, je vous outrageais, j'ai trahi votre loi ;
Je l'avais en horreur, elle était tyrannique :
Oui, j'offensais un père, il a forcé mes vœux ;
J'offensais Orbassan, qui, fier et rigoureux,
Prétendait sur mon ame une injuste puissance.
Citoyens, si la mort est due à mon offense,
Frappez ; mais écoutez, sachez tout mon malheur :

Qui va répondre à Dieu parle aux hommes sans peur².
Et vous, mon père, et vous, témoin de mon supplice,
Qui ne deviez pas l'être, et de qui la justice
(apercevant Tancrède.)
Aurait pu... Ciel! ô ciel! qui vois-je à ses côtés?
Est-ce lui... je me meurs.
(Elle tombe évanouie entre les gardes.)
TANCRÈDE.
Ah! ma seule présence
Est pour elle un reproche! il n'importe... Arrêtez,
Ministres de la mort, suspendez la vengeance;
Arrêtez, citoyens, j'entreprends sa défense,
Je suis son chevalier : ce père infortuné,
Prêt à mourir comme elle, et non moins condamné
Daigne avouer mon bras propice à l'innocence.
Que la seule valeur rende ici des arrêts;
Des dignes chevaliers c'est le plus beau partage;
Que l'on ouvre la lice à l'honneur, au courage;
Que les juges du camp fassent tous les apprêts.
Toi, superbe Orbassan, c'est toi que je défie;
Viens mourir de mes mains ou m'arracher la vie;
Tes exploits et ton nom ne sont pas sans éclat;
Tu commandes ici, je veux t'en croire digne :
Je jette devant toi le gage du combat.
(Il jette son gantelet sur la scène.)
L'oses-tu relever?
ORBASSAN.
Ton arrogance insigne
Ne mériterait pas qu'on te fît cet honneur :
(Il fait signe à son écuyer de ramasser le gage de bataille.

ACTE III, SCÈNE VI.

Je le fais à moi-même; et, consultant mon cœur,
Respectant ce vieillard qui daigne ici t'admettre,
Je veux bien avec toi descendre à me commettre,
Et daigner te punir de m'oser défier.
Quel est ton rang, ton nom? ce simple bouclier
Semble nous annoncer peu de marques de gloire.

TANCRÈDE.

Peut-être il en aura des mains de la victoire.
Pour mon nom, je le tais, et tel est mon dessein;
Mais je te l'apprendrai les armes à la main.
Marchons.

ORBASSAN.

Qu'à l'instant même on ouvre la barrière;
Qu'Aménaïde ici ne soit plus prisonnière
Jusqu'à l'événement de ce léger combat.
Vous, sachez, compagnons, qu'en quittant la carrière,
Je marche à votre tête et je défends l'état.
D'un combat singulier la gloire est périssable;
Mais servir la patrie est l'honneur véritable.

TANCRÈDE.

Viens; et vous, chevaliers, j'espère qu'aujourd'hui
L'état sera sauvé par d'autres que par lui.

SCÈNE VII.

ARGIRE, *sur le devant;* AMÉNAIDE, *au fond,*
à qui l'on a ôté les fers.

AMÉNAÏDE, *revenant à elle.*

Ciel! que deviendra-t-il? Si l'on sait sa naissance,
Il est perdu.

ARGIRE.

Ma fille...

AMÉNAÏDE, *appuyée sur Fanie, et se retournant*
vers son père.

Ah! que me voulez-vous?
Vous m'avez condamnée.

ARGIRE.

O destins en courroux!
Voulez-vous, ô mon Dieu qui prenez sa défense,
Ou pardonner sa faute, ou venger l'innocence?
Quels bienfaits à mes yeux daignez-vous accorder?
Est-ce justice ou grace? ah! je tremble et j'espère.
Qu'as-tu fait? et comment dois-je te regarder?
Avec quels yeux, hélas!

AMÉNAÏDE.

Avec les yeux d'un père.
Votre fille est encore au bord de son tombeau.
Je ne sais si le ciel me sera favorable :
Rien n'est changé, je suis encor sous le couteau.
Tremblez moins pour ma gloire, elle est inaltérable;
Mais, si vous êtes père, ôtez-moi de ces lieux;

Dérobez votre fille accablée, expirante,
A tout cet appareil, à la foule insultante
Qui sur mon infortune arrête ici ses yeux,
Observe mes affronts et contemple des larmes
Dont la cause est si belle... et qu'on ne connaît pas.
ARGIRE.
Viens; mes tremblantes mains rassureront tes pas.
Ciel! de son défenseur favorisez les armes,
Ou d'un malheureux père avancez le trépas!

FIN DU TROISIÈME ACTE.

ACTE QUATRIÈME.

SCÈNE I.

TANCRÈDE, LORÉDAN; CHEVALIERS.

(Marche guerrière : on porte les armes de Tancrède devant lui.)

LORÉDAN.
Seigneur, votre victoire est illustre et fatale :
Vous nous avez privé d'un brave chevalier,
Dont le cœur à l'état se livrait tout entier,
Et de qui la valeur fut à la vôtre égale ;
Ne pouvons-nous savoir votre nom, votre sort ?
TANCRÈDE, *dans l'attitude d'un homme pensif et affligé.*
Orbassan ne l'a su qu'en recevant la mort ;
Il emporte au tombeau mon secret et ma haine.
De mon sort malheureux ne soyez point en peine ;
Si je puis vous servir, qu'importe qui je sois ?
LORÉDAN.
Demeurez ignoré, puisque vous voulez l'être ;
Mais que votre vertu se fasse ici connaître
Par un courage utile et de dignes exploits.
Les drapeaux du Croissant dans nos champs vont pa-
Défendez avec nous notre culte et nos lois ; [raître ;
Voyez dans Solamir un plus grand adversaire :

Nous perdons notre appui, mais vous le remplacez.
Rendez-nous le héros que vous nous ravissez;
Le vainqueur d'Orbassan nous devient nécessaire.
Solamir vous attend.

TANCRÈDE.

Oui, je vous ai promis
De marcher avec vous contre vos ennemis;
Je tiendrai ma parole : et Solamir peut-être
Est plus mon ennemi que celui de l'état.
Je le haïs plus que vous : mais, quoi qu'il en puisse être,
Sachez que je suis prêt pour ce nouveau combat.

CATANE.

Nous attendons beaucoup d'une telle vaillance;
Attendez tout aussi de la reconnaissance
Que devra Syracuse à votre illustre bras.

TANCRÈDE.

Il n'en est point pour moi, je n'en exige pas;
Je n'en veux point, seigneur; et cette triste enceinte
N'a rien qui désormais soit l'objet de mes vœux.
Si je verse mon sang, si je meurs malheureux,
Je ne prétends ici récompense, ni plainte,
Ni gloire, ni pitié. Je ferai mon devoir;
Solamir me verra, c'est là tout mon espoir.

LORÉDAN.

C'est celui de l'état; déja le temps nous presse.
Ne songeons qu'à l'objet qui tous nous intéresse,
A la victoire; et vous, qui l'allez partager,
Vous serez averti quand il faudra vous rendre
Au poste où l'ennemi croit bientôt nous surprendre.
Dans le sang musulman tout prêts à nous plonger,

Tout autre sentiment nous doit être étranger.
Ne pensons, croyez-moi, qu'à servir la patrie.
(Les chevaliers sortent.)

TANCRÈDE.

Qu'elle en soit digne ou non, je lui donne ma vie.

SCÈNE II.

TANCRÈDE, ALDAMON.

ALDAMON.

Ils ne connaissaient pas quel trait envenimé
Est caché dans ce cœur trop noble et trop charmé.
Mais, malgré vos douleurs, et malgré votre outrage,
Ne remplirez-vous pas l'indispensable usage
De paraître en vainqueur aux yeux de la beauté
Qui vous doit son honneur, ses jours, sa liberté,
Et de lui présenter de vos mains triomphantes
D'Orbassan terrassé les dépouilles sanglantes?

TANCRÈDE.

Non sans doute, Aldamon, je ne la verrai pas.

ALDAMON.

Eh quoi! pour la servir vous cherchiez le trépas,
Et vous fuyez loin d'elle?

TANCRÈDE.

Et son cœur le mérite.

ALDAMON.

Je vois trop à quel point son crime vous irrite ;
Mais pour ce crime, enfin, vous avez combattu.

TANCRÈDE.

Oui, j'ai tout fait pour elle, il est vrai, je l'ai dû.

Je n'ai pu, cher ami, malgré sa perfidie,
Supporter ni sa mort ni son ignominie ;
Et, l'eussé-je aimé moins, comment l'abandonner?
J'ai dû sauver ses jours, et non lui pardonner.
Qu'elle vive, il suffit, et que Tancrède expire.
Elle regrettera l'amant qu'elle a trahi,
Le cœur qu'elle a perdu, ce cœur qu'elle déchire...
A quel excès, ô ciel ! je lui fus asservi !
Pouvais-je craindre, hélas ! de la trouver parjure?
Je pensais adorer la vertu la plus pure;
Je croyais les sermens, les autels moins sacrés
Qu'une simple promesse, un mot d'Aménaïde...

ALDAMON.

Tout est-il en ces lieux ou barbare ou perfide?
A la proscription vos jours furent livrés ;
La loi vous persécute, et l'amour vous outrage.
Eh bien, s'il est ainsi, fuyons de ce rivage ;
Je vous suis au combat; je vous suis pour jamais,
Loin de ces murs affreux trop souillés de forfaits.

TANCRÈDE.

Quel charme, dans son crime, à mes esprits rappelle
L'image des vertus que je crus voir en elle !
Toi, qui me fais descendre avec tant de tourment
Dans l'horreur du tombeau dont je t'ai délivrée,
Odieuse coupable... et peut-être adorée !
Toi qui fais mon destin jusqu'au dernier moment ;
Ah ! s'il était possible, ah ! si tu pouvais être
Ce que mes yeux trompés t'ont vu toujours paraître !
Non, ce n'est qu'en mourant que je puis l'oublier ;
Ma faiblesse est affreuse... il la faut expier,

Il faut périr... mourons sans nous occuper d'elle.
ALDAMON.
Elle vous a paru tantôt moins criminelle.
L'univers, disiez-vous, au mensonge est livré;
La calomnie y règne.
TANCRÈDE.
Ah! tout est avéré,
Tout est approfondi dans cet affreux mystère :
Solamir en ces lieux adora ses attraits ;
Il demanda sa main pour le prix de la paix.
Hélas! l'eût-il osé s'il n'avait pas su plaire ?
Ils sont d'intelligence. En vain j'ai cru mon cœur,
En vain j'avais douté ; je dois en croire un père :
Le père le plus tendre est son accusateur :
Il condamne sa fille ; elle-même s'accuse;
Enfin mes yeux l'ont vu, ce billet plein d'horreur :
« Puissiez-vous vivre en maître au sein de Syracuse,
« Et régner dans nos murs, ainsi que dans mon cœur! »
Mon malheur est certain.
ALDAMON.
Que ce grand cœur l'oublie,
Qu'il dédaigne une ingrate à ce point avilie.
TANCRÈDE.
Et, pour comble d'horreur, elle a cru s'honorer!
Au plus grand des humains elle a cru se livrer !
Que cette idée encor m'accable et m'humilie!
L'Arabe impérieux domine en Italie ;
Et le sexe imprudent, que tant d'éclat séduit,
Ce sexe à l'esclavage en leurs états réduit,
Frappé de ce respect que des vainqueurs impriment,

Se livre par faiblesse aux maîtres qui l'oppriment !
Il nous trahit pour eux, nous, son servile appui,
Qui vivons à ses pieds, et qui mourons pour lui !
Ma fierté suffirait, dans une telle injure,
Pour détester ma vie, et pour fuir la parjure.

SCÈNE III.

TANCRÈDE, ALDAMON; PLUSIEURS CHEVALIERS.

CATANE.

Nos chevaliers sont prêts; le temps est précieux.

TANCRÈDE.

Oui, j'en ai trop perdu : je m'arrache à ces lieux;
Je vous suis, c'en est fait.

SCÈNE IV.

TANCRÈDE, AMÉNAIDE, ALDAMON, FANIE; CHEVALIERS.

AMÉNAÏDE, *arrivant avec précipitation.*

O mon dieu tutélaire !
Maître de mon destin, j'embrasse vos genoux.
(Tancrède la relève, mais en se détournant.)
Ce n'est point m'abaisser; et mon malheureux père
A vos pieds comme moi va tomber devant vous.
Pourquoi nous dérober votre auguste présence ?
Qui pourra condamner ma juste impatience ?
Je m'arrache à ses bras... mais ne puis-je, seigneur,
Me permettre ma joie, et montrer tout mon cœur ?
Je n'ose vous nommer... et vous baissez la vue...

Ne puis-je vous revoir, en cet affreux séjour,
Qu'au milieu des bourreaux qui m'arrachaient le jour?
Vous êtes consterné... mon ame est confondue;
Je crains de vous parler... quelle contrainte, hélas!
Vous détournez les yeux... vous ne m'écoutez pas.
  TANCRÈDE, *d'une voix entrecoupée.*
Retournez... consolez ce vieillard que j'honore;
D'autres soins plus pressans me rappellent encore.
Envers vous, envers lui, j'ai rempli mon devoir.
J'en ai reçu le prix... je n'ai point d'autre espoir.
Trop de reconnaissance est un fardeau peut-être;
Mon cœur vous en dégage... et le vôtre est le maître
De pouvoir à son gré disposer de son sort.
Vivez heureuse... et moi, je vais chercher la mort.

SCÈNE V.

AMÉNAIDE, FANIE.

AMÉNAÏDE.

Veillé-je? et du tombeau suis-je en effet sortie?
Est-il vrai que le ciel m'ait rendue à la vie?
Ce jour, ce triste jour éclaire-t-il mes yeux?
Ce que je viens d'entendre, ô ma chère Fanie!
Est un arrêt de mort, plus dur, plus odieux,
Plus affreux que les lois qui m'avaient condamnée.
    FANIE.
L'un et l'autre est horrible à mon ame étonnée [k].
    AMÉNAÏDE.
Est-ce Tancrède, ô ciel! qui vient de me parler?

As-tu vu sa froideur altière, avilissante,
Ce courroux dédaigneux dont il m'ose accabler ?
Fanie, avec horreur il voyait son amante !
Il m'arrache à la mort, et c'est pour m'immoler !
Qu'ai-je donc fait, Tancrède ? ai-je pu vous déplaire ?

FANIE.

Il est vrai que son front respirait la colère,
Sa voix entrecoupée affectait des froideurs ;
Il détournait les yeux, mais il cachait ses pleurs.

AMÉNAÏDE.

Il me rebute, il fuit, me renonce et m'outrage !
Quel changement affreux a formé cet orage ?
Que veut-il ? quelle offense excite son courroux ?
De qui dans l'univers peut-il être jaloux ?
Oui, je lui dois la vie, et c'est toute ma gloire.
Seul objet de mes vœux, il est mon seul appui.
Je mourrais, je le sais, sans lui, sans sa victoire ;
Mais s'il sauva mes jours, je les perdais pour lui.

FANIE.

Il le peut ignorer ; la voix publique entraîne ;
Même en s'en défiant, on lui résiste à peine.
Cet esclave, sa mort, ce billet malheureux,
Le nom de Solamir, l'éclat de sa vaillance,
L'offre de son hymen, l'audace de ses feux,
Tout parlait contre vous, jusqu'à votre silence,
Ce silence si fier, si grand, si généreux,
Qui dérobait Tancrède à l'injuste vengeance
De vos communs tyrans armés contre vous deux.
Quels yeux pouvaient percer ce voile ténébreux ?
Le préjugé l'emporte, et l'on croit l'apparence.

AMÉNAÏDE.

Lui, me croire coupable!

FANIE.

Ah! s'il peut s'abuser,
Excusez un amant.

AMÉNAÏDE, *reprenant sa fierté et ses forces.*

Rien ne peut l'excuser...
Quand l'univers entier m'accuserait d'un crime :
Sur son jugement seul un grand homme appuyé
A l'univers séduit oppose son estime.
Il aura donc pour moi combattu par pitié !
Cet opprobre est affreux, et j'en suis accablée.
Hélas ! mourant pour lui, je mourais consolée ;
Et c'est lui qui m'outrage et m'ose soupçonner !
C'en est fait; je ne veux jamais lui pardonner;
Ses bienfaits sont toujours présens à ma pensée,
Ils resteront gravés dans mon ame offensée;
Mais, s'il a pu me croire indigne de sa foi,
C'est lui qui pour jamais est indigne de moi.
Ah! de tous mes affronts c'est le plus grand peut-être.

FANIE.

Mais il ne connaît pas...

AMÉNAÏDE.

Il devait me connaître;
Il devait respecter un cœur tel que le mien;
Il devait présumer qu'il était impossible
Que jamais je trahisse un si noble lien.
Ce cœur est aussi fier que son bras invincible;
Ce cœur était en tout aussi grand que le sien,
Moins soupçonneux sans doute, et surtout plus sensible.

Je renonce à Tancrède, au reste des mortels;
Ils sont faux ou méchans, ils sont faibles, cruels,
Ou trompeurs, ou trompés; et ma douleur profonde,
En oubliant Tancrède, oubliera tout le monde.

SCÈNE VI.

ARGIRE, AMÉNAIDE; SUITE.

ARGIRE, *soutenu par ses écuyers.*

Mes amis, avancez, sans plaindre mes tourmens.
On va combattre; allons, guidez mes pas tremblans.
Ne pourrai-je embrasser ce héros tutélaire?
Ah! ne puis-je savoir qui t'a sauvé le jour?

AMÉNAÏDE, *plongée dans sa douleur, appuyée d'une main sur Fanie, et se tournant à moitié vers son père.*

Un mortel autrefois digne de mon amour,
Un héros en ces lieux opprimé par mon père,
Que je n'osais nommer, que vous avez proscrit,
Le seul et cher objet de ce fatal écrit,
Le dernier rejeton d'une famille auguste,
Le plus grand des humains, hélas! le plus injuste;
En un mot, c'est Tancrède.

ARGIRE.

Oh, ciel! que m'as-tu dit?

AMÉNAÏDE.

Ce que ne peut cacher la douleur qui m'égare,
Ce que je vous confie en craignant tout pour lui.

ARGIRE.

Lui, Tancrède!

AMÉNAÏDE.

Et quel autre eût été mon appui?

ARGIRE.

Tancrède qu'opprima notre sénat barbare?

AMÉNAÏDE.

Oui, lui-même.

ARGIRE.

Et pour nous il fait tout aujourd'hui!
Nous lui ravissons tout, biens, dignités, patrie;
Et c'est lui qui pour nous vient prodiguer sa vie!
O juges malheureux, qui dans nos faibles mains
Tenons aveuglément le glaive et la balance!
Combien nos jugemens sont injustes et vains,
Et combien nous égare une fausse prudence!
Que nous étions ingrats! que nous étions tyrans!

AMÉNAÏDE.

Je puis me plaindre à vous, je le sais... mais, mon père,
Votre vertu se fait des reproches si grands,
Que mon cœur désolé tremble de vous en faire;
Je les dois à Tancrède.

ARGIRE.

A lui par qui je vis,
A qui je dois tes jours?

AMÉNAÏDE.

Ils sont trop avilis,
Ils sont trop malheureux. C'est en vous que j'espère;
Réparez tant d'horreurs et tant de cruauté;
Ah! rendez-moi l'honneur que vous m'avez ôté.

ACTE IV, SCÈNE VI.

Le vainqueur d'Orbassan n'a sauvé que ma vie;
Venez, que votre voix parle et me justifie.

ARGIRE.

Sans doute, je le dois.

AMÉNAÏDE.

Je vole sur vos pas.

ARGIRE.

Demeure.

AMÉNAÏDE.

Moi rester! je vous suis aux combats.
J'ai vu la mort de près, et je l'ai vue horrible;
Croyez qu'aux champs d'honneur elle est bien moins ter-
Qu'à l'indigne échafaud où vous me conduisiez. [rible
Seigneur, il n'est plus temps que vous me refusiez :
J'ai quelques droits sur vous; mon malheur me les donne.
Faudra-t-il que deux fois mon père m'abandonne?

ARGIRE.

Ma fille, je n'ai plus d'autorité sur toi;
J'en avais abusé, je dois l'avoir perdue.
Mais quel est ce dessein qui me glace d'effroi?
Crains les égaremens de ton ame éperdue.
Ce n'est point en ces lieux, comme en d'autres climats,
Où le sexe, élevé loin d'une triste gêne,
Marche avec les héros, et s'en distingue à peine;
Et nos mœurs et nos lois ne le permettent pas.

AMÉNAÏDE.

Quelles lois! quelles mœurs indignes et cruelles!
Sachez qu'en ce moment je suis au dessus d'elles;
Sachez que, dans ce jour d'injustice et d'horreur,
Je n'écoute plus rien que la loi de mon cœur.

27.

Quoi! ces affreuses lois, dont le poids vous opprime,
Auront pris dans vos bras votre sang pour victime!
Elles auront permis qu'aux yeux des citoyens
Votre fille ait paru dans d'infames liens,
Et ne permettront pas qu'aux champs de la victoire
J'accompagne mon père et défende ma gloire!
Et le sexe en ces lieux, conduit aux échafauds,
Ne pourra se montrer qu'au milieu des bourreaux!
L'injustice à la fin produit l'indépendance[3].
Vous frémissez, mon père; ah! vous deviez frémir
Quand, de vos ennemis caressant l'insolence,
Au superbe Orbassan vous pûtes vous unir
Contre le seul mortel qui prend votre défense,
Quand vous m'avez forcée à vous désobéir.

ARGIRE.

Va, c'est trop accabler un père déplorable :
N'abuse point du droit de me trouver coupable;
Je le suis, je le sens, je me suis condamné :
Ménage ma douleur; et si ton cœur encore
D'un père au désespoir ne s'est point détourné,
Laisse-moi seul mourir par les flèches du Maure.
Je vais joindre Tancrède, et tu n'en peux douter.
Vous, observez ses pas.

SCÈNE VII.

AMÉNAIDE.

Qui pourra m'arrêter?
Tancrède, qui me hais, et qui m'as outragée,

Qui m'oses mépriser après m'avoir vengée,
Oui, je veux à tes yeux combattre et t'imiter;
Des traits sur toi lancés affronter la tempête,
En recevoir les coups... en garantir ta tête;
Te rendre à tes côtés tout ce que je te doi;
Punir ton injustice en expirant pour toi;
Surpasser, s'il se peut, ta rigueur inhumaine;
Mourante entre tes bras, t'accabler de ma haine,
De ma haine trop juste, et laisser, à ma mort,
Dans ton cœur qui m'aima le poignard du remord,
L'éternel repentir d'un crime irréparable,
Et l'amour que j'abjure, et l'horreur qui m'accable.

FIN DU QUATRIÈME ACTE.

ACTE CINQUIÈME.

SCÈNE I.

LES CHEVALIERS et leurs écuyers, *l'épée à la main;* des soldats, *portant des trophées;* le peuple, *dans le fond.*

LORÉDAN.

Allez, et préparez les chants de la victoire,
Peuple, au dieu des combats prodiguez votre encens;
C'est lui qui nous fait vaincre, à lui seul est la gloire.
S'il ne conduit nos coups, nos bras sont impuissans.
Il a brisé les traits, il a rompu les piéges
Dont nous environnaient ces brigands sacriléges,
De cent peuples vaincus dominateurs cruels.
Sur leurs corps tout sanglans érigez vos trophées;
Et foulant à vos pieds leurs fureurs étouffées,
Des trésors du Croissant ornez nos saints autels.
Que l'Espagne opprimée, et l'Italie en cendre,
L'Égypte terrassée, et la Syrie aux fers,
Apprennent aujourd'hui comme on peut se défendre
Contre ces fiers tyrans, l'effroi de l'univers.
C'est à nous maintenant de consoler Argire;
Que le bonheur public apaise ses douleurs :
Puissions-nous voir en lui, malgré tous ses malheurs,
L'homme d'état heureux quand le père soupire !

ACTE V, SCÈNE I.

Mais pourquoi ce guerrier, ce héros inconnu,
A qui l'on doit, dit-on, le succès de nos armes,
Avec nos chevaliers n'est-il point revenu?
Ce triomphe à ses yeux a-t-il si peu de charmes?
Croit-il de ses exploits que nous soyons jaloux?
Nous sommes assez grands pour être sans envie.
Veut-il fuir Syracuse après l'avoir servie?
(à Catane.)
Seigneur, il a long-temps combattu près de vous;
D'où vient qu'ayant voulu courir notre fortune
Il ne partage point l'allégresse commune?

CATANE.

Apprenez-en la cause, et daignez m'écouter.
Quand du chemin d'Etna vous fermiez le passage,
Placé loin de vos yeux, j'étais vers le rivage
Où nos fiers ennemis osaient nous résister;
Je l'ai vu courir seul et se précipiter.
Nous étions étonnés qu'il n'eût point ce courage
Inaltérable et calme au milieu du carnage,
Cette vertu d'un chef, et ce don d'un grand cœur :
Un désespoir affreux égarait sa valeur;
Sa voix entrecoupée et son regard farouche
Annonçaient la douleur qui troublait ses esprits.
Il appelait souvent Solamir à grands cris;
Le nom d'Aménaïde échappait de sa bouche;
Il la nommait parjure, et, malgré ses fureurs,
De ses yeux enflammés j'ai vu tomber des pleurs.
Il cherchait à mourir; et, toujours invincible,
Plus il s'abandonnait, plus il était terrible.
Tout cédait à nos coups, et surtout à son bras;

Nous revenions vers vous, conduits par la victoire ;
Mais lui, les yeux baissés, insensible à sa gloire,
Morne, triste, abattu, regrettant le trépas,
Il appelle en pleurant Aldamon qui s'avance ;
Il l'embrasse, il lui parle, et loin de nous s'élance
Aussi rapidement qu'il avait combattu.
« C'est pour jamais, » dit-il. Ces mots nous laissent croire
Que ce grand chevalier, si digne de mémoire,
Veut être à Syracuse à jamais inconnu.
Nul ne peut soupçonner le dessein qui le guide.
Mais dans le même instant je vois Aménaïde,
Je la vois éperdue au milieu des soldats,
La mort dans les regards, pâle, défigurée ;
Elle appelle Tancrède, elle vole égarée :
Son père en gémissant suit à peine ses pas ;
Il ramène avec nous Aménaïde en larmes :
« C'est Tancrède, dit-il, ce héros dont les armes
« Ont étonné nos yeux par de si grands exploits,
« Ce vengeur de l'état, vengeur d'Aménaïde ;
« C'est lui que ce matin, d'une commune voix,
« Nous déclarions rebelle, et nous nommions perfide ;
« C'est ce même Tancrède exilé par nos lois. »
Amis, que faut-il faire, et quel parti nous reste ?

LORÉDAN.

Il n'en est qu'un pour nous, celui du repentir.
Persister dans sa faute est horrible et funeste :
Un grand homme opprimé doit nous faire rougir.
On condamna souvent la vertu, le mérite :
Mais, quand ils sont connus, il les faut honorer.

SCÈNE II.

LES CHEVALIERS, ARGIRE; AMÉNAIDE, *dans l'enfoncement, soutenue par ses femmes.*

ARGIRE, *arrivant avec précipitation.*
Il les faut secourir, il les faut délivrer.
Tancrède est en péril; trop de zèle l'excite :
Tancrède s'est lancé parmi les ennemis,
Contre lui ramenés, contre lui seul unis.
Hélas! j'accuse en vain mon âge qui me glace.
O vous, de qui la force est égale à l'audace,
Vous qui du faix des ans n'êtes point affaiblis,
Courez tous, dissipez ma crainte impatiente,
Courez, rendez Tancrède à ma fille innocente!

LORÉDAN.
C'est nous en dire trop : le temps est cher, volons;
Secourons sa valeur qui devient imprudente,
Et cet emportement que nous désapprouvons.

SCÈNE III.

ARGIRE, AMÉNAIDE.

ARGIRE.
O ciel! tu prends pitié d'un père qui t'adore;
Tu m'as rendu ma fille, et tu me rends encore
L'heureux libérateur qui nous a tous vengés.
(Aménaïde s'avance.)
Ma fille, un juste espoir dans nos cœurs doit renaître.
J'ai causé tes malheurs, je les ai partagés;
Je les termine enfin : Tancrède va paraître.

Ne puis-je consoler tes esprits affligés ?
AMÉNAÏDE.
Je me consolerai quand je verrai Tancrède,
Quand ce fatal objet de l'horreur qui m'obsède
Aura plus de justice et sera sans danger,
Quand j'apprendrai de vous qu'il vit sans m'outrager,
Et lorsque ses remords expieront mes injures.
ARGIRE.
Je ressens ton état, sans doute il doit t'aigrir.
On n'essuya jamais des épreuves plus dures.
Je sais ce qu'il en coûte, et qu'il est des blessures
Dont un cœur généreux peut rarement guérir :
La cicatrice en reste, il est vrai ; mais, ma fille,
Nous avons vu Tancrède en ces lieux abhorré ;
Apprends qu'il est chéri, glorieux, honoré :
Sur toi-même il répand tout l'éclat dont il brille.
Après ce qu'il a fait, il veut nous faire voir,
Par l'excès de sa gloire, et de tant de services,
L'excès où ses rivaux portaient leurs injustices.
Le vulgaire est content, s'il remplit son devoir :
Il faut plus au héros, il faut que sa vaillance
Aille au delà du terme et de notre espérance :
C'est ce que fait Tancrède ; il passe notre espoir.
Il te verra constante, il te sera fidèle.
Le peuple en ta faveur s'élève et s'attendrit :
Tancrède va sortir de son erreur cruelle ;
Pour éclairer ses yeux, pour calmer son esprit,
Il ne faudra qu'un mot.
AMÉNAÏDE.
        Et ce mot n'est pas dit.

ACTE V, SCÈNE IV.

Que m'importe à présent ce peuple et son outrage,
Et sa faveur crédule, et sa pitié volage,
Et la publique voix que je n'entendrai pas?
D'un seul mortel, d'un seul dépend ma renommée.
Sachez que votre fille aime mieux le trépas
Que de vivre un moment sans en être estimée.
Sachez (il faut enfin m'en vanter devant vous)
Que dans mon bienfaiteur j'adorais mon époux.
Ma mère au lit de mort a reçu nos promesses;
Sa dernière prière a béni nos tendresses:
Elle joignit nos mains, qui fermèrent ses yeux.
Nous jurâmes par elle, à la face des cieux,
Par ses mânes, par vous, vous, trop malheureux père,
De nous aimer en vous, d'être unis pour vous plaire,
De former nos liens dans vos bras paternels.
Seigneur... les échafauds ont été nos autels.
Mon amant, mon époux cherche un trépas funeste,
Et l'horreur de ma honte est tout ce qui me reste.
Voilà mon sort.

ARGIRE.

Eh bien, ce sort est réparé;
Et nous obtiendrons plus que tu n'as espéré.

AMÉNAÏDE.

Je crains tout.

SCÈNE IV.

ARGIRE, AMÉNAIDE, FANIE.

FANIE.

Partagez l'allégresse publique,
Jouissez plus que nous de ce prodige unique.

Tancrède a combattu; Tancrède a dissipé
Le reste d'une armée au carnage échappé.
Solamir est tombé sous cette main terrible,
Victime dévouée à notre état vengé,
Au bonheur d'un pays qui devient invincible,
Surtout à votre nom qu'on avait outragé.
La prompte renommée en répand la nouvelle;
Ce peuple, ivre de joie, et volant après lui,
Le nomme son héros, sa gloire, son appui,
Parle même du trône où sa vertu l'appelle.
Un seul de nos guerriers, seigneur, l'avait suivi;
C'est ce même Aldamon qui sous vous a servi.
Lui seul a partagé ses exploits incroyables;
Et quand nos chevaliers, dans un danger si grand,
Lui sont venus offrir leurs armes secourables,
Tancrède avait tout fait, il était triomphant.
Entendez-vous ces cris qui vantent sa vaillance?
On l'élève au dessus des héros de la France,
Des Roland, des Lisois, dont il est descendu.
Venez de mille mains couronner sa vertu,
Venez voir ce triomphe, et recevoir l'hommage
Que vous avez de lui trop long-temps attendu.
Tout vous rit, tout vous sert, tout venge votre outrage;
Et Tancrède à vos vœux est pour jamais rendu.

AMÉNAÏDE.

Ah! je respire enfin; mon cœur connaît la joie.
Ah, mon père! adorons le ciel qui me renvoie
Par ces coups inouïs tout ce que j'ai perdu.
De combien de tourmens sa bonté nous délivre!
Ce n'est qu'en ce moment que je commence à vivre.

ACTE V, SCÈNE V.

Mon bonheur est au comble; hélas! il m'est bien dû.
Je veux tout oublier; pardonnez-moi mes plaintes,
Mes reproches amers et mes frivoles craintes.
Oppresseurs de Tancrède, ennemis, citoyens,
Soyez tous à ses pieds, il va tomber aux miens.

ARGIRE.

Oui, le ciel pour jamais daigne essuyer nos larmes.
Je me trompe, ou je vois le fidèle Aldamon,
Qui suivait seul Tancrède et secondait ses armes :
C'est lui, c'est ce guerrier si cher à ma maison.
De nos prospérités la nouvelle est certaine :
Mais d'où vient que vers nous il se traîne avec peine?
Est-il blessé? ses yeux annoncent la douleur.

SCÈNE V.

ARGIRE, AMÉNAIDE, ALDAMON, FANIE.

AMÉNAÏDE.

Parlez, cher Aldamon, Tancrède est donc vainqueur?

ALDAMON.

Sans doute il l'est, madame.

AMÉNAÏDE.

A ces chants d'allégresse,
A ces voix que j'entends, il s'avance en ces lieux?

ALDAMON.

Ces chants vont se changer en des cris de tristesse.

AMÉNAÏDE.

Qu'entends-je? Ah, malheureuse!

ALDAMON.

Un jour si glorieux

Est le dernier des jours de ce héros fidèle.

AMÉNAÏDE.

Il est mort!

ALDAMON.

La lumière éclaire encor ses yeux :
Mais il est expirant d'une atteinte mortelle.
Je vous apporte ici de funestes adieux.
Cette lettre fatale, et de son sang tracée,
Doit vous apprendre, hélas! sa dernière pensée.
Je m'acquitte en tremblant de cet affreux devoir.

ARGIRE.

O jour de l'infortune! ô jour du désespoir!

AMÉNAÏDE, *revenant à elle.*

Donnez-moi mon arrêt, il me défend de vivre;
Il m'est cher... O Tancrède! ô maître de mon sort!
Ton ordre, quel qu'il soit, est l'ordre de te suivre;
J'obéirai... Donnez votre lettre et la mort.

ALDAMON.

Lisez donc; pardonnez ce triste ministère.

AMÉNAÏDE.

O mes yeux! lirez-vous ce sanglant caractère?
Le pourrai-je? Il le faut... c'est mon dernier effort.

(Elle lit.)

« Je ne pouvais survivre à votre perfidie;
« Je meurs dans les combats, mais je meurs par vos coups.
« J'aurais voulu, cruelle, en m'exposant pour vous,
« Vous avoir conservé la gloire avec la vie... »
Eh bien, mon père!

(Elle se jette dans les bras de Fanie.)

ACTE V, SCÈNE VI.

ARGIRE.

Enfin, les destins désormais
Ont assouvi leur haine, ont épuisé leurs traits :
Nous voilà maintenant sans espoir et sans crainte.
Ton état et le mien ne permet plus la plainte.
Ma chère Aménaïde, avant que de quitter
Ce jour, ce monde affreux que je dois détester,
Que j'apprenne du moins à ma triste patrie
Les honneurs qu'on devait à ta vertu trahie;
Que, dans l'horrible excès de ma confusion,
J'apprenne à l'univers à respecter ton nom!

AMÉNAÏDE.

Eh! que fait l'univers à ma douleur profonde?
Que me fait ma patrie et le reste du monde?
Tancrède meurt.

ARGIRE.

Je cède aux coups qui m'ont frappé.

AMÉNAÏDE.

Tancrède meurt, ô ciel! sans être détrompé!
Vous en êtes la cause... Ah! devant qu'il expire...
Que vois-je! mes tyrans!

SCÈNE VI.

LORÉDAN, CHEVALIERS, SUITE; AMÉNAÏDE, ARGIRE, FANIE, ALDAMON; TANCRÈDE, *dans le fond, porté par des soldats.*

LORÉDAN.

O malheureux Argire!
O fille infortunée! on conduit devant vous

Ce brave chevalier percé de nobles coups.
Il a trop écouté son aveugle furie;
Il a voulu mourir, mais il meurt en héros.
De ce sang précieux, versé pour la patrie,
Nos secours empressés ont suspendu les flots.
Cette ame, qu'enflammait un courage intrépide,
Semble encor s'arrêter pour voir Aménaïde;
Il la nomme; les pleurs coulent de tous les yeux;
Et d'un juste remords je ne puis me défendre.

(Pendant qu'il parle, on approche lentement Tancrède vers Aménaïde presque évanouie entre les bras de ses femmes; elle se débarrasse précipitamment des femmes qui la soutiennent, et se retournant avec horreur vers Lorédan, dit:)

AMÉNAÏDE.

Barbares, laissez là vos remords odieux.

(puis courant à Tancrède, et se jetant à ses pieds:)

Tancrède, cher amant, trop cruel et trop tendre,
Dans nos derniers instans, hélas! peux-tu m'entendre?
Tes yeux appesantis peuvent-ils me revoir?
Hélas! reconnais-moi, connais mon désespoir.
Dans le même tombeau souffre au moins ton épouse;
C'est là le seul honneur dont mon ame est jalouse.
Ce nom sacré m'est dû; tu me l'avais promis :
Ne sois point plus cruel que tous nos ennemis;
Honore d'un regard ton épouse fidèle...

(Il la regarde.)

C'est donc là le dernier que tu jettes sur elle...
De ton cœur généreux son cœur est-il haï?
Peux-tu me soupçonner?

TANCRÈDE, *se soulevant un peu.*

Ah! vous m'avez trahi!

ACTE V, SCÈNE VI.

AMÉNAÏDE.

Qui! moi? Tancrède!

ARGIRE, *se jetant aussi à genoux de l'autre côté, et embrassant Tancrède, puis se relevant.*

Hélas! ma fille infortunée,
Pour t'avoir trop aimé, fut par nous condamnée,
Et nous la punissions de te garder sa foi.
Nous fûmes tous cruels envers elle, envers toi.
Nos lois, nos chevaliers, un tribunal auguste,
Nous avons failli tous; elle seule était juste.
Son écrit malheureux qui nous avait armés,
Cet écrit fut pour toi, pour le héros qu'elle aime.
Cruellement trompé, je t'ai trompé moi-même.

TANCRÈDE.

Aménaïde... ô ciel! est-il vrai? vous m'aimez!

AMÉNAÏDE.

Va, j'aurais en effet mérité mon supplice,
Ce supplice honteux dont tu m'as su tirer,
Si j'avais un moment cessé de t'adorer,
Si mon cœur eût commis cette horrible injustice.

TANCRÈDE, *en reprenant un peu de force, et élevant la voix.*

Vous m'aimez! ô bonheur plus grand que mes revers!
Je sens trop qu'à ce mot je regrette la vie.
J'ai mérité la mort, j'ai cru la calomnie.
Ma vie était horrible, hélas! et je la perds
Quand un mot de ta bouche allait la rendre heureuse!

AMÉNAÏDE.

Ce n'est donc, juste Dieu! que dans cette heure affreuse,

Ce n'est qu'en le perdant que j'ai pu lui parler!
Ah, Tancrède!

TANCRÈDE.

Vos pleurs devraient me consoler;
Mais il faut vous quitter, ma mort est douloureuse!
Je sens qu'elle s'approche. Argire, écoutez-moi:
Voilà le digne objet qui me donna sa foi;
Voilà de nos soupçons la victime innocente;
A sa tremblante main joignez ma main sanglante;
Que j'emporte au tombeau le nom de son époux.
Soyez mon père.

ARGIRE, *prenant leurs mains.*

Hélas! mon cher fils, puissiez-vous
Vivre encore adoré d'une épouse chérie!

TANCRÈDE.

J'ai vécu pour venger ma femme et ma patrie;
J'expire entre leurs bras, digne de toutes deux,
De toutes deux aimé... j'ai rempli tous mes vœux...
Ma chère Aménaïde...

AMÉNAÏDE.

Eh bien?

TANCRÈDE.

Gardez de suivre
Ce malheureux amant... et jurez-moi de vivre...

(Il retombe.)

CATANE.

Il expire... et nos cœurs de regrets pénétrés...
Qui l'ont connu trop tard...

AMÉNAÏDE, *se jetant sur le corps de Tancrède.*

Il meurt, et vous pleurez...

ACTE V, SCÈNE VI.

Vous, cruels, vous, tyrans, qui lui coûtez la vie !
(Elle se relève et marche.)
Que l'enfer engloutisse et vous et ma patrie,
Et ce sénat barbare, et ces horribles droits
D'égorger l'innocence avec le fer des lois !
Que ne puis-je expirer dans Syracuse en poudre,
Sur vos corps tout sanglans écrasés par la foudre !
(Elle se rejette sur le corps de Tancrède.)
Tancrède ! cher Tancrède !
(Elle se relève en fureur.)
            Il meurt, et vous vivez !
Vous vivez, je le suis... je l'entends, il m'appelle...
Il se rejoint à moi dans la nuit éternelle.
Je vous laisse aux tourmens qui vous sont réservés.
(Elle tombe dans les bras de Fanie.)

ARGIRE.

Ah, ma fille !

AMÉNAÏDE, *égarée, et le repoussant.*

    Arrêtez... vous n'êtes point mon père ;
Votre cœur n'en eut point le sacré caractère :
Vous fûtes leur complice... Ah ! pardonnez, hélas !
Je meurs en vous aimant... J'expire entre tes bras,
Cher Tancrède !...
(Elle tombe à côté de lui.)

ARGIRE.

        O ma fille ! ô ma chère Fanie !
Qu'avant ma mort, hélas ! on la rende à la vie.

FIN DE TANCRÈDE.

VARIANTES

DE LA TRAGÉDIE DE TANCRÈDE.

a Édition de 1761 :
    Rien ne saurait plus rompre un nœud si légitime.

b Le seul nom de Tancrède enhardit ma faiblesse.

c C'est lui par qui le ciel veut changer mes destins,
C'est lui qui découvrit dans une course utile,
Que Tancrède en secret a revu la Sicile ;
Mais craignant de lui nuire en cherchant à le voir,
Il crut que m'avertir était son seul devoir :
Ma lettre par ses soins, etc.

d   ARGIRE, *à Aménaïde.*
Éloignez-vous, sortez.
              AMÉNAÏDE.
              Qu'entends-je? vous! mon père!
              ARGIRE.
Vous n'êtes plus ma fille, ôtez-vous de ces lieux,
Rougissez, et tremblez de vos fureurs secrètes :
Vous hâtez mon trépas, perfide que vous êtes ;
Allez, une autre main saura fermer mes yeux.
              AMÉNAÏDE.
Où suis-je? ô juste ciel! quel est ce coup de foudre?
Soutiens-moi...
        (Fanie l'aide à sortir.)

SCÈNE III.

ARGIRE; LES CHEVALIERS.

            ARGIRE.
        Mes amis, c'est à vous de résoudre
Quel parti l'on doit prendre après ce crime affreux.
De l'état et de vous je sens quelle est l'injure ;
Je dois tout à la loi, mais tout à la nature, etc.

e Plutôt que de se rendre il a voulu mourir.

VARIANTES DE TANCRÈDE.

f Avec tant d'infamie enfermés au tombeau ;
Telle est dans nos états la loi de l'hyménée, etc.

g Punissez ma franchise et vengez votre offense.

h Et qui ne doit sentir ni regrets ni courroux.
Sans daigner pénétrer au fond de ce mystère,
Je veux à vos dédains opposer mes mépris ;
A votre aveuglement vous laisser sans colère,
Marcher à Solamir et venger mon pays.

SCÈNE VII.

AMÉNAIDE ; SOLDATS, *dans l'enfoncement.*

Il me faut donc mourir, et dans l'ignominie !
On croit qu'à Solamir mon cœur se sacrifie !
O toi, seul des humains qui méritas ma foi,
Seul objet de mes pleurs, objet de leur envie,
Je meurs en criminelle : oui, je le suis pour toi ;
Je le veux, je dois l'être. Eh quoi ! cette infamie,
Ces apprêts, ces bourreaux, puis-je les soutenir !
Mort honteuse ! à ton nom tout mon courage cède.
Non, il n'est point de honte en mourant pour Tancrède.
On peut m'ôter le jour, et non pas me punir.
Quoi ! je parais trahir mon père et ma patrie !
. . . .
. . . .
Porte un jour au héros pour qui je perds la vie
Mes derniers sentimens et mes derniers adieux.
Peut-être il vengera son amante fidèle.
Enfin je meurs pour lui ; ma mort est moins cruelle.

i Elle serait fidèle après mon trépas même !
Oui, j'ose m'en flatter ; oui, c'est ainsi qu'elle aime,
C'est ainsi que j'adore un cœur tel que le sien ;
Il est inébranlable, il est digne du mien :
Incapable d'effroi, de crainte et d'inconstance.

k   FANIE.
Craint-il de s'expliquer ; vous a-t-il soupçonnée ?

FIN DES VARIANTES DE TANCRÈDE.

NOTES
DE LA TRAGÉDIE DE TANCRÈDE.

[1] Iphigénie, près d'être immolée, dit à son père :

> D'un œil aussi content, d'un cœur aussi soumis
> Que j'acceptais l'époux que vous m'aviez promis,
> Je saurai, s'il le faut, victime obéissante,
> Tendre au fer de Calchas une tête innocente.

Cette résignation paraît exagérée : le sentiment d'Aménaïde est plus vrai et aussi touchant; mais, dans cette comparaison, ce n'est point Racine qui est inférieur à Voltaire, c'est l'art qui a fait des progrès. Pour rendre les vertus dramatiques plus imposantes, on les a d'abord exagérées; mais le comble de l'art est de les rendre à la fois naturelles et héroïques. Cette perfection ne pouvait être que le fruit du temps, de l'étude des grands modèles, et surtout de l'étude de leurs fautes.

[2]
> Qui n'a plus qu'un moment à vivre
> N'a plus rien à dissimuler.

M. de Voltaire, dans *la Comtesse de Givry*, dit, en parlant d'un vieux soldat :

> Il touche au jour fatal où l'homme ne ment plus.

[3] On a cru reconnaître dans ce vers le sentiment qu'une longue suite d'injustices avait dû produire dans l'ame de l'auteur; comme dans ceux-ci :

> Proscrit dès le berceau, nourri dans le malheur,
> Moi, toujours éprouvé, moi qui suis mon ouvrage,
> Qui d'états en états ai porté mon courage...
> Qui partout de l'envie ai senti la fureur,
> Depuis que je suis né j'ai vu la calomnie
> Exhaler les venins de sa bouche impunie,
> Chez les républicains comme à la cour des rois.

On a cru reconnaître encore le sentiment d'un grand homme qui, après avoir été privé de la liberté pendant sa jeunesse pour des vers qu'il n'avait point faits, forcé de fuir en Angleterre la haine des bigots, d'aller oublier à Berlin les cabales des gens de lettres, et la haine que les gens en place portent sourdement à tout homme supérieur, avait été ensuite obligé de quitter Berlin par les intrigues d'un géomètre médiocre, jaloux d'un grand poëte, et retrouvait à Genève les monstres qui l'avaient persécuté à Paris et à Berlin, la superstition et l'envie.

Remarquons ici que c'est vraisemblablement au goût de M. de Voltaire pour l'Arioste que nous devons *Tancrède*. Il était impossible qu'un aussi grand artiste ne vît dans l'histoire d'Ariodant et de Genèvre un bloc précieux d'où devait sortir une belle tragédie. C'est une des pièces du Théâtre Français qui fait le plus d'effet à la représentation, et peut-être celle de toutes où l'on trouve un plus grand nombre de vers et de situations d'une sensibilité profonde et passionnée.

FIN DU CINQUIÈME VOLUME.

TABLE DES MATIÈRES

CONTENUES DANS CE CINQUIÈME VOLUME.

Rome sauvée, ou Catilina, tragédie. Page	1
Avertissement des éditeurs de l'édition de Kehl.	3
Préface.	6
Variantes de la tragédie de *Rome sauvée*.	86
Notes de la tragédie de *Rome sauvée*.	102
L'Orphelin de la Chine, tragédie.	105
A monseigneur le maréchal duc de Richelieu.	107
Notes de l'*Orphelin de la Chine*.	185
Socrate, drame.	189
Avis des éditeurs.	190
Préface de M. Fatema, traducteur.	191
L'Écossaise, comédie.	243
Épitre dédicatoire du traducteur de l'*Écossaise*, à M. le comte de Lauraguais.	245
A messieurs les Parisiens.	248
Avertissement.	251
Préface.	255
Variantes de la comédie de l'*Écossaise*.	348
Tancrède, tragédie.	349
A madame la marquise de Pompadour.	351
Variantes de la tragédie de *Tancrède*.	436
Notes de la Tragédie de *Tancrède*.	438

FIN DE LA TABLE.

IMPRIMERIE DE RIGNOUX,
rue des Francs-Bourgeois-S.-Michel, n° 8.

www.ingramcontent.com/pod-product-compliance
Lightning Source LLC
Chambersburg PA
CBHW060935230426
43665CB00015B/1953